山西大学城乡发展书系

国家、祖宗与神明
华南大型宗族村庄治理研究

马华 王晓宾 著

中国社会科学出版社

图书在版编目(CIP)数据

国家、祖宗与神明：华南大型宗族村庄治理研究／马华，王晓宾著．—北京：中国社会科学出版社，2021.1

（山西大学城乡发展书系）

ISBN 978-7-5203-7936-6

Ⅰ.①国… Ⅱ.①马…②王… Ⅲ.①农村社会学—研究—中国 ②农村—群众自治—研究—中国 Ⅳ.①C912.82②D638

中国版本图书馆 CIP 数据核字（2021）第 029949 号

出 版 人	赵剑英
责任编辑	冯春凤
责任校对	张爱华
责任印制	张雪娇
出　　版	中国社会科学出版社
社　　址	北京鼓楼西大街甲 158 号
邮　　编	100720
网　　址	http://www.csspw.cn
发 行 部	010-84083685
门 市 部	010-84029450
经　　销	新华书店及其他书店
印　　刷	北京君升印刷有限公司
装　　订	廊坊市广阳区广增装订厂
版　　次	2021 年 1 月第 1 版
印　　次	2021 年 1 月第 1 次印刷
开　　本	710×1000　1/16
印　　张	18.75
插　　页	2
字　　数	306 千字
定　　价	109.00 元

凡购买中国社会科学出版社图书，如有质量问题请与本社营销中心联系调换
电话：010-84083683
版权所有　侵权必究

目　录

绪论 ……………………………………………………………… （1）
　一　选题背景及意义 …………………………………………… （1）
　二　相关概念解析 ……………………………………………… （4）
　三　调研选点的基本概况 ……………………………………… （14）
　四　大型宗族村庄治理中的几大主体及其关系 ……………… （41）
第一章　宗族组织发展及历史影响 ……………………………… （47）
　一　宗族组织的发展历程 ……………………………………… （47）
　二　宗族制对中国历史的影响 ………………………………… （57）
第二章　宗族联结机制与功能 …………………………………… （62）
　一　宗族联结机制 ……………………………………………… （62）
　二　宗族功能 …………………………………………………… （77）
第三章　祖先崇拜与神明信仰 …………………………………… （96）
　一　祖先崇拜与宗族仪式 ……………………………………… （97）
　二　地方神明与王朝收编 ……………………………………… （105）
第四章　传统时期乡村建制与地方自治 ………………………… （135）
　一　传统时期的乡村建制 ……………………………………… （135）
　二　传统时期的地方自治 ……………………………………… （152）
第五章　新中国成立以来的乡村治理与宗族 …………………… （160）
　一　新中国成立以来的乡村建制 ……………………………… （160）
　二　新中国成立以来宗族的式微 ……………………………… （165）
第六章　宗族底色下的乡村治理样态 …………………………… （182）
　一　"乡政村治"下的宗族 …………………………………… （183）
　二　宗族底色下的村委 ………………………………………… （218）

三　国家与神明互动下的村治样态 …………………（240）
结论与讨论 ……………………………………………（262）
　　一　乡村治理中的宗族 …………………………………（262）
　　二　乡村治理中的神明 …………………………………（265）
　　三　大型宗族村庄治理 …………………………………（267）
附　录 ……………………………………………………（272）
参考文献 …………………………………………………（283）

绪　论

一　选题背景及意义

以地缘与血缘为基础建立起来的宗族，是维系传统社会结构的纽带，是乡村社会的稳定器。自周代起宗族便长期存在，在内部实行自我管理、自我教育，具有较强的自治特性，成为传统中国最主要的社会关系。毛泽东在《湖南农民运动调查报告》中指出，中国传统社会存在着四种权力系统支配，即：（一）由国、省、县、乡等国家系统构成的政权；（二）由宗祠、支祠以至家族系统构成的族权；（三）由阎罗天子、城隍庙王以至土地菩萨的阴间系统以及由玉皇上帝以至各种神怪的神仙系统——总称之为鬼神系统构成的神权；（四）强加在女子身上、受男子支配的夫权。毛泽东指出，政权、族权、神权、夫权，代表了全部封建宗法的思想和制度，是束缚中国人民特别是农民的四条绳索。费正清在《美国与中国》一书中讲到"中国社会的本质"时指出，中国家庭可以说是一个微型邦国，是一个自成一体的小天地，他们永久居住在那里，靠耕种祖传土地为生。中国社会的集体意识远远大于个人意识，其基本单元不是个人，而是家庭，每个家庭既是社会单位，又是经济单位。村落中的人首先按照家庭的形式组织起来，然后扩展而形成家族制度。在同一地域中生息劳作的家族依靠地缘关系组成村落共同体，构成以共同的风俗习惯和规范为纽带的自治群体，在内部实行自给自足的经济生产，构成了一个封闭却又自律的社会生活组织，这个组织自始至终都具有家长制的烙印。宗族成为一个集生产、生活、文化等功能于一体的血缘、地缘共同体，在传统社会的乡村运行中起着举足轻重的作用。

晚清开始，随着国家政权的不断下沉以及新文化的传入，在一定程度上动摇了传统宗族文化滋生的土壤，以传统士绅为代表的宗族组织内部开始分化为"营利型经纪人"和"保护型经纪人"①，但宗族始终是中国传统社会运行的重要一环。孙中山在《三民主义》中提道："中国人最崇拜的是家族主义和宗族主义，没有国族主义，外国旁观的人说中国是一盘散沙……就是因为一般人民只有家族主义和宗族主义，而没有国族主义。中国人对于家族和宗族的团结力非常大，往往因为保护宗族起见，宁肯牺牲身家性命。……至于说对于国家，从没有一次具有极大牺牲精神去做的。所以中国人的团结力，只能及于宗族而止，还没有扩张到国族。"② 由此可见，家族、宗族文化对国民的影响之深。

正是基于族权在传统社会中具有的重要作用，后来的中国革命都始终通过强大的政治运动来改造"家族系统"作为其重要手段。1949 年后，伴随着土地改革运动以及国家工业化对农村控制的需要，"队为基础、三级所有"的政社合一的人民公社体制建立起来，国家对农村的控制下沉到村庄一级，村社组织行政化，国家权力直接渗透到农村社会的内部，"造就了一套自上而下的经济控制与行政控制网络，使得国家权力对乡村社会的渗透和控制达到了前所未有的规模和深度"③，宗族赖以生存的经济基础与组织基础被党的一元化领导格局所取代，宗族组织在一系列的社会政治运动中销声匿迹。

但在人民公社体制之后，国家权力在农村经历了两次收缩：一是人民公社的解体；二是农业税费的取消。人民公社的解体，国家权力由对农村的直接管理转变为国家政权引导下的村民自主管理，由村民选举产生的村民自治委员会逐渐取代直接的国家权力，成为村庄正式组织；2006 年农业税费的全面取消，导致国家尤其是基层政府对农村的管理弱化，同时村民委员会因为失去了税费提留和缺乏国家财政补助而陷于涣散状态。一方面，由于意识形态强约束的解除，为村庄传统精英的出现和传统文化的恢复提供了空间，在许多地区特别是南方农村普遍出现了诸如传统回潮、宗

---

① 杜赞奇：《文化、权力与国家》，王福明译，江苏人民出版社 1996 年版。
② 转引自王沪宁《当代中国村落家族文化——对中国社会现代化的一项探索》，上海人民出版社 1991 年版，第 3—4 页。
③ 王铭铭、王斯福主编：《乡土社会的秩序、公正与权威》，中国政法大学出版社 1997 年版，第 418 页。

族重建的情况；另一方面，随着市场经济的逐步深入，经济社会分化加剧，一些拥有更多经济社会资源的人开始填补村组干部等"体制内精英"影响力减弱后出现的村庄秩序中的断裂和空白。① 随着村庄正式组织活动能力不断下降，一些群众组织和非正式组织越来越发挥着重要作用。② 宗族组织也在这一时期因为国家管制的放松而复兴起来，在农业生产、生活互助、文化供给、村庄基础设施建设与维护等多方面发挥着较大作用，成为村庄治理中的一种重要的非正式组织。

2014年、2015年中央"一号文件"提出"开展以村民小组为基本单元的村民自治试点"，随着试点的深入，到了2016年10月，中央"两办"专门印发了《关于以村民小组或自然村为基本单元的村民自治试点方案》，鼓励地方开展多种形式的以村民小组或自然村为基本单元的自治试点，将自然村作为一种自治单元加以鼓励引导。2016年至2018年，中央"一号文件"又连续三年提出"开展以村民小组、自然村为基本单元的村民自治试点工作"。随着中央提倡，近年来学界对以村民小组、自然村为基本单元的村民自治研究逐渐增多，但大部分研究者将研究局限于现代治理手段的改进与调试，忽视了传统宗族组织的作用；将以村民小组或自然村为基本单元的自治等同于"自治单元下移"，忽视了一些大型自然村的跨行政村属性。自然村基本上是以宗族为纽带，长期耕作、生活在同一个区域，既然是研究自然村的治理，自然离不开宗族。

在现代性进村的过程中，随着现代经济发展、社会意识觉醒、法制进村等现代性要素的进入，基于血缘、地缘建立起来的宗族的物质基础丧失、家规祖训失效、宗族仪式形式化、宗族组织与宗族权威弱化③，作为一种传统治理组织与治理形式，宗族又表现出一些与现代性不相适应的特点，如内部家长式治理、对外排斥性、迷信色彩浓厚、易形成宗族恶势力等，成为现代乡村治理的不稳定因子。在大型宗族村庄中，宗族在村庄治理中承担着哪些功能，在推进乡村治理有效的进程中又可以扮演什么角

---

① 金太军：《村庄治理与权力结构》，广东人民出版社2008年版，第4—6页。
② 王铭铭：《村落视野中的文化与权力》，生活·读书·新知三联书店1997年版，第23—24页。
③ 肖唐镖：《宗族在重建抑或瓦解——当前中国乡村地区的宗族重建状况分析》，《华中师范大学学报》（人文社会科学版）2011年第3期。

色，如何对宗族进行一个合理定位，如何对宗族进行有效的管控与治理，成为实现乡村治理有效的重要途径。本课题以华南大型宗族村庄为研究对象，在文献梳理传统宗族治理资源获取、成员构成与功能变化的基础上，选取广东省几个典型宗族村庄进行调研，分析宗族在现代村庄治理中的功能、地位与村两委的关系，以及宗族与村两委竞争合作状态下的村庄治理形态。通过调研与分析，探讨如何提升自然村落的治理活力与深挖行政村落的治理深度，通过对宗族组织的有效引导，对宗族与村两委关系的调试实现大型宗族村庄有效治理。

宗族关系可以发展成为农民理性表达的可选择方式，但在现实的乡村社会中或是被忽略掉或被视为"封建残余"而受到极大压制，通过加强对宗族组织的有效引导，促进村庄非正式组织与正式组织的有效结合，深化以村民小组、自然村为基本单元的村民自治，进而推动基层治理不断深入发展。

二 相关概念解析

（一）家庭、宗族与氏族

人作为个体，从一出生就会产生自我与非我的意识，将自己归为某一类，不管是在物质上、精神上，还是生理上，单独的个体具有一种认同与被认同的需要，再加上人类社会中对资源的争夺，为占据有利地位，也强化了个体对某一群体的认同意识。① 在乡村社会中，人们主要依据"血缘"、"地缘"关系建立起群体共同生产生活，并抵御外部侵扰。根据其规模大小，可以分为家庭、宗族与族群。

家庭是社会的最基本组成单元，是指在血缘关系、婚姻关系或收养关系基础上形成的，具有直接亲属关系的社会生活单元②，从规模上可划分为联合家庭与核心家庭。联合家庭的模式适应了传统劳动密集型农业生产方式，为了维持家庭的生活需要，必须通过家庭内部适当的分工（男耕

---

① 杨圣敏：《探索民族问题的本质》序一，载关凯《族群政治》，中央民族大学出版社2007年，第3页。
② 郝滨：《催眠与心理压力释放》，安徽人民出版社2009年版，第105—112页。

女织）与联合（联合家庭）共同完成农业生产，即使日常生活中的矛盾与不便，但为了实现农业生产的联合，家庭成员之间会选择忍让，使得联合家庭成为可能。因此，中国的家庭也是一个所有成员共同生产、共同消费的经济单元，是为了所有在世或故去的家庭成员的福祉进行祭祀的宗教性质的单位，同时它也是一个承担了照顾贫困和年老家庭成员的社会保障组织①。随着农业的机械化、副业化与乡村社会分工的出现，大家庭下的每个核心家庭都成为了经济主体，农业生产与日常生活都可以通过社会购买服务来实现，家庭之间分工与联合不再被需要，再加上家长权威的逐渐丧失，日常生活中的丁点矛盾都可能成为分家的导火索，联合家庭便开始逐步瓦解，核心家庭成为当下家庭的主体。尽管自封建社会时期以来，家庭一直是中国社会的基本组成单元，但在宗族、氏族功能较为健全时期，家庭既无经济上的独立性，也无政治上的独立性，是被包含在宗族、氏族等共同体内部的，直到近代以来随着宗族组织的瓦解才逐渐独立出来，成为支配社会的主体结构形态。②

"宗族"在历史学中最常用的意义，是基于地域和血缘两重因素形成的基层组织，既在血缘网络之内，又是具备其他社会资源，尤其是地域性的教化权威和资源，且能固定产生精英角色的、参与社会资本再生产的地域性组织。科·大卫（David Faure）和刘志伟在《宗族与地方社会的国家认同——明清华南地区宗族发展的意识形态基础》中概括道：随着明清时期国家进一步试图控制基层和扩大统治区域，诸如里甲、黄册等制度在华南地方的实行，地方乡绅与编户百姓合力形成以血缘为纽带的区域性组织。通过血缘维系并积累的社会资本和物质财富，最终催生出充分的权力要素，且随着科举特权与婚配姻亲的渠道日渐壮大。而除明清时期外，历史上的基层组织也有相应的名字，比如汉代的豪族等等。应当说，贯穿历史全程的结构性动因，正是宗族命运与宗族精英利益的高度重合。

族是家庭的延伸，由许多家庭所组成，是一个社群的社群③。宗族

---

① 易劳逸：《家族、土地与祖先——近世中国四百年社会经济的变与常》，重庆出版社2019年版，第47—48页。
② 张金光：《商鞅变法后秦的家庭制度》，《历史研究》1988年第6期。
③ 费孝通：《乡土中国》，生活·读书·新知三联书店1986年版，第39页。

即是扩大化了的家族，是由家庭派生出的、按照男系或女系血缘为单位，以家庭为基本单位组合。宗族也可以看作是一个拥有共同祖先的后代所组成的群体，它是家庭主义在直系家庭基础上的延伸，涵盖一个男性祖先的所有父系血缘亲属。但随着父系社会的确立，宗族基本上是以父系血缘为单位。莫里斯·费里德曼（Maurice Freedman）认为，宗族是村落中为了维护村落秩序而产生的一种组织与制度形式的综合，在中国东南的宗族组织中，宗族往往与村落自治组织具有较高的一致性，"宗族与村落明显地重叠在一起，以至于许多村落只有单个宗族"①。科·大卫与刘志伟则认为，宗族是在国家权力向基层不断延伸的过程中，地方乡绅与编户百姓以血缘为纽带，经过国家权力进行制度化规定而形成的区域性治理组织②。郑杭生认为，宗族是"一定时期和一定范围内的社会设置"，③具备一系列常规化、固定化的仪式与组织规范的群体（林耀华，2000）。许烺光在《宗族·种姓·俱乐部》一书中指出，宗族是具有一定的行为规则，拥有一个具有一定权威并可以对其成员进行支配的领导力量，并具有一定社会、经济和礼仪关系的组织。④ 宗族不仅是以家庭为基础的血缘集团，而且在宗族内部按照亲属贵贱的等级关系和相应的行为原则，即宗法。宗族常与地缘结合而出现单姓村，所以典型的宗族既是仪式单位、经济单位和法律单位，又是教育单位、自卫单位和地缘单位（岳庆平，1990）。由此可见，中国的宗族应具备以下四个要素："（1）男系或女系血缘系统的人员关系；（2）以家庭为单位；（3）聚族而居或相对稳定的居住区；（4）有组织原则、组织机构和领导人，进行管理。"⑤ 王晓欧则更详细地提出了宗族组织具有的基本要素，他认为"宗族组织的元素包括祖先信仰与仪式，继嗣观念与制度，宗族公产等，他们作为单独的元素在古代中国早已存在。宗族组织

---

① 莫里斯·费里德曼：《中国东南的宗族组织》，上海人民出版社2000年版，第1页。
② 科·大卫、刘志伟：《宗族与地方社会的国家认同——明清华南地区宗族发展的意识形态基础》，《历史研究》2000年第3期。
③ 郑杭生：《社会学概论新修》，中国人民大学出版社1994年版，第81—88页。
④ 许烺光：《宗族·种姓·俱乐部》，薛刚译，华夏出版社1990年版，第77页。
⑤ 冯尔康：《中国宗族史》，上海人民出版社2009年版，第17页。宗族四要素最早在其1994年出版的《中国宗族社会》一书中提出。

在民间以非正式的形式存在，掌握的是宗族成员的信仰等文化资源，宗族组织也是一个文化共同体"①。这种庞大的宗族共同体便构成了传统社会最根本的社会组织，"胙之土而命之氏"，"致邑立宗"，只有得到姓氏才能称为宗，封地或土地是宗的依托，得到一方土地就可以成为一个宗族了②。中国近代的宗族是宋以后逐渐形成的宗族组织的发展和延续，是已经分裂成个体家庭的同一个男性祖先的子孙，以血缘关系为纽带，用祠堂、族谱与族田联结起来，世代相处在一起，聚族而居的一种社会组织，也称家族。族长是宗族的最高首领，是宗族权力的最高主宰者；族田是宗族赖以存在的物质条件，从物质上团聚宗族；祠堂和族谱用以尊祖敬宗，强调血缘关系，规定族规族法，从上层建筑和意识形态方面维系宗族组织（廖雅琴，2005）。现代社会中，随着人口的增多与流动性的增大，地缘社会逐渐被打破，宗族所承担的经济功能逐渐弱化，姓氏成为人们宗族认同的重要标准，规定着宗族的边界，划定了人们的认同范围（邓云，2010）。

氏族。学界对于氏族的定义相对较为模糊，有些学者认为氏族等同于宗族，摩尔根在《古代社会》一书中指出，"氏族是一个由共同祖先传下来的血亲所组成的团体，这个团体有氏族的专名，它是按血缘关系结合起来的"③，这就将氏族与宗族等同起来。还有部分学者认为，氏族的范围更广、功能更全面。费孝通在《生育制度》一书中对氏族与家庭做了比较，指出氏族与家庭的共通之处就是它们都是依据亲属关系而组成的，或是通过生育，或是通过婚姻。但二者在结构形态上有所差别：家庭是双系的，父系母系都可以构成家庭；氏族是单系的，主要是指父系沿袭下来的分支。同时家庭的功能主要局限于传宗接代，氏族的功能则包括了处理经济与政治事务④。埃文斯·普里查德指出氏族的范围大于宗族，氏族是由一组宗族所构成的系统，宗族则是氏族的一个谱系裂变分支，宗族是指一

---

① 王晓欧：《侨乡宗族组织研究——以广西容县大萃村马氏祠堂理事会为例》，博士学位论文，广西民族大学，2014年。
② 张金光：《商鞅变法后秦的家庭制度》，《历史研究》1988年第6期。
③ 摩尔根：《古代社会》，杨东莼等译，商务印书馆1997年版，第62页。
④ 费孝通：《生育制度》，天津人民出版社1981年版，第194页。

组活着的父系亲属,传自于那条特定谱系线脉的始祖①。宗族通过通婚的方式与其他宗族交织在一起,依靠父系关系网络把社区的所有成员联合起来,形成了氏族。罗伯特·罗维认为简单来说氏族就是单方的亲属群,氏族是一个以血缘为纽带,附带有一定政治功能的社会单位,其范围一般比家族大,也比家族稳固②。

总的来看,随着社会流动性的增加,国家与社会承担的功能逐渐增多以及社会化带来的冲击,原本氏族、宗族承担的功能逐渐被取代,个人与国家、社会接触的中介组织越来越松散,与国家、社会直接接触的集会越来越多,个人发展所依靠的血缘群体呈现出"原子化"趋势,逐渐从氏族、宗族缩小为家庭。与此同时,家庭结构也在不断地发生变化,规模也越来越小,由"联合家庭"演化为"核心家庭",尽管分家后兄弟之间的亲密与联合行动依旧存在,但随着生产方式与个人独立意识的觉醒,核心家庭逐渐成为一种趋势。

(二) 大型村庄

大型村庄,简称大村,简单而言就是人口较多或者地域面积较广的村庄,按照其形成可以分为"合村并居"型大村和"自然生长"型大村。"合村并居"型大村是伴随着我国城镇化进程而出现的,农村人口不断向城市聚集,部分乡村不断衰败而成为"空心村"。基于此,2004年"中央一号"文件首次提出"要积极稳妥地调整乡镇建制,有条件的地方可实施并村"。2006年起原国土资源部开始试点实施的土地"增减挂钩"政策,客观上加速了"合村并居"的步伐。实践中,部分地方为获取建设用地指标,"赶农民上楼",引发了较大的社会问题,成为社会焦点问题。随着"合村并居"的开展,大村研究在学界引起一波热潮,但学界的研究基本上将大村与城镇化建设过程中的"合村并居"等同起来,主要指为了实现村民聚集居住的目的,通过"村庄合并"的方式打破我国农村现有的分散居住形态,合并后实施农村社区化管理的大型村庄。

---

① [英] 埃文斯-普里查德:《努尔人》,褚建芳等译,华夏出版社2002年版,第222页。
② 罗维:《文明与野蛮》,吕淑湘译,生活·读书·新知三联书店1984年版,第149页。

研究者认为，原本分散的村落形态正面临着主体单一化、实体空心化、差异扩大化、改造困难化等问题（周举等，2012），村庄数量多、规模小带来了村级组织运转成本高，基层负担重；空心村比例高，土地浪费严重；基础设施建设成本高，公共服务水平低等问题（徐锦庚，2010）。"大村制"使村庄原有整体上自然分散、家族内集中居住的居住结构和单元的改变，乡土性的传统村落共同体被打散，取而代之的是集中化的新型居住社区，有效地助推了城镇化和农业现代化的发展。"大村制"通过对村两委干部的整合，减少了干部职数，节约了行政成本，提高了办事效率（王海燕、孙葆春，2012；徐锦庚，2010；刘贵德等，2009；姜新利等，2008）；通过社区建设搭建了公共服务向农村延伸的平台，推动了公共生活设施建设，改善了居民生活条件（徐锦庚，2010）；通过整合农村资源，搭建农村发展平台，节约了土地资源，实现了农村资源的开发与利用（王海燕、孙葆春2012；徐锦庚，2010）。

尽管"大村制"改革取得了一定的成效，但由于村庄规模的扩大，村庄异质性的增加，打破了传统"熟人社会"与"半数人社会"的聚落形态，破坏了中国乡村文化的风貌，合并之后村庄内部"派系林立"，也产生了一些不好的影响。如，"大村制"加大了直接选举的难度，使得合并村后的村委会选举更为复杂，加剧了贿选现象，出现大村主导选举的情况（李炎炎，2013）；村委会被宗族派性势力控制，履行职责无力，干部带动作用弱化（章海燕，2012；王海燕、孙葆春，2012）；"半熟人社会"被动扩大，村民对新共同体产生抵触情绪，对村庄事务的参与意识降低，表现出政治冷漠心理，（徐蓉，2012；张秀玲，2012；章海燕，2012；王海燕、孙葆春，2012）；农民生活支出增加，负担加重，生活变得更加拮据（毕于建等，2014；徐蓉，2012）；社区建设因缺乏资金，配套基础设施建设不足（王海燕、孙葆春，2012；毕于建等，2014）。"村庄合并后，村一级的干部班子人数精简，尽管节约了大量开支，但村庄扩大、管理力量减少也会给乡村治理带来一定难度"[①]，对大村制下的乡村治理提出了新的挑战。

[①] 王攀：《"大村庄制"更需农村民间组织》，《西部时报》2008年2月1日第6版。

部分学者对"合村并居"持保守态度，认为大村不符合农业发展规律，真正从事农业的农民不适合集中居住①，斯科特在考察20世纪70年代坦桑尼亚时提到，"强制的村庄化给农业生产带来了巨大的危害……大约60%的新村庄都位于半干旱地区，不适合长期耕种，农民要走很远的路才能到达可以生长作物的地块。搬迁的混乱和适应新生态环境的缓慢都是对生产过程的进一步破坏"②，坦桑尼亚政府推行的新村庄搬迁运动给当地农村和农业带来了严重后果。同时，乡土社会中，孝、悌、忠、信、仁是维系人际联系的道德因素③，村落不仅承载着农业生产、耕地保护与利用的经济价值，还具有生态保护与社会文化价值，地域空间、生活共同体、人口及其互动关系与文化维系力是村落存在的四个基本要素，离开了传统的乡土村落，村民道德观念的约束力也会很容易丧失④。

在"自然生长"型大村，同样面临较为紧迫的治理问题。由"生于斯，长于斯"的"熟人社会"构成的自然聚落，基于血缘、地缘的天然紧密型，外部力量深入其中发挥重大影响，即使在人民公社时期，国家力量直接深入村落，自然村落被短暂地打散，但是随着人民公社解体后国家力量的收缩，其内部治理力量与机制重新恢复，并在一定程度上排斥作为村落正式治理组织的村委会，形成了自有的一套治理机制。不管是行政村下的多宗族自然村落，还是跨行政村的单宗族自然村落，其内部的联结与治理机制都与正式治理机制有很大不同。尤其是在宗族村落，基于传统神灵崇拜和祖先崇拜的宗族内部治理，"同一个老祖宗"精神力量的支持下，血缘力量决定了村庄的基本秩序，空间的阻隔形成了村庄之间明确的地理边界不断强化着村民的认同心理，国家权力的相对"不在场"为村庄共同体的发育和宗族功能的发挥提供了空间⑤。但随着老人地位的变化及人口流动频繁下的

---

① 党国英：《不可盲目推行"大村庄制"》，《村委主任》2009年第12期。
② [美] 斯科特：《国家的视角》，社会科学文献出版社2004年版，第322页。
③ 费孝通：《乡土中国 生育制度》，北京大学出版社1998年版，第33—36页。
④ 朱启臻、芦晓春：《论村落存在的价值》，《南京农业大学学报》（社会科学版）2011年第1期。
⑤ 郭亮：《走出祖荫——赣南村治模式研究》，山东人民出版社2009年版，第4—5页。

"熟人社会"的消解，宗族组织无能为力的领域逐渐增加，比如在基础设施建设、秩序维护、文化供给、教育、医疗等方面，随着宗族的逐渐淡出，村庄正式组织却没有主动填补宗族遗留的空白，习惯依赖的村民感觉无所适从。为了维持原有的功能，宗族借助地域性神灵信仰与祖先信仰，强力把村民收拢在宗族治理之下。本课题选取此类村庄作为典型案例，重点探讨宗族村庄正式治理组织与非正式治理组织共生与共治下的内部治理机制，从而通过对二者关系的调适实现大型宗族村庄的有效治理。

（三）村庄分类

根据宗族在村庄事务中发挥作用程度的不同，学界对宗族型村庄进行了多种分类。

王沪宁在研究当代中国村落家族文化时指出，随着社会系统逐渐代替村落家族系统，家族文化逐渐呈现弱势，但部分地区依旧呈现出强势。依据宗族村庄中族老的来源构成可以分为四种村庄权力结构：1. 荣誉型。族老由于在村落中较高的辈分和较深的阅历而受到尊重，对族内事务有一定发言权，但没有实质性权力；2. 仲裁型。族老在村落家族事务中享有一定的地位和权威，拥有一定权势，起着调节的作用；3. 决策型。族老拥有相当的实质性权力，享有较高的地位，对族内重大事务能作出决定，这种以血缘关系为基础的权威与以公共权力为基础的权威呈胶着状态；4. 主管型。族老拥有村庄大部分实质性权力，享有最高的地位，其活动范围不仅限于族内事务，村庄正式组织有时也依赖族老来管理公共事务，宗族势力大于村庄正式组织[1]。肖唐镖在江西、安徽选取了10个宗族村庄进行研究，认为随着人民公社的解体，宗族逐渐复兴，村治格局由原来村级政治组织"一统天下"转变为村级政治组织与宗族、村庄地缘组织、宗教组织等多种力量"共治天下"。依据宗族的聚落格局，将宗族村庄分为了四种形态：

---

[1] 王沪宁：《当代中国村落家族文化——对中国现代化的一项探索》，上海人民出版社1991年版，第90页。

即单一宗族聚居村、单姓异族村、一强余弱村、多姓杂居村①。艾米利将宗族组织分为三种类型：第一种类型为单一宗族占统治地位的村庄，宗族内部分门较细，门户观念较强，门户利益高于整个宗族的团结。第二种类型为势力相当的多宗族村庄，各宗族之间既有合作又有竞争，促使同族更为团结，一致对外。第三种类型亦是多宗族村庄，但其中某一宗族势力较其他各族为强，这可能导致大宗族控制小宗族，或者是众小宗族联合起来与大宗族相抗衡②。

董磊明、郭俊霞在总结前期宗族研究的基础上认为，血缘关系和地缘关系是中国农村中两种基本的联结纽带，不同的地区会呈现出不同的联结模式，由此大致划分出三种村治类型：血缘主导型村庄、地缘主导型村庄、血缘+地缘混合型村庄。在血缘主导型村庄中，血缘边界与地缘边界基本重合，即通常所说的单姓村，村庄是一个高度整合的共同体，村庄内具有较强的地方性规范、宗族组织和社区权威，宗族规范高度内化，宗族意识形态强劲，尽管宗族中又会分为若干的房头，但同时具有一套超越的、近乎笼罩性的力量规约成员，村庄共同体的价值体系和地方性规范对每个人的规约是全方位的。在血缘+地缘混合型村庄中，一个社区往往存在若干个宗族组织，每个宗族组织内部团结紧密，彼此之间存在较为激烈的竞争关系，村庄内有多元力量并存，往往没有一个原生的超越性力量来协调、整合。在地缘主导型村庄中，村庄没有形成强大的宗族结构，基本不存在以血缘为纽带而形成的强有力的家族、宗族组织。村庄由很多规模不大的杂姓组成，处于原子化的分散状态，没有一套强有力的原生性组织权威和地方性规范，形成了血缘关系不凸显的地缘结构。③

徐勇等将村庄治理模式放在国家体制输入与村庄内生力量互动的坐标体系中加以考察，把现代中国村庄分为三种类型：（1）传统型村庄。指在村庄治理实践过程中历史形成的村治方式、习俗、习惯占主导地位的村庄。传统型的村治模式又可以分为两类：传统——行政主导型、传

---

① 肖唐镖、戴利朝：《村治过程中的宗族——对赣、皖10个村治理状况的一项综合分析》，《福建师范大学学报》（哲学社会科学版）2003年第5期。

② 艾米利·埃亨：《一个中国村庄中对亡者的崇拜》，第250—263页。转引自《文化、权力与国家》，第83—84页。

③ 董磊明、郭俊霞：《乡土社会中的面子观与乡村治理》，《中国社会科学》2017年第8期。

统——村落权威主导型。（2）能人治理型村庄。这类村庄的重要特点就是个别或少数能人在村治过程中居支配地位，具有相当高的权威。能人治理型又可分为能人支配型、能人主导——大众参与型两种。（3）法治型村庄。指村级治理建立在法律规范和共同同意的基础上的村庄。法治型村庄按照法律规范在村庄内化的程度又可分为外在—法治型、内化—法治型两种。[①]

卢福营从村庄公共权力在各治理主体之间的分配角度，将中国农村的村庄治理模式划分为三类：（1）干部支配型，即村干部在村治的权力体系中居于垄断地位，并控制着整个村社区公共权力的运作过程，村民群众对社区公共权力运作过程的参与和影响度极低。（2）精英主导型，即村治在村干部的主导和现代村庄精英的广泛参与，掌握优势社会资源的村庄非正式精英与村庄正式组织形成密切的关系，成为影响村治运作过程的最直接力量。（3）群众自治型，即村庄治理在广大村民群众直接、广泛、高效地参与下运作，突出特点是村治的直接民主性和群众性。[②]

综合以上学界对宗族村庄的分类，本课题按照宗族与村委会的关系将大型宗族村庄分为三类：宗族主导型村庄；村委主导型村庄；宗族与村委融合型村庄。宗族主导型村庄，主要是指宗族影响力与号召力较强，其威望往往超过村委会，在村庄事务中占据主导位置。此类村庄宗族内部活动一般较多，村民对宗族活动的参与程度和积极性较高，而对村委会组织的活动参与度较低。村委主导型村庄，主要是指尽管村庄中依旧存在宗族组织，但是其影响力与号召力有限，宗族内部活动较少，对村庄事务参与较少，村民对宗族组织的认可仅仅限定于宗族内部事务。宗族与村委融合型村庄，主要是指在村委会成员与宗族成员高度重合，宗族组织的精英被成功纳入到村庄正式治理组织内。这一类村庄往往出现在多宗族村庄，村庄多个宗族之间相互竞争，或者占多数的宗族为了村庄和谐而向小宗族让渡部分权力。

---

① 张厚安、徐勇、项继权：《中国农村村级治理——22个村庄的调查与比较》，华中师范大学出版社2000年版，第82—86页。

② 卢福营：《论村民自治运作中的公共参与》，《政治学研究》2004年第1期。

三　调研选点的基本概况

按照上述宗族与村庄的关系，本课题选取了 3 个不同类型的宗族村庄进行调研，分别是粤东育村——客家文化浓厚的宗族与村委会融合型村庄，粤东郑村——潮客文化交融的村委主导型村庄，粤西黄村——雷州文化浓厚的宗族主导型村庄。

（一）育村——客家文化浓厚的宗族与村委融合型村庄

1. 村情简介

育村位于广东省梅州市蕉岭县广福镇。广福镇位于蕉岭县北部，地处闽粤两省交界，距县城 24 公里，毗邻福建省武平县岩前镇、下坝乡、中赤乡，是广东省首批中心镇之一，区位交通便利，205 国道和长深高速公路贯穿全境。全镇总面积 107.3 平方公里，其中耕地面积 10078.05 亩，山林面积 145008 亩，森林覆盖率达 78%。辖有 10 个村委会和 1 个社区居委会，户籍总人口 15029 人。境内有较丰富的大理石、锰、铁、钙、钾等矿产资源和水资源；历史文化古迹有广福寺遗址、石峰村粟坝罗氏大围屋、省古村落乐干九栋等；传统民间艺术有船灯舞等。

育村位于广福镇的西南方，距所属镇广福镇不到 1 公里，距所属县蕉岭县城 26 公里，距所属市梅州市区 40 公里，距福建省武平县岩前镇 6 公里。育村属于山区村，东至大坝村罗岗，西至石峰村围墩，南至文福镇暗石、长潭镇罗赖坝，北至大坝村赤岭，总面积 25 平方公里，林地面积 28000 亩，耕地面积 1663 亩，其中水田 1200 亩，旱地 463 亩。其中南坑村村落总面积 6 平方公里，山林面积 1 千多亩，耕地面积 350 亩，其中水田 275 亩，其余为旱地。育村村域内耕地平坦广阔，连成一片，山林地植被较好，树木葱郁，广福河水源充足，在本村建有拦河水坝一个，引水灌溉农田。育村日照充足，气候温和，雨量充沛，年平均气温 21℃，年降雨量在 1300—2300 毫米之间，降雨主要集中在 4—9 月份，最冷月平均气温 10℃—12℃，日照时数历年平均为 1887 小时，辖区土壤深厚肥沃，适宜亚热带植物的种植。

绪 论　　　　　　　　　　　　　15

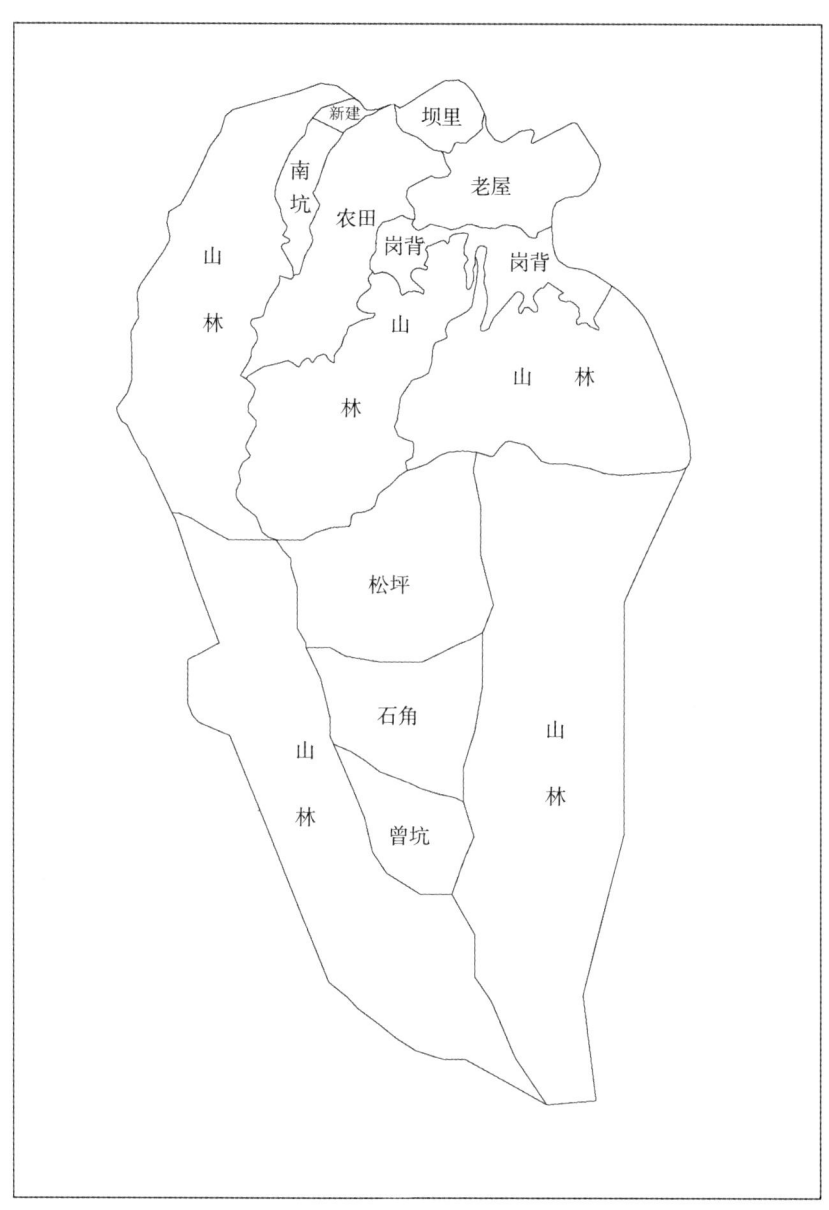

育村区划平面图

育村历史区划变动频繁，人民公社前期分为 4 个生产大队，现老屋片与岗背片称为育大队，南坑片称为南坑大队，坝里称为坝里大队，松石曾片的松坪、石角称为松坪大队，松石曾片的曾坑当时属文福暗石大队管辖。1958年南坑、坝里、老屋、岗背与大坝村合并，称为大坝管理区。1961年与大坝村分开，南坑、坝里、老屋、岗背复称为育大队，为方便管理，又把曾坑、松坪、石角并入育大队。1964年，松坪、石角、曾坑又拆分出去复建松坪大队，直到1979年重新合并至育大队至今。20世纪80年代体制改革时期，广福公社称为广福区公所，育大队称为育乡人民政府，1986年改为育管理区，1999年育管理区改育村至今。育村为方便管理，按照历史管理情况划分为5个自然片，即老屋片、岗背片、坝里片、南坑片、松石曾片。全村共20个村民小组，其中广一至广六属于老屋片，广七至广十属于岗背片，坝一、坝二、新建属于坝里片，南一至南四属于南坑片，松坪、石角、曾坑属于松石曾片。14年之前每个片都有片长，但之后就以小组长为主了。

育村总户数492户，总人口1950人，其中离退休及外嫁、搬迁到育村的人数为200余人，党员92名。其中南坑村2015年末共有451人，村中男性208人，女性243人，生活主要靠农业收入人口有327人，常年在城镇生活和打工的有196人，实际在村人口255人。

2. 村庄经济

育村产业单一，以农业为主，少数人从事一些小型运输、商业零售、工程承包等小项经营。人均耕地面积0.94亩，以水田为主，通过育河蓄水引水灌溉。主要种植水稻、玉米等粮食作物以及烤烟、花生、西瓜、辣椒等经济作物。一般是上半年种植烤烟，下半年种植水稻。政府对烟叶管理进行规范化之前可以私人进行收购买卖，规范化之后烤烟由镇烟草收购站统一收购，村庄内有2—3名烟叶技术员，简称烟技员，负责日常种植技术的管理与收购初步定级，送到镇收购站之后再细化等级。由于近两年烤烟种植效益有所下降，种植面积不断减少，现在大概在700亩左右，每亩纯收入约3000元。水稻多是用来自家消费，花生、西瓜、辣椒等经济作物种植规模较小。10年前村内曾尝试种植仙人草（一种草药，具有清凉解毒、凉血等功能，用于制作龟苓膏、凉粉、凉茶等），最多时种植面积达到几百亩，主要向王老吉供应原料，但因为市场价格波动，后来逐渐放弃，村内的一个仙人草收购站也已经废弃。村民家禽、家畜均为自家小量圈养，另外鱼塘、湿地较多，归村小组所有，基本上个人承包养鱼。

2018年育村引进木耳产业，处于产业培育阶段。共投资500万元建设占地15亩的富硒黑木耳菌包加工厂，新建黑木耳菌种培养发菌室3000平方米，新建净化室1000平方米。通过黑木耳基地建设，将推动周边群众发展种植黑木耳500亩，并带动周边100人在基地就业。项目全部建成后，预计年产出富硒黑木耳100万斤，年产值超过2000万元，每个种植户每年增加纯收入3万—5万元。目前，厂房建设已经完成，已经开始投产生产菌包。按照预期亩产1200斤，收购价20元估计，亩均效益在6000元以上，但由于木耳种植亩均投入较高，目前村民对木耳多抱以观望态度，并没有表现出太高的种植热情。

村域内未建立其他企业，村委收入也只有入股水电站获得分红，另有小部分近临道路的村民利用底层设小卖铺作为副业。村中岗背片山上有铁矿场，主要由黄佛佑老书记主导，但由于政府政策的收紧而关停，之前岗背和坝里属于一个片区管理，铁矿场关停后便分开。2008年之前，岗背片盗伐树木时常发生。现任村书记黄忠铎与另外两人在老屋片庐下共同开办一石场，目前每年分别向村委会和老屋片上交租金18000元。由于村内经济发展条件有限，村庄集体收入较少，主要有生态林补偿款每年40000元左右，烟税返款每年25000元，石场每年承包款18000元。

3. 公共服务设施

育村现有村委会1个，位于岗坝片，临村道而建，占地面积110平方米，楼高2层，建筑面积220平方米，主要功能为村内办公；

小学1所，位于老屋片，占地约1500平方米，建筑面积约400平方米，已停办，计划原址建设新村委会；

活动中心3处，分别位于老屋片、南坑片、岗背片；

公园4处，分别为老屋片的群乐公园，老屋与坝里交界处的大岌山公园，另外两处在建，位于老屋片与岗背片；

卫生室一所，位于老屋片，两间房，约30平方米。

从以上可以看出，村庄中的公共服务设施建设相对来说比较丰富，绝大部分都选在了老屋片。

4. 党组织发展

育村的党组织成立比较晚，发展党员最早起于1955年，由于育村成立了高级合作社，需要有一个相应的党支部存在，所以1957年成立育村党支部。在育村尚未建立基层政党组织之前，育村主要依靠农会，主要承担防御土匪以及调节村庄纠纷事务。后来在国家推进农村合作化、公社化运动的过程中，农会逐渐萎缩。1960年前育村有20多个党员，多为1956—1958年间发展的；1959—1964年近五年的时间村里没有再发展党员。1965—1966年重新开始发展党员，吸收入党的共有近20个，后来随着"文化大革命"的开始，党组织的活动基本上陷于停滞状态。1976年才逐渐开始重新发展党员，但进程缓慢。世纪之初，村民对入党的积极性不高，近年来随着基层党组织建设以及村庄"党政一肩挑"政策的逐步实施，村民入党积极性有了较大提高，但是由于党员发展名额控制加大，近几年入党比较困难，发展的新党员较少。村内的公共事务决策基本是由村"两委"的主要成员集体决议。在育村，传统的宗族长老权力并不明显，但涉及村庄重大公共事务的决策，"两委"事前会主动征询在村老党员、离退休干部的意见。村里的权威基本也是由"两委"和具有党员身份并曾任过公职的老人组成。

育村党支部现有党员92人，男党员68人，女党员24人；正式党员90人，预备党员2人；在家党员67人，外出党员25人。其中35岁以下26人，36—55岁29人，56—60岁6人，61岁以上31人；初中及以下学历39人，高中或中专学历33人，大专学历12人，本科及以上学历8人。2017年确定入党积极分子4名，吸收预备党员1名，预备党员转正1名。

5. 宗族构成

育村全村共492户，1950余人。从姓氏构成上来讲，育村以黄姓、丘姓、杨姓、钟姓四个姓氏为主，其中黄姓人口最多，约1300人，约占全村人口的66.7%；丘姓约为450人，约占23.1%；其余主要为杨姓和钟姓，约占10.2%。从地域分布上来讲，黄姓主要分布在老屋片、岗背片、坝里片及松石曾片的石角，丘姓分布在南坑及松石曾片的曾坑，钟姓分布在南坑，杨姓分布在松石曾片的松坪。因老屋、岗背、坝里基本上都是黄姓，又合称大黄屋。

表1　　　　　　　　　　育村人口分布情况①

片区	小组	户籍户数（户）		常住户数（户）		户籍人数（人）	姓氏分布
老屋	广一	22	156	14	114	750	黄姓
	广二	32		27			
	广三	27		23			
	广四	26		24			
	广五	27		11			
	广六	22		15			
岗背	广七	25	90	14	58	250	黄姓
	广八	23		16			
	广九	20		15			
	广十	20		13			
坝里	坝一	27	72	20	53	200	黄姓
	坝二	21		15			
	新建	24		18			
南坑	南一	29	96	22	76	400	丘姓 钟姓
	南二	22		18			
	南三	25		19			
	南四	20		17			
松石曾	松坪	19	78	9	40	350	黄姓 丘姓 杨姓
	石角	25		11			
	曾坑	34		20			
合计		492		341		1950	黄姓、丘姓 钟姓、杨姓

按照族谱记载，大约500年前，黄、丘、罗三姓差不多同时到达育村

---

① 因村庄内部户籍人口资料有多个数据，有个别出入，户籍人数采取近似数，但不影响数据分析。另外由于外嫁进来的媳妇姓氏较多，此处不做统计，仅以祖居于此的姓氏做分析。

南坑开基，一起居住，共同生活。三姓亲如兄弟，并且在黄泥岌共建了一座祠堂，每逢年过节三姓都一起拜祭祖先，丘姓七世祖（即南坑开基祖）的女儿还嫁给黄姓为妻。但随着子嗣繁衍，三姓不时因烦锁小事而产生摩擦，罗氏自觉无奈，率众家老小先行搬迁至栗坝开基，留下的黄、丘两家仍不时有争端矛盾发生，乃至最后丘、黄二姓对博公堂，后经镇平（蕉岭古称）县令胡惠宾调处点解，黄姓从南坑迁至现大黄屋老屋开基，丘姓留在南坑。

黄姓育村始迁祖为蕉岭四世伯养公，五世返回蕉岭，六世永泰公时正式在村中定居，永泰公生有七子，在育村流传下来的共有三房：铎、钟、钊，分别是二房、三房、四房。据《大黄屋族谱》记载，大黄屋六世永泰公开居，约1460年左右，到了七世分为三房在坝里、岗背开居。尔后汝沐公在石角开居，汝有公在南坑，汝聪公在赖公塘开居，十九世运福公通嗣在岗子岌发展。自此黄氏分布在广福的老屋、坝里、岗背、大坝、石角、南坑、合水子、野猫坑、春凹、赤竹坑、河唇等处落地生根，最终形成有400多户、1300多人的广福大族。其中黄姓二房人口600多人，主要分布在广一部分、广二、广三、广四、广五、广六、广九、广十等村民小组，即老屋片及岗背下片；三房人口500多人，主要分布在广一部分、广七、广八、坝一、坝二、新建等村民小组，即坝里片及岗背上片；四房人口较少，只有100多人，黄姓很多外出经商或做官的都出自该房，主要在四房祠堂——关爷厅周围，又称钊公堂。除了每年两次的春祭、秋祭之外，黄姓每年农历八月初三过会，邀请自己的亲朋好友到家中聚餐，但没有全族或者全村性的活动。

丘姓蕉岭七世祖丘景大（攒公）移居南坑定居，八世惟敦公返居石窟河畔，生有五子，九世祖项重返南坑，娶黄氏，生宗器、宗式，留居蕉城；娶刘氏，生宗烈、宗相、宗岳，居南坑。自此南坑始分三房，分别为三房、四房、五房，其中五房人口最多，约占一半人口，丘学森属于五房；三房是丘寿昌那一支，在村的只有几十人；四房也较少，是钟丽平丈夫家那支，在村的也只有几十人。据丘姓介绍丘姓七世祖女儿嫁给黄姓，推理应该是黄姓五世祖，但黄姓五世祖为了谋取丘姓家产，撺掇其女儿杀害妻弟未成，导致了两姓的决裂。由族谱上查知，两姓开基后第二代都返回到蕉岭，第三代又回到育村，可得知此传说具有一定的可信度。丘姓每年农历八月初四过会，同样是邀请自己的亲朋好友到家中聚餐，但各家各户会去祭拜三仙公王庙。

钟姓原本在距南坑4公里的广福镇叶田村，后因与丘姓关系较好而搬来此地。钟姓十三世祖钟朝福经常到南坑走动，与丘姓祖先亲如兄弟，一次在闲谈中说道："这块地（现在的上村）风水不错，能否卖给我做屋？"丘姓的祖先听后不加思考，一口气就答应他："不要钱，送给你"。钟祖听后说："不行，能否五斗谷卖给我，日后你在众人面前比较好说"。于是钟姓开始在南坑定居，现在已经传到三十三世，据此推算钟氏来南坑开基已有400年左右的时间。钟姓在村户籍人口总共13户、50余人，女性多数嫁给丘姓，目前在村7户、不到20人，基本上都属于南四村民小组。

杨姓由于人较少，由外面迁移而来，没有单独的祠堂，也没查询到历史记载。但每年农历八月初八过会，邀请亲朋好友到家中聚会。

6. 祠堂建筑

作为宗族村庄，育村内祠堂较多，其中黄姓有五世祖祠（新建）、六世永泰公祠（老屋）、七世祖祠（岗背）、二房宗祠、三房宗祠——江夏堂、四房宗祠——关爷厅，其中三房还有一座私祠——三江公祠；丘姓有七世祖宗祠——河南堂，九世祖祠堂；钟姓有颖川堂，全村共计10座祠堂。

永泰公祠。建于明崇祯十年（1637）距今已有380年历史。系原镇平县（现蕉岭县）知县胡惠宾选点，为美女献花形，屋形为三堂出水，建在鹿湖（山塘）面上，古有鹿湖草堂之称。并由胡县令刻动工及进香火的日期。传说进香火的日期属犯三官的忌日，众乡绅因怕打官司而另择吉日（即提前进香火）。至胡县令所刻的进香火的日期时，胡县令请三位官轿同来，意即三官镇煞，官轿至分水凹休息时，探知黄家祠堂已提前进香火，即命起轿回衙。清嘉庆年间道享先生加高围照两墙，于咸丰七年（1857）所有到此境者，无不谓围照两墙高压旺气。于是父老前来议定，请得钟华仕先生渭取咸丰七年丁巳岁正五月二十八日未时兴工，其围照两墙减至原式，其至宇墙壁原式修整。清同治乙丑年（1865）上堂屋宇原式龛牌遭逆焚毁。于西丁卯年重修屋宇，原式龛牌更易吞龛。其上年之前系显龛牌式。从1949—1989年维修两次，1989年6月大修屋宇，重新做坚牌位，六月二十四日进香火。2015年众裔孙集资动工修建，至2016年

10月27日竣工庆典，耗资接近百万，以修旧如旧保持原貌的原则，从屋顶到墙基全面拆除重新建造，全部用上钢筋水泥墙基，红砖砌墙，杆桷栋梁全部换新，还把中堂，上堂两侧私人住宅全部购买统一拆除，扩宽祖祠280多平方米面积。

育村老屋片永泰公祠

　　五世祖祠，地处坝里片新建组，地理位置上属于南坑。黄姓自四世祖在南坑开基后，五世祖宗鼎公返回蕉岭，六世祖永泰公在时任知县胡惠宾的调解下携黄姓全家搬到现在的老屋片居住，五世祖被葬在南坑虎形地界，坟地属于黄姓。后来在1957年阴居转阳居，黄姓在五世祖坟墓上修建五世祖宗祠，并在周边建了两圈住房，主要由岗背和坝里的三房搬迁过来，形成了现在的坝里片新建小组。祠堂建好后，并同时在祠堂周边建造了两围房屋供黄姓居住。

　　二房宗祠与四房宗祠。从南坑搬至老屋下和凹峰里上屋子开居以后，子孙繁衍不息，人口渐多，曾有千家村之说，永泰公名下就有七子，曾氏夫人生有六子，名铖，铎，钟，钊，铭，鏼，钟氏夫人生有一子名镛，后因率众反叛朝廷，被朝廷官军追杀全军覆灭，及至株连九族，清嘉庆年间险遭屠村，幸有兄长四哥钊公顶案，坐牢致死，保全村老小，是大黄屋历史上有名的"镛公造反，钊公顶案"的一段传奇佳话。为纪念这段历史和钊公忠义，特在下井建一宗祠，叫关爷厅，也就是四房宗祠，逢年过节，全族人必先祭祀，以念钊公救族之恩。作为二房兄长，为方便看顾四

育村黄姓位于南坑的五世祖祠

弟遗孀孤儿寡母,就在对面黄泥凼,曰"葫芦倒地形"建一宗祠,叫新厅下,就是二房宗祠。二房宗祠在永泰公祠左侧,四房公祠在永泰公祠右侧。

三房宗祠——江夏堂。在老屋岗背大黄屋人丁兴旺,逐渐觉得过于拥挤时,当时因天地造化,从现在石峰白水寨曹田尾河与铁坑河至育大水坑河三溪合并一路洪水冲刷,日积月累形成现在的四坝,即栗坝、梅坝、黄屋坝、大坝,前面已经说过栗坝梅坝已被罗姓开辟兴家立业,如黄姓再不出手,坝里恐怕也会落入他姓之手,因此众人商议要抢先开发黄屋坝。当时恰逢十四世黄士椿在台湾经商积累了不少财富,所以他个人率先独资建造坝里新屋下围龙屋,供三房裔孙居住,还广置田产,闽、粤、赣三省都有田地,所以流传至今就有了士椿公"粮米挂三省"之说。坝里也就成了名副其实的黄屋坝。所以三房祠堂也就建在黄屋坝。除了江夏堂之外,三房还有一个私祠。

丘姓七世祖祠堂——河南堂。丘姓祖祠先后经历两次换址。七世祖祠最早在现在新修祠堂旁边,即在大园里上坎,丘文昌、丘开新做屋的中间地带,后来迁移到堂子门口公路坎下,同样先做墓后做祠,祠堂旁建有两围房屋居住,大概有400多年历史。"文革""破四旧"时祠堂成为村部,里面现在仍然留有许多革命标语。后来人民公社解体之后,随着宗族组织的复兴重新成为祠堂,2000年时大修过一次。2015年村庄文化活动室建

育村黄姓三房祠堂——江夏堂

成,同时在旁边建成了新的丘姓宗祠——河南堂,全部换上新桁、新角,盖上琉璃瓦,祠堂周围建筑全部进行了粉刷,上、下堂内外门坪头约600多平方全部水泥硬底化,围墙翻新,全部贴上瓷片,盖上琉璃瓦。

育村丘姓旧祠堂

钟姓祠堂——颍川堂。钟氏十三世祖通过五斗米买了南坑上片的一块地方,从叶田村迁过来,去世后子孙在此建祠堂,占地150平米左右,取名"颍川堂",1866年重修,现仍使用。没有专门的宗族管理人员,每年活动由各户轮流主持。

育村丘姓新祠堂——河南堂

（二）郑村——潮客文化交融的宗族涣散型村庄

1. 丰顺县䧠隍镇简介

䧠隍镇隶属于广东省梅州市丰顺县，地处县域东北部，居潮州、梅州、揭阳三个地级市交界处，距潮州市区40公里、汕头市区65公里、揭阳市区50公里。广东省第二大江——韩江纵贯镇域，县内与汤坑、潘田、黄金、小胜和潭江等5个镇接壤，距离县城汤坑镇40公里。在春秋战国属百越地，又名万江市，汉时隶属南海郡揭阳县，北宋宣和三年（1121）揭阳县城设于此，南宋绍兴二年（1132）撤销揭阳县城，并入海阳县。相传宋末皇帝赵昺南逃时曾在万江古庙求神庇护、并于此留宿，躲过了追兵，取"万江古庙可留皇"而将万江改称"留皇"。后为避元朝耳目，将"留皇"二字加上"阝"而成䧠隍沿袭至今。明、清初隶属潮州府海阳县，清乾隆三年（1738）划入丰顺县，民国时属丰顺县第二区。1925年周恩来、蒋介石率东征军讨伐陈炯明时，曾在本镇科兰公祠设军事指挥部。1958年改为䧠隍公社；1959年并入大埔县；1961年划归丰顺县；2004年10月原东䧠隍镇、茶背镇并入䧠隍镇。

全镇总面积428.23平方公里，其中山林面积20.3万亩，常用耕地面积 30739 亩，其中旱地 7685 亩、水田面积 23054 亩、山地面积 555733 亩。榴隍镇下辖 36 个行政村和 1 个社区居委会，总人口 10.5 万，常住人口 19796 户、94563 人，其中农业人口 16410 户、83795 人。榴隍镇与潮汕地区交界，日常联系密切，尽管大部分为客家人，但习俗、语言等基本上已潮汕化。本镇主要以农业经济为主，主产水稻、薯、甘蔗、烟叶等。水果盛产橄榄、青梅、枇杷、龙眼、荔枝、杨梅、香蕉、柿子等。镇内温泉资源丰富，可开发价值较高。"榴隍糕""榴隍草席""榴隍枇杷""榴隍竹制品"等传统产业较为发达，但近几年逐渐成没落之势。"榴隍温泉"是榴隍近年异军突起的"朝阳产业"，据称这里的温泉含硫量高，慕名到这里洗温泉的潮州、汕头人络绎不绝。由于地缘与交通的原因，榴隍与潮州、汕头等地的经济、人文联系较为紧密。

自宋代开始，这里便已经成为南来北往的商贾云集之地，韩江上过往的运输船只停泊此地，补给食物。特别是抗日战争时期，潮州、汕头等地相继沦陷后，该地区人们纷纷向北逃难，大批物资随之北上转移，由于榴隍镇紧靠潮汕沦陷区前沿，因而成为当时一个重要的货物集散口岸与商业贸易中心。改革开放以来，随着现代经济的发展，传统水路交通逐渐被淘汰，这个早期的商品集散地逐渐没落，但这里保留下来的"吊脚楼"、"骑楼"等沿街商铺及不同时期的民居依稀印证着榴隍镇昔日的辉煌。

2. 村情简介

郑村位于榴隍镇的东南部，距榴隍镇政府 20 公里，因境内有郑溪流经，因此而得名。郑村村境四周为丘陵山地，海拔不超过 300 米。郑溪从村北缓缓流过，向东注入韩江，当地人称之为锦江。旧时锦江为郑乃至上游的富足、高华等村落的交通命脉。郑村由上陶、塘唇、围肚、山脚、黄麻埔、黄竹洋、崩厝山、石壁仔、南岗岭、鸡心峰、小东坑、蜡烛堂、草粿田共 13 个自然村、17 个生产小组。郑村总人口 3500 余人，常住人口有 2100 多人，部分户籍迁出者长期回来居住，规模在 2000 人左右。郑村以郑姓人口为主，占全村人口的 99%，另有几十人姓曾。郑村委会在下围自然村，有 400 多户，2000 余人。

郑村的农林资源丰富，经济作物主要有竹木与橄榄。长期以来竹木加工业作为郑村的支柱产业与特色产业，几乎每家每户都有人会做竹编工艺。但近年来随着橄榄种植的减少以及塑料制品的普及，该村竹编产业受到严重影响，村内仅存的一个竹编加工作坊也基本上处于歇业状态，该作坊中堆积了几百件竹制品无法售出，目前该坊主主要收购附近竹子卖给造纸厂。该村橄榄种植面积较广，每逢收获季节，都有潮汕地区的人来此地采摘，但没有形成产业。该镇有三处橄榄收购点，本地也有制作橄榄菜的小作坊，橄榄果及加工品主要销往潮汕地区，橄榄市场容量小，导致橄榄的产业化动力不足。前几年有老板想投资加工橄榄油，但由于近年来橄榄种植面积不断减少，橄榄产量无法满足加工需要，而导致橄榄油加工计划的流产。

2017年，郑村成为省定新农村建设示范村，村内基础设施建设突飞猛进。现村内建有小学学校1个、郑村公园1个、村民公共活动场所5个、文化活动场所3个、医疗站1个、污水处理站1个、垃圾处理站1个、自来水饮水设施1个。村庄道路硬底化方面，除了草粿田、蜡烛堂两个自然村约有五公里村道未实现水泥硬底化外，村内基本上实现了道路的硬底化。郑村13个自然村都已安装有路灯，特别是在政府规划扶持下，河口路、村道全线安装了太阳能路灯。

3. 郑氏开基

据民国《郑氏族谱》记载，郑姓先祖松溪公是从丰顺县老县城丰良镇布新村迁来，其父亲敦素公，叔叔广素公、永素公随后而至。明朝嘉靖三十六年（1575），丰邑布政都布心（今丰良镇布新村）出生了一位郑松溪，郑松溪自幼勤奋好学，明礼好友、胸怀大志。在青年时决心走出布新山区，外出择地创祖，先在今潮州市归湖镇山泽口定居创祖，因洪水泛滥，颗粒无收，即返今䈰隍镇择地，后选择郑而居，把母亲及妻儿一并接来居住，随后其叔父郑永素也来到郑立家定居。其祖父与父亲去世后，郑松溪把祖父、父亲的骨骸移葬于郑，追认其祖父郑兴河为开基祖，父亲郑敦素为二世祖。郑松溪生有三个儿子：长子郑熙廷、次子郑熺廷、幺子郑陞廷，子孙蕃衍，发展到今，人口已达一万多人，主要分布在䈰隍镇内各村各角落。主要集中在上围村、黄沙坑村、田站村、锡坑村、蔗溪村等地，后人皆认郑松溪为开基始祖。郑松溪祖父郑兴河生有三个儿子，长子郑敦素、次子郑广素、幺子郑永素，在当时，郑松溪与其二叔父之子郑建山合建了《郑氏家庙》大宗祠堂，取堂号"展思堂"，祖先牌位安放于内，并以"文章保国，诗礼传家"为门联悬挂于展思堂大门两侧，教育后代子孙要以此为治家准则。

4. 宗族组织及活动

自郑松溪在郑开基以来，郑姓子孙蕃衍，以展思堂为中心四散居住。自据传明朝末期已专门组建了展思堂理事会，一直到解放初期。人民公社时期理事会解体，约有30年的时间无人专门的宗族事务管理组织。人民公社解体后，随着国家对村庄事务管理的放松以及联系侨胞建设家乡的需要，1981年郑氏众裔孙倡议重组展思堂理事会，一直运行至今。改革开放后的理事会主要承担联系外出乡贤、宗族省亲祭祀、协助村委调解村民纠纷等工作，但随着村庄人口的不断流失，改革开放后外出二代、三代人对村庄感情不断减弱，对村庄建设的热情随之降低，展思堂理事会也变得越来越涣散，宗族日常事务基本上是由两个人在管理，仅负责宗族祭祀等事宜，基本上不参与村庄事务。由于展思堂年久失修，郑氏宗祠残破漏雨，急需修缮，经理事会研究决定于2017年11月9日成立"展思堂筹建委员会"，筹建委员会成员由全郑氏各片落宗亲推选代表组成，并从中推选理事会会长、理事，成员涉及财务、会计、监督员等职务。筹建委员会建立了分工财务制度，开展筹款、筹备工作，由郑村委配合协助。

祭祖活动。以郑村展思堂为中心的郑氏，定于每年农历元月初十为祖先祭祀日，来自四面八方的后裔齐集展思堂，举行拜祖大典，并商议宗族内部事务。同时，郑氏后裔为具有代表性或成就较为突出的祖先设立了单独的扫墓日，定于每年冬至后一日为郑松溪的扫墓日，每年元旦日为郑熙廷的扫墓日，每年春分前一日为郑煃廷的扫墓日，每年十一月二十四日为郑陞廷的扫墓日，每年农历九月初九重阳节为凤凰山七甲萦的六世祖妣盛氏的扫墓日。每次祭祀活动之前都由展思堂理事会发出通知，各裔孙献资，并积极参加祭祖。

拜神活动。在祭祖的同时，郑村也有一些拜神仪式。展思堂向东沿河边西行约1200米，有一座"华社古庙"，传说中是保护郑村的水口老爷，每年的农历五月十三为华社古庙的公祭日，由展思堂理事会组织活动，并有做潮剧、木偶剧等文娱活动，由附近乡亲们自由捐资，由展思堂理事会负责统筹。

5. 村民理事会

在镇政府的指导下，郑村最早于2015年成立了郑村村民理事会，区别于原来的宗族组织——展思堂理事会，村民理事会主要由村干部组成、村民小组长组成，将原本属于展思堂理事会的宗族事务包揽过来，展思堂理事会基本上已经名存实亡。村民理事会成员包括村两委干部、村民小组长，以及一些村内德高望重的群众，由村民代表大会推送产生，在村的建设中起到了重要作用，帮助村两委，在建设筹款、配合村两委在征地过程中做好工作。2017年，随着郑村成为省定新农村建设示范村，2017年10月对理事会成员进行了调整。郑村村民理事会成员中村两委干部、村民小组长的比例进一步提升，基本上成为了村干部主导型组织。村民理事会分为两个片区，由村支书与村主任分别担任两个片区的理事长，形成了独特的"双理事长"格局。

郑村村民理事会成员

下围片区（腊塘村、东坑村、草田村、下围村）

理事长：郑小懿；

成员：郑建文、郑俊娜、郑旭增、郑叠成、郑昭榜、郑潮古、郑春进、郑成彪、郑宪强、郑友贤、郑春援、郑春奕、郑春呈。

黄华片区（黄麻埔村、石梅村、鸡丰村、南岭村、下寮村、山科村）

理事长：郑银彬；

成员：郑伟业、郑培添、郑国奇、郑建林、郑建丰、郑春树、郑迪虎、郑元永。

在郑村新农村建设中，村委会发挥着承上启下的作用，建设工程由村两委研究立项，上报镇政府审议批复；村民理事会、展思堂理事会做好动员工作，带动村民让地捐资，资金由村民理事会监管使用。村两委与村民理事会、展思堂理事会形成了职能互补、共同协作的良好局面。

6）时年八节

郑村时年八节指民间8个重要节日，即春节、元宵、清明、端午、中元、中秋、冬至、除夕。

春节：村民拜年时必带柑橘，人称"大吉"。回礼时也必赠回大吉，称"大吉大利"。宴请客人时必摆上"四点金",即用鸡头、鸡脚、鸡屁股、鸡肉等摆上鸡盘,客人吃饭时尽量吃鸡肉,而其他不用吃。

元宵:因为村庄盛产竹子,因此村民喜欢用竹筒装上煤油点火游灯。

清明:扫墓一般不会选在清明当天,而是在清明节前三天至节后三天进行。

端午:之前活动较多,因面临韩江,过去多赛龙舟,吃棕球,其中以"桅棕"最具特色。

中元:每逢中元时节,村民都会在妈宫前搭台祭祀。

中秋:郑有"月圆人也圆"之说,在外打工或者华侨这个日子回家与家人团聚,宗族之下的房头会聚在一起吃团圆饭,但基本上都是六代以内的小型房头才会组织聚会,郑氏宗族内没有活动。

冬至:俗称冬节,吃冬节圆,做冬节圆时一家大小围坐在一只"米筥"(浅沿的筥筐)亭边,各自提取粉团搓成弹珠样的冬节圆,放进"米筥"里,越搓得大大小小参差不齐越好,这叫"父子公孙"圆,象征着岁暮之际一家子圆圆满满。

除夕:合家聚餐,称为"围炉"表示大团圆。一家人不论平时分散在多远的地方,都必须在除夕前赶回家团聚。"围炉"后,长辈要给小辈们发"压岁钱",能挣钱的小辈也要给长辈红包。这一天不能吵闹,不能打坏盘、碗等器物,若打坏了说诸如"缸开嘴,大富贵"等吉利话来弥补过失,象征着全年一家自始至终圆圆满满。家中的水缸要装水,米缸要装满米。以象征"年年有余"。是夜室内室外灯火通宵,家家户户合家守岁,等得新年的来临,俗称"守岁"。零点一到,家家户户燃放鞭炮。

其他的还有重阳节,即农历九月初九日。这一天,隆隍城乡人们多到凤凰山看日出;五谷主生,即农历十月十五日,农民做菜果、豆目果、粟穗果,杀猪宰鹅去祭祀谷神,五谷主相传为神农氏;送灶,即农历十二月二十四日,各家各户备各种供品放于灶前祭拜,送灶神上天述职。正月初四要打扫房屋,备清水一缸及稻草扎,插香于灶台,迎接灶神返归,俗称"神落天"。

(三) 黄村——雷州文化浓厚的宗族主导型村庄

1. 村情简介

黄镇位于东经110°15′,北纬21°23′,地处广东省湛江市遂溪县东北

郑村白事现场

部,地理位置优越,东临湛江港,北邻遂溪县城,西至东坡荔园度假村,南接湛江市赤坎区和麻章区,距遂溪县城 7 公里,距湛江市区 4 公里,距湛江火车南站 16 公里,距湛江东站 10 公里,距湛江民航机场 14 公里,交通便利。黄镇总面积为 149 平方公里,原属遂溪县第三区,1957 年分设为黄乡;1958 年与麻章合并为钢铁公社;1959 年分出黄公社;1983 年撤黄公社设黄区;1986 年 12 月改为黄镇。下辖 21 个村委会,151 条自然村,总人口10万多人,其中农业人口近9万人。改革开放以来,黄镇充分利用地缘优势,在稳定农业的基础上,积极招商引资,引进人才、资金和技术,大力发展工业经济,致力改善民生,不断推动文化教育事业发展,取得了骄人成绩。目前,黄镇有各类企业近400家,其中规模以上企业10家,大大带动了黄镇的经济发展。

黄村位于黄镇境内,东临黄海湾(现已围垦成为海田),西至黎湛铁路,南接赤泥岭、赤水溪,北至县道688线。黄村地理位置优越,距遂溪县城7公里,距湛江市区4公里,距镇政府3公里。325国道及黎湛、粤海、塘调铁路穿境而过,境内有源水、渝湛两个高速公路出入口,交通十分便利。村庄属于丘陵地貌,全村面积约36平方公里,耕地面积3万多亩;雷州青年运河横贯南北,水源充足,土壤肥沃。黄村历代以王氏为主,村民分居各境。总人口2.7万余人,其中王氏后裔2.3万余人。自王瑜公于1016年落基黄村,至今已有一千多年,传至三十四世,裔孙20余万,分布在湛江一百多条村庄,使用雷州方言(属闽南语系)。部分族裔迁居港澳台、日本、美国、加拿大、澳大利亚等国家和地区。

黄村传统经济以农业为主,主要农作物有水稻、甘蔗、番茄、花生、芝麻、眉豆、鸭脚粟等,副业是养猪、养鸭。传统食品有糯米年糕、印子饼、田艾饼、粽子、煎堆等。改革开放后,多数黄村人经济收入可观,村民或外出湛江、广州、深圳等地从事建筑、餐饮、家政等劳务,挣工资性收入;或外出经商置业,开办食品厂、粮油加工厂,办运输公司、建筑公司等小企业。黄村村民年人均收入近1万元,多数村民经济比较宽裕,90%以上的村民住上楼房,小汽车已经进村入户,大小村道、机耕道巷道实现水泥硬底化,自来水、电话、电器、宽带网络等现代化设施都进入了农家。黄村政府扶持、乡贤捐资,建起了环村水泥路,村内巷道水泥硬底化巷道,家家都喝上了安全卫生的自来水。村内建有农民公园、休闲广场,并成立了健身协会,长期在村内开展广场舞活动,每当夜幕降临,大家欢聚在广场上跳舞,健身娱乐。黄村教育事业快速发展,中小学校齐全,布局合理。黄村境内建有两所中学——戊戌中学和黄中学,还有中心小学、华封小学、九东小学和黄镇幼儿园及4家民办幼儿园,适龄儿童入学率达100%。近年来,在乡贤的大力支持下,村内连续举办奖学奖教活动，黄村内尊师重教之风浓厚。

2. 十四境与六村委

黄村在明朝时期属遂溪县黄里，民国时期属遂溪县黄乡，新中国成立后的20世纪50年代属遂溪县第三区，1958年属遂溪县钢铁公社，1959年属遂溪县黄公社，1986年至今属遂溪县黄镇。随着黄村人口的不断增长，人口不断从中心向外扩散，逐渐形成了以祠堂为中心的十四境自然居住地域，分别是北山境、长安境、北兴境、永和境、骑牛境、北合境、湍流境、碧山境、隆兴境、镇龙境、高山境、新兴境、南山境、西安境。尽管新中国成立以来行政区划不断调整，先后建立了人民公社与生产大队、行政村与村民小组的行政区划，但黄村的十四境域名依旧保留了下来。

1950年，随着土地改革运动的开展，黄村分片成立农会，组织村民掀起土地改革热潮。高山境与碧山境组成高碧农会，湍流境与北山境组成湍北农会，南山境、新兴境与西安境组成南新农会，隆兴境与镇龙境组成竹松梅农会，北合境与骑牛境组成北合农会，永和境、长安境与北兴境组成永长兴农会，村外的子村庄则成立了九东农会、缸瓦窑农会、庞村坎农会。于是黄内村开始出现高碧、湍北、南新、北合、永长兴等几个新的域名。

此后十年间，村民从互助组、初级社发展为高级社，行政管理上都使用这些新出现的域名。直到1958年，人民公社成立，公社下设大队一级新建制，村里农会又重新组合成生产大队：高碧农会与湍北农会组合成高碧大队，南新农会与莲塘村、竹松梅村组合成南新大队，陈村田、庞村坎村合并到塘口大队，北合农会、永长兴农会与鹅寮村、缸瓦窑村组合为北合大队，九东农会变身九东大队。这样，内村便演化出高碧大队、南新大队、北合大队几个新域名。这几个域名一用便是20多年。1983年以后，农村基层组织称谓一改再改，先是生产大队改为管理区，村里又出现高碧管理区、南新管理区、北合管理区、九东管理区。后来，管理区改为村委会，又演化出高碧村委会、南新村委会、北合村委会、九东村委会。就这样，在村委会挂牌时，黄村内村派生出高碧村、南新村、北合村这三个"村中村"。

目前，在官方的正式名称中，已经没有"黄村"这个名称，但因为其一直作为一个治理共同体存在，因此在本研究中将其视为一个大自然村。占地面积达36平方公里的黄村（大自然村）分属六个村委会，分别是：南新村委会、高碧村委会、北合村委会、九东村委会及新村村委会（部分）、塘口村委会（部分）。其中又包括十几个小自然村，分别如下：

九东村委会（9个自然村）：九东仔、九东、洋东、洋西、河南、河潭、后田、结豆坪、沙沟；

南新村委会（5个自然村）：南新、连塘岭、竹松梅、涵子、姑娘村；

北合村委会（5个自然村）：北合、永祥兴、缸瓦窑、鹅察、后海；

新村村委会（1个自然村）：华封；

塘口村委会（2个自然村）：庞村坎、陈村田；

高碧村委会（1个自然村）：高碧。

尽管随着社会的变迁，不断出现一些新的城名，南新村委会、高碧村委会、北合村委会、九东村委会等名称也早已取代了"黄村"，成为官方的正式名称，但在日常事务和管理中，尤其是在宗族事务与村庄公益事业捐款中，村民依旧沿用原来的十四境称呼。在日常生活中，尤其是由于基本公共服务都是由村委会来提供，村民认同已经开始发生变化，在村民自我介绍时就可以体会到，自然境与行政村的名字交替出现。

3. 村庄古迹

作为千年大村，黄村拥有丰富的人文古迹。

黄村九东岭王氏祖陵内，现存王瑜嘉、王吉墓。王瑜是北宋宋真宗大中祥符时期古墓葬，墓体是大型灰沙墓，呈连环扣状，面积约92平方米。墓碑高89厘米、宽34厘米，碑刻文字为"大宋翰林直学士王月岩公墓"。

王吉墓是大明天顺时期古墓葬，与王瑜墓相仿，都是大型连环扣状灰沙墓，墓碑高110厘米、宽45厘米，碑刻文字为"湖广承宣布政司右参议前福建延平府知府中宪大大石杨王公墓"。

黄王氏后裔于清嘉庆十九年重修两古祖墓。王瑜墓、王吉墓地势开阔，地表青草满坡，但无杂树丛生，墓体保护完好。2005年，遂溪县人民政府公布王瑜墓、王吉墓为县级文物保护单位。

九东岭素有"青蟹观潮"的美誉。地势像一个小山包，千里来龙，飞鹤萦绕，地势开阔平缓，千百年间都无杂树灌木丛生，只见芳草萋萋。向东远眺，海湾胜景如画，不过随着填海造田的进行，前面已经成为了一片地势开阔的海田。以前，海潮澎湃直涌山前，左右两侧，各有山脉向前延伸，酷似两只蟹螯前举。该风水案山延绵，近有支屋岭，远有锅锦岭，苍茫拥翠，活生生一只大青蟹雄踞宝地，日日夜夜，年年月月，观赏那潮起潮落，无限风光。

王瑜、王吉墓地照片

　　黄村王氏宗祠是黄王氏后裔为纪念开基祖王瑜公而建的谒祖之所。黄村王氏宗柯始建于大明景泰年间，选址在黄村东发祥地。因抗法期间被法军烧毁，民国十五年易址重建，现宗祠于公元 2008 年岁次戊子三秋重修。新建宗祠面朝东南，规模宏大，为砖木结构仿古建筑，依民国十五年祠堂原貌所建。建筑面积达 1024 平方米，正殿通高 13 米，呈三进一亭六庭六厢格局。宗祠门廊高大，气势威严。祠堂正门，四根石柱，擎天挺立，气势威严，祠门有联曰："白马提封承旧烈，黄龙秉运肇明禋"。

　　走进祠堂，映入眼帘的是仪门。门上有匾，书道："大宋翰林直学士月岩始祖。"门旁有联，曰："黄山毓秀闽泽三宗千秋月，略地钟灵福衍九国万代岩。"绕过仪门，便是拜亭。拜亭由十二根石柱支撑，鼎立天地，与左右厢房相应，起落交错，飞檐凌空，时有紫燕绕亭。拜亭两侧悬挂一联，曰："同姓二十一望独与琅琊称著，开山九百余载长教古今标名。"拜亭两旁是文武两厢，右侧书"上文光宗"，左侧道"上武耀祖"。

　　跨过拜亭，便是正殿，三块匾额分别书"宗恩浩荡""同根义重"

"光耀无尽"。正殿供着王瑜公神像和诸世祖神位,潜龙、神整、狮子左右拱卫。神龛两旁有联,曰:"俎豆俱陈供扬乃职,昭穆咸冉无失其伦。"神龛两侧,除了供奉"左右昭神"神位,还有两块特殊的神位,一块写道"贤祖光绪二十四年抗法殉难烈士之神位",一块写着"贤祖忠义抗日国内革命战争烈士之神位",以此来纪念黄村在戊戌抗法、抗日战争、解放战争中保家卫国、英勇牺牲的先烈。

除了祭祀,王氏宗祠在建国前后一段时间还承担教化村民、培育英才的职责。1942年,时任黄乡乡长的中共党员王克(王健夫)等13人倡导捐款兴办戊戌中学,利用宗祠的祖租作为办学资金,王氏宗祠作为校址(戊戌中学原址)。戊戌中学几经停办、复办,为党培养了大批革命骨干,1956年才从王氏宗祠迁出。

王氏宗祠见证了先祖先贤们耕读自俭、出将入相、名誉天下的辉煌;也见证了黄村王氏子孙抗法抗日、保家卫国、不屈不挠的豪迈;更见证了今日黄村追溯先祖、缅怀先烈、砥砺前行的壮志。

黄村进村大道旁立有一块青石板制作的石碑,高1.3米,宽0.6米,厚0.15米,据称上书"文官下轿,武官下马"字样,村民称其为禁碑,也称"下马石"。

相传在宋时,黄村声名显赫。开基始祖王瑜公曾官拜大宋翰林直学士,世人称黄村为"翰林梓里"。到宋理宗朝,六世祖王遂公高中进士,官拜御史,在朝当权参政,位高权重。朝廷恩赐在离黄村一里的进村大道旁立下"文官下轿,武官下马"禁碑,过往高官显贵至此都要下轿或下马,空轿缓马步行过村,以显名人故里威严。也因此,黄村在年例游神时有"连续敲头锣十三响"的殊荣。可惜该碑年代久远,碑文残毁,字迹模糊难辨,现只存原碑。

禁碑下马石

潜移书院是"戊戌抗法"斗争中遂溪抗法团练总部旧址,原是清朝早期黄王氏后裔所建的十二世祖禄土公祠。宗祠位于黄村东部四房巷下部,为明清风格的四合院式砖木结构建筑,横跨13米、进深约50米,呈三进院格局。前座分门厅和左右套间,中座为中堂,后座分正殿和左右次间,中后座正间前设拜亭、厢房,宗祠宽敞、明亮。清朝,黄村先祖为子

绪 论　　　　　　　　　　　　　　37

黄村王氏宗祠照片

孙读书，将宗祠辟为书院，命名为"潜移书院"。1899年初，遂溪知县李钟钰为抗击法国侵略者，组建遂溪抗法团练，下设黄营、文车营、平石营、麻章营、志满营、仲伙营，将团练总部设在黄村潜移书院，指挥抗法斗争。潜移书院年久失修，已毁，仅存祠前旗墩。遂溪抗法团练总部旧址——潜移书院于1961年被列为湛江市文物保护单位，后成为广东省文物保护单位。

1976年，遂溪县人民政府重建位于黄村黄中心小学校园内的"抗法纪念碑"，命名为"遂溪人民抗法纪念碑"，以纪念遂溪人民在"戊戌抗法"斗争中的不朽功勋，彰显黄村人民不怕牺牲、英勇顽强的革命精神。遂溪人民抗法纪念碑为广东省文物保护单位。

纪念碑为钢筋水泥结构，三级方型平台，碑身通高12米，呈匕首型，直指苍穹，庄严威武。纪念碑底座镌刻有纪念碑碑志铭，简述了遂溪人民在抗法斗争中的英雄业绩，对黄村人民在"戊戌抗法"中的英雄气概给予了极高的评价。纪念碑底座侧面铭刻着在抗法斗争中牺牲的烈士英名录。

其纪念碑碑志铭如下：

清朝末期，朝政腐败，国势日衰，帝国主义乘虚而入，企图瓜分中国，中华民族，危在旦夕。

一八九八年，法帝国主义强占广州湾两岸后，妄图将租界扩大到新桥河万年桥以南，不断派兵向黄、新埠一带侵犯。面对敌人的欺凌、侵略，遂溪人民同仇敌忾，继南柳等村抗法之后，黄、麻章、文车、平石、志满、仲伙等村组织团练义勇六营一千五百余人，总部设在黄村潜移书院，秣马厉兵，严阵以待抗击侵略，保卫家乡。一八九九年夏，各营义勇在赤坭岭举行抗法誓师大会。会后，黄营挑选二十名勇士，乘夜潜入赤坎，诛锄汉奸。接着，该营在新埠抗击法寇首战获胜，接着麻章、平石又传捷报。我抗法队伍三战三捷歼敌一百一十余人，力挫凶顽，声威大震。可是，反动腐败的清廷屈服于法帝压力，派来钦差割地求和，助纣为虐，强令义勇"各营守各营"，麻痹群众思想，切断各营义勇的联系和联防，给法军可乘之机各个击破。

是年农历十月十四日中午，八百多名法寇袭击黄村。正在同群众一起割禾的的黄义勇立即鸣锣集众，出队迎击，战斗在赤坎附近打响。他们用大刀、土炮同洋枪、洋炮的法军激战两小时后，因敌强我弱，退守双港、新坡、陈川济村一线，接着再退二层案和头层案，继续阻击敌人，一直鏖战到下午四点多钟，誓死保护群众安全转移。文车义勇获悉敌军进攻，也赶来支授，同黄村义勇并肩战斗。各路义勇正气凛然，寸土寸金，前仆后继，视死如归。由于寡不敌众，最后被迫撤退。黄营阵亡四十九人，伤一百二十五人，文车营降亡二十一人，伤九人。英烈鲜血染红神圣的领土。法寇进攻黄后，无恶不作，烧毁民房千多间。敌人的桩桩暴行，激起义勇和群众的无比愤怒之情，个个义愤填膺，在遂溪知县的支持下，翌日黄义勇组织反攻，迫使法军退回赤坎，后来划定寸金桥为界。遂溪人民和抗法义勇不屈不挠浴血奋战，终于使法国妄图扩大租界的阴谋破产。

黄村人民抗法斗争，是中国人民反帝斗争史上光辉一页。为发扬爱国主义精神，加速社会主义现代化建设，将立像铭碑，缅怀先烈，激励后人。

4. 王氏宗族

黄王氏源自中原，自闽之泉州迁居于遂溪（古称遂邑）。"王家远祖肇轩辕，百世流风溯太原"。太原乃黄王氏始祖的发源地，宗祖根之所在。后太原王氏四十八世恁公之长子审潮、次子审邽、三子审知三公同时入闽，开拓闽疆，开宗繁衍形成氏族世系，称为开闽王氏。开闽王氏源远流长，氏族钜大，人物杰出，世称开闽第一。

黄开基始祖王瑜（渝），为太原王氏第五十三世后代，系开闽三王之审邽公玄孙，祖籍福建泉州，门庭显赫，为世宦之家。审邽公（开闽一世）为泉州刺史，右散骑常侍兼御史大夫，长署泉州，封琅琊公，落籍泉州。传延侦公（开闽二世），官拜福建管内三司发运副使，检校司徒。传继勋公（开闽三世），官至光禄大夫，任泉州刺史，检校太保安国伯。任前家居泉州晋江，公元946年被强迁至金陵。唐朝时任为侍中，入侍帝宫。传永轰公（开闽四世），官至朝散大夫，历署黄、韶、池等州。历官有德政，娶方氏，生子瑜（开闽五世）。

王瑜公出身仕宦之家，博学多才，登宋太宗朝淳化间进士，授翰林直学士。后因谏政忤旨贬谪广东雷州府徐闻县，仕十年。公元1016年（宋真宗大中祥符丙辰年）初，以年老致仕告归。瑜公归闽途中，经遂溪县黄里（古称），因羡本居风气而定居，在此开枝散叶，开太原王氏黄支系。黄王氏后裔尊瑜公为黄村开基始祖。

王瑜公身后，子孙兴发，多别居他乡。三世赞公别居徐闻奥塘，六世王遂公仕满别居浙江金陵，八世佳甫公择居遂城西南田增村，现子孙旺盛分居廿多条村庄，遍布高雷。九世吉公之兄建公择居雷城官茂，此支枝繁叶茂，遍满雷州，仕宦颇多，仕途兴旺。一至九代独存一人安居黄，第九代吉公初娶符太淑人生节、经；次娶陈太孺人生冕、寿；后娶刘太孺人生觐、鲁。由此，黄王氏支系枝开六房。二房冕公迁居海康仕坡，开宗衍派。长房节公、三房经公、四房寿公、五房觐公、六房鲁公之后裔部分世居本居，部分外徙他乡。

黄王氏后裔尊九世祖吉公为创业始祖。黄王氏支系至今已传三十四世，开基千年有余（1016年至今），裔孙廿多万人遍布高雷一百多条村庄，此外还有海外支脉，堪称名门钜族。

九世祖吉公于明朝正统九年（公元1444年，甲子岁）亲自撰写了

《黄王氏族谱》序，原文如下：

> 荡荡昆仑之演派，浩浩江汉之发源，莫不本始祖之荫积而后盛者也。
>
> 余始祖月岩公讳瑜者，素善地理，乃福建之闽县人也；与从兄讳沔者俱登太宗淳化进士。公为直学士，谏政忤旨谪于雷之徐闻。逾年后，自忖不合时致仕告归。过遂深羡本居风气，因定居焉，时大中祥符丙辰岁也。
>
> 公生居正。居正生讃生诜。讃别居徐闻奥塘，今尤以为吾宗焉。诜生申佑申禧；申佑生世休世修世德；世德生述生述生遂，遂仕理宗朝为御史；述生桂；桂生佳甫艾甫；艾甫生建生吉。夫述述遂三府君余视为曾祖父也。世次未远，耳目所逮。因宋季元初兵冲寇难，谱谍散逸，深惟盛而勿传，是俱，幸遗泽未斩。余叨禄延平，延平福建之枝郡也，去闽甚为近。余因进谒藩邸，获与本家王巷之宗侄讳辉暨英者，时相会晤考实世系。知在唐代有讳潮者僖宗光启元年始入漳泉，传弟审知为闽王。而王氏之族有自来矣。今溯世德渊源，不容泯灭，谨谱其略以诏我后人云。
>
> 大明正统九年正月孟春之吉九世孙吉书于闽之王巷家庙

树有根，水有源。国有史，家有谱。黄王氏历代子孙都重视追根溯源，弘扬祖德。宗族文化代代相传，成为黄王氏子孙生生不息的不竭源泉。

黄创业祖王吉公在明朝正统九年正月，专程到福建王巷家庙寻根溯源，与本宗叔侄相会，考实世系，并在王巷家庙写下了黄王氏族谱的谱序，成为现存黄王氏对本宗历史最早的记载。黄王氏源自山西太原，为寻根溯源，弘扬祖德，2010年5月，黄王氏后裔十多人专程到山西太原，拜谒王氏宗祠；2013年，黄王氏8名宗亲又专程到福建福州闽王庙王审知故居拜谒。黄九世祖王吉曾在广西柳州相任知府，为了追寻祖先的足迹，黄王氏后人连同遂溪县博物馆人员一同到广西柳州博物馆等地，查阅文献，翻阅了几十本柳州府志，最终找到了王吉公在当地留下踪迹的文献记载。

家谱记载，黄十世祖王节公，随父亲王吉公宦游广西柳州，返乡途经廉江突发疾病身亡，就地落葬。尽管过去数百年，节公坟墓在异县他乡，黄后人至今仍年年祭扫，甚为隆重。

四　大型宗族村庄治理中的几大主体及其关系

与一般村庄治理研究相比，大型宗族村庄治理研究中不仅需要注重以乡镇政府为代表的国家权力、基层党组织、村委会、非正式精英与村民等几大主体及其相互之间的关系，同时还需要注意以宗族为代表的非正式组织与其他各主体之间的关系。福柯认为，"权力以网络的形式运作，在这个网上，个人不仅在流动，而且他们总是既处于服从的地位又同时运用着权力"①。从这个意义上来讲，权力不过是一种关系网络，村庄治理中各主体也处于一个关系网络之中。为了突出宗族村庄研究的特色，我们将重点关照宗族与其他主体之间的关系，并以此为基开展研究。研究宗族与其他主体之间的关系，实际上就是研究在村庄治理过程中宗族与其他主体之间合作与冲突。按照组织的不同生成逻辑划分，村庄组织大致可以分为五类②：一是行政性正式组织，包括村党支部、村民委员会、村民小组；二是地缘性组织，即基于自然村落而形成的非正式自治组织，如育行政村下的南坑自然村、松石曾片区；三是血缘性组织，即宗族组织，包括村民理事会、宗族理事会、祠堂理事会等组织；四是业缘性组织，如村集体企业、农民专业合作社、家户小作坊等；五是信缘性组织，即宗教组织。从村庄组织发育程度来看，村庄内行政性正式组织一般比较健全，其次是地缘性村庄组织和血缘性宗族组织，业缘性组织与信缘性组织一般比较弱小，组织性程度不高，也很少以此为组织参与村庄事务。

（一）宗族与村委会

人民公社解体以后，国家权力从农村收缩，20世纪80年代，以村委

---

①　米歇尔·福柯：《必须保卫社会》，上海人民出版社1999年版，第27—28页。
②　肖唐镖：《村庄治理中的传统组织与民主建设——以宗族与村内组织为例》，《学习与探索》2007年第3期。

会为主导的村民自治制度开始在农村地区推广开来，与此同时，作为传统自治组织的宗族也出现了复兴势头。基于血缘与亲缘的天然亲近性，在村委会选举中，行政村中占多数的宗族更容易选出代表进入村委会，由此形成了宗族与村委会交织的局面。从宗族与村委会两者的关系来区分，可以将村庄划分为四类：一是合一型村庄，即宗族与村委会是同一套人马，既管理宗族事务又管理村庄事务，此类村庄中一般宗族边界与行政村边界相同；二是村委会主导型，即宗族影响力较小，从属于村委会，宗族在村委会的主导下参与村庄事务或只管理宗族事务，此类村庄往往是多宗族村庄，需要村委会从中协调；三是宗族主导型，即村委会从属于宗族，日常村庄事务要在宗族的支持下进行；四是相对分离型，即村委会管理村庄事务，宗族管理宗族事务，二者很少往来。

在此要说明的是，村民自治制度建立之后，为了便于村庄治理，在村委会之下又建立了以自然村为基础的村民小组。村民小组设立之后，村委会、村民小组与宗族的关系开始变得微妙。调研中发现，在村庄治理中，随着国家财政对村两委及村民小组干部的补贴及考核力度不断加大，作为正式治理组织的村两委与村民小组承担了越来越多的乡镇政府转移下来的任务，逐渐呈现出行政化、官僚化趋向，村民小组也逐渐演变成村委会下属的办事组织。尽管改革开放后宗族出现了一定程度的复兴，积极参与村庄事务，但是宗族作为一个人身依附较强的传统血缘组织，具有与现代性不相符的一面，尤其是随着村庄人口流动性不断增强，宗族控制能力不断弱化。村委会与宗族分别代表了现代与传统的村庄治理组织，在当下现代性逐渐进村的过程中，二者基本上呈现出了相互协作的局面，同时也展现出现代性不断增强、传统性逐渐势弱的趋势。

（二）宗族与村庄自组织

在传统"政权不下县"时期，乡村社会为了实现生产生活的井然有序，按照血缘或地缘的关系建立起了传统的乡绅自治模式，即传统意义上的自然村治理。自然村中设立有自己的一套治理架构与人员，负责村庄公共事务的管理。即使是在人民公社时期建立起的生产队，依旧没有被完全打破传统治理格局，基本上延用了传统意义上的自然村的自治单元。宗族与自然村的组合关系主要体现为三种类型：一是村宗合一型，此类村庄中宗族与自然村治理组织重合度较高,甚至是一套人马,如郑村;二是多村一宗型,此类宗族规模一般较大,在某一区域内分散居住,如黄村;三是一村多宗型,此类自然村规模一般较大,甚至在某一时期作为一个行政村存在过,如育村的南坑。在第二、三类村庄中,自然村村长要么由占主导的宗族产生,要么由某一宗族内部占主导的房头产生。不管是在传统时期还是在当下,国家力量始终无法直达个人,必须借助于乡村内部人作为中介,尽管随着国家力量的下沉,村庄中介人逐渐分化为杜赞奇笔下的营利型经纪人与保护型经纪人[①],但中介人或中介组织始终存在。

村庄自组织中,除了自然村组织,还有一些专业性的组织,比如神明信仰型组织,基本上按照庙宇信仰形成,负责所辖庙宇管护、区域内民众信仰等事务,也会利用信众捐款为村庄做些公益性事业,比如唱大戏、修建广场等。宗族与此类组织的关系一般分为两种:一是宗族主导,此种情况下一般都是与宗族相关的庙宇,比如村庄开基建的庙宇、宗族的"香火庙"等,信众基本上限定于宗族内部;二是与宗族相对分离,这种一般都是地方神明的信仰,跨越了宗族的界限。

(三) 宗族与基层政府

乡镇政府是国家政权在基层的代表,是与村庄、与宗族接触最为直接的政府机关。在国家政策执行过程中,不可避免地要与村庄内的各种人打交道,因此在大型宗族村庄治理中,也无法避开乡镇政府来谈。在基层治理过程中,宗族与乡镇政府往往相互影响。一方面,在华南地区,宗族作为乡村社会中的重要力量,不仅影响着村庄的治理,也会通过积极配合与消极抵抗等行为影响乡镇政府的政策行为;另一方面,乡镇政府在执行政策时,也会参照宗族的意愿与配合度、支持度,选择性地执行政策,同时也会积极拉拢宗族组织为其所用。尽管宗族对乡镇政府有着明显的影响,但是由于乡镇范围较大,再加上政策限制,极少有宗族势力可以扩展到乡镇一级。

从历史上来看,宗族是很少会有与政府对抗的意愿,大多乐于与政

---

① 参见杜赞奇《文化、权力与国家:1900—1942年华北农村》,江苏人民出版社2003年版。

府合作并获取其认同的。对宗族来说，只要政府承认宗族的合法性，便会对乡镇政府表现出一定的"亲和性"①，积极协助乡镇政府处理基层事务，甚至会要求族民积极配合与服从政府指示。在一些宗族的《家训》《族规》中也时常会看到"忠""孝""勤""俭"与"国法"等字样，要求族民遵守国法家规。但也有部分宗族人口较大，对地方政治生态产生较大冲击。调研中了解到，在20世纪80年代末与90年代初，黄村王氏宗族因为不满乡镇政府处理与邻村杨姓矛盾时的做法，包围了当时镇政府（现为黄中心小学），导致镇政府几天没有上班，后来搬到了村外新建了镇政府大楼。随着黄村民认识到原来的乱局对村庄发展的影响，在原来老人会的基础上成立了黄村村民理事会，开始带领村庄走上了文化建村的道路。

（四）宗族与非正式精英

这里讲非正式精英主要是指与村庄有联系、积极支持村庄建设的人员，并不限定于同一宗族或本村村民。从这个角度来讲的话，非正式精英不仅包括宗族内部的在村精英、外出精英、迁居境外的侨胞，也包括宗族外部支持村庄建设的精英，后者一般与宗族内某一精英具有较好的关系。由此可见，不管是哪类精英，都无法与宗族脱开关系。侨胞，一般是建国前便迁居境外，在境外积累了较多的财富，对家乡具有较高的热情。由于年代比较久远，一般他们在村中已经没有了直系亲属，他们与村庄的交流主要是通过宗族组织，定期来祠堂省亲、祭祀、捐款。在改革开放初期，为华南地区招商引资、基础设施建设等做出了较大贡献，这类活动的组织者远非一个家庭。尽管随着我国经济的发展以及老侨胞的过世，侨胞对家乡的捐赠逐渐在减少，但有些组织能力较强的宗族依旧会定期联系，邀请他们回乡祭拜、参观。改革开放后，随着城乡人口与资源的流动，乡村流动性增强，由固态村庄演变为动态村庄。与之相对的是外出人口逐渐增多，村集体经济逐渐萎缩，个人财富积累逐渐增多，这就产生了一批具有经济实力的村庄非正式精英。在原本村中出生长大的外出村民心中，"落叶归根"的乡土意识依旧浓厚，与家乡的联系也较为紧密，很多在退休

---

① 肖唐镖：《宗族政治——村治权力网络的分析》，商务印书馆2010年版，第192页。

或年龄大后会选择回到乡村，他们捐资进行家乡建设的积极性较高。

不管是外迁侨胞还是外出村民，随着他们家庭内部在村人员的不断外迁与过世，他们与村庄的联系会逐渐减少，此时宗族便可以作为一个对外联系的主要纽带，以宗族名义定期联系外出精英、寻求支持，拓展支持村庄建设的外部力量。

（五）宗族与村民

传统农业生产时期，小家庭与个人是无法组织生产与对抗天灾的，更无力抵抗外部的竞争与侵扰，因此小家庭与个人必须在宗族集团内部才能实现。宗族作为传统乡村秩序的维护者与生产生活的组织者，在乡村社会发展中承担了重要功能。从皇室到民众，基本上整个社会都按照宗法制度组建起了家长制集体大家庭。这种大家庭即是一个血缘亲属关系复杂、人数众多、组织庞大的宗族集团。宗族集团或异财，或共财，或异财共财相结合。虽然在宗族组织中，有时也会分出若干房头或一些小家庭，但这些个别家庭在社会与政治、经济活动中基本上不具有独立的地位与功能，而是被埋没在整个宗族体系之中。即使经历了建国后一系列的土地运动、政治运动以及国家权力建设，宗族的功能与地位不断被消解，但在华南地区，宗族依旧具有着强大的影响力。克利赫发现，农民间的冲突以宗族联结作为社会单位，其组织形态不是体制外的身份集团，而是跨越体制内外的同宗集团。很多时候冲突不是发生在农民和干部之间，而是发生在一组干部和群众与另一组干部与和群众之间。宗族网络模糊了国家和社会、干部和农民之间的界限。[①] 国家与农民的对话始终要依靠宗族作为中介来传达，个人的主体地位基本上无法得到充分体现，宗族与村民的关系主要体现在两个方面：

一方面，在华南宗族社会中，个人是被绑架到宗族内部中的，个人始终无法脱离于宗族而存在，在面对利益抉择时也必须要兼顾宗族的利益。在育村黄姓与丘姓的矛盾中，村委会的干部也无法脱离于宗族之外，他们往往被宗族裹挟，在宗族之间发生矛盾时，必须站在宗族的角度去发言与行动。即使有碍于自己的切身利益，但也必须做出必要的让步。比如在黄

---

① 转引自张静《法团主义》，中国社会科学出版社1998年版，第150—156页。

忠铎书记矿场上班的丘某某，在木耳基地选址时，由于丘姓不同意选在有争议的山坡——梅子坑，为了迫使木耳基地变更选址，丘姓便在宗族内写了联名状，丘某某明知要得罪村书记，甚至有可能会丢掉石场的工作，但还是迫不得已在联名状上签字。后来在宗族管事人的带领下到了镇政府上访，最终迫使木耳基地改变选址。在黄村也同样存在宗族挟制个人的现象，黄村王姓与文车村杨姓有长达几百年的世仇，但私下里也有个人之间关系不错，当两个姓氏发生矛盾时，个人便不得不舍弃私人关系而站在本姓氏的立场上发声与做出行动；另一方面，在小家庭与个人依附于宗族的同时，宗族也会为个人提供必要的支持。宗族作为国家与个人的中介，可以在一定程度上充当国家与个人的缓冲组织，同时个人在宗族中可以获取农业生产的互帮互助和抵御宗族外部的侵扰。在当下一些宗族组织较为活跃的地区，宗族也会组织一些奖学奖教、帮助鳏寡孤独、社区文体活动等社区公益性活动。

对于一个政治共同体来讲，其政治结构、社会分层与信仰系统的共时性稳定是保持共同体稳定局势的关键所在，如果内部因素之间不协调则可能引发共同体的动荡[①]。在一个现代村落共同体中，影响能力最大、村民感受最深的是作为国家力量代表的乡镇政府、村庄自治的村两委与传统血缘、地缘下的宗族组织，且都呈现出了较强的系统化、组织化，三者的组织化程度与关系协调性决定了村落共同体的稳定与发展。因此，在讨论村庄治理中，必然要围绕这三种组织及其关系的协调性来讨论。由于乡镇政府不是村一级的组织，其国家政策的实施与作用的发挥主要是通过"村两委"来达成。因此，本书将乡镇政府所代表的国家力量作为国家政权建设与村庄现代性建设的一个背景，即将大村治理放在国家政权建设与村庄现代性建设中，将村庄治理作为国家治理体系的一部分来探讨。因此，本书在梳理宗族治理与村庄自治的基础上，偏重于从宗族与村两委的关系及其竞争合作下的村庄形态着手，主要通过重点观察村庄的案例，来探讨如何实现大型宗族村庄的有效治理。

---

① [英] 萨缪尔·芬纳:《统治史》第三卷，华东师范大学出版社2014年版，第30页。

第一章 宗族组织发展及历史影响

"宗族"是历史学中最常用的概念,基于地域和血缘两重因素形成的基层组织,既在血缘网络之外,又具备其他社会资源,尤其是地域性的教化权威和资源,是基于血缘与地缘关系建立起来的一个大型地域性家族组织。姓氏通常与宗族联系在一起,成为一个家族的特定符号。原本不相识的两个同姓氏的人,当了解到彼此是同姓时,往往会有某种亲切感,以致于会开玩笑地说"五百年前是一家"。宗族其实是地方社会与国家统治力量整合的产物[①],自16世纪开始普及的理学,其关于王朝国家的理论,把祭祀祖先奉为圭臬,视祭祀祖先为王朝权力与地方社会的纽带。地方社会通过儒家礼仪,把祖先作为地缘关系的基础,也就分享了王朝的权力。因此,地方社会与王朝共谋把宗族作为建立社会秩序的基础。宗族社会对于王朝国家,对于地方社会,都是个方便的建构。宗族自产生以来便是宗族内部自治的承载组织,在传统国家力量无法触及的地方社会承担着无法替代的治理功能,并随着时代的发展而不断演进。

一 宗族组织的发展历程

宗族组织发展历史悠久,自商周时期便已经出现,并初具规模。唐宋时期,宗法制度达到鼎盛,宋以后国家力量开始不断进入乡村,对乡村宗族组织的影响也日渐深入。清朝晚期通过现代国家建构,宗族组织内部的精英开始分化,形成了村庄中的"营利型经纪人"与"保护型经纪人"。中华人民共和国成立后,通过土地改革、人民公社运动等一系列运动,宗

[①] 参见科大卫《皇帝和祖宗——华南的国家与宗族》,卜永坚译,江苏人民出版社2010年版。

族组织存在的经济基础与政治基础被打破，宗族组织消散。但改革开放后，国家政权从农村中收缩，宗族出现了一定程度上的复兴，重新成为了村庄治理中具有较深影响的治理组织。对于宗族发展历史阶段的划分以冯尔康的观点最具代表性。

（一）宗族组织发展的阶段划分

按照宗族领导权掌握在何种社会身份集团手中、宗族内部结构及其成员的民众性、宗族社会中的宗法原则的强弱三条标准，冯尔康将从殷周到现代的中国宗族发展史分为了五个阶段[①]，分别是：

1. 先秦典型宗族制时代

商周时期，宗族组织主要存在于上层社会中，即王族、诸候、卿、大夫、士等各级贵族中，尽管少数平民也建立有宗族组织，但不发达，且基本上依附于贵族宗族。周朝推行等级森严的大小宗法制度，周王室是大宗，拥有祭祀始祖的权力，同姓诸侯则是小宗，只能以始封君为祖先进行祭祀。祭祀始祖的权力是宗族制度的重要内容，也是维持宗族内权威的重要途径。在分封制与宗族制度的共同作用下，地位最高的宗族组织——周王室的宗主成为了天下的共主，实现了宗族统治与君权统治的统一，周王既是周王室的宗主又是周王朝的天子。在分封的诸侯国中以同样的道理推演，诸侯既是诸侯国的国君又是其所在的宗族的宗主，宗族统治与诸侯国统治实现了统一。在诸侯国内部，周天子是无权干涉的。冯尔康认为，"周代以后，大小宗法制基本不能实行，宗统与君统分离，因此说周代是典型宗族制时代"，从而也认为商周时期属于君主贵族宗族制时代。

2. 秦唐间世族、士族宗族制时代

这一时期，王朝的统治也依赖于地方宗法家族势力，甚至在北魏时期建立起了"宗主督护制"，在制度上确定了宗主作为乡村社会中的主导力量，这也导致了当时的门阀组织横行。这些宗族势力往往采取荫庇户口的形式逃避税役，导致了国家财政收入的流失。"后魏初不立三长，唯立宗主督护，所以人多隐冒。五十、三十家方为一户，谓之荫附。荫附者，皆

[①] 冯尔康、常建华：《中国宗族史》，上海人民出版社 2009 年版，第 19—24 页；冯尔康：《中国古代的宗族和祠堂》，商务印书馆 2013 年版，第 21—83 页。

无官役，豪强征敛，倍于公赋"。引用乡里宗族组织在一定程度上维护了社会秩序，但也在一定程度上造成了国家财政的损失，因此，国家通过也尝试通过不断剥夺宗族的政治功能来削弱宗族的势力。

自春秋战国时期以来，传统贵族宗族制时代已经逐渐消解，平民、士族阶层的宗族开始出现。秦朝至唐朝开始，宗族政治特权的贵族专属开始弱化，宗族内部分化为多种类型：具有政治特权的士族宗族，具有社会地位但无政治特权的豪族宗族以及平民宗族。宗族不再是贵族社会的专属，而是具有了一定的普遍性与民众性，宗族开始了民间化的第一个阶段。随着分封制的瓦解，这一时期天子的宗权与君权开始分离，尽管君主作为一国之君，但对宗族不再拥有任意支配的权力。随着九品中正制的推行，豪门士族入仕为官的几率变大，越是豪族越容易通过九品中正制进入仕途。因此，这就为平民间建立紧密联系的宗族创造了制度土壤和动力机制，宗族开始平民化。尽管王权逐渐从宗族事务中摆脱出来，但在秦唐时期的宗族中依旧具有较特殊的政治地位和经济地位，这一时期宗族的平民化只是一个开端。

3. 宋元间大官僚宗族制时代

宋朝时期，宗法制度达到了空前繁盛阶段。这一时期的大官僚比较注重宗族的建设与发展，官至宰相的范仲淹、张俊等人分别设立了宗族义庄，开展宗族内部的经济互助。范氏开义庄之先河，经历几代经营，使该族义庄保存800余年。欧阳修编写《欧阳氏谱图》，首创流行后世的私家纂谱体例。司马光留心于宗族教育，纂辑《家范》。范、张、欧阳、司马的宗族活动表明，大官僚与宗族连为一体。自科举制设立以来，官僚体系便发生了变化，与原本的士族官僚不同，他们大部分是经过科举考试进入的，尽管也有一部分是通过荫子权获得，但它们的世袭性已经大大削弱，因此宋朝的官僚宗族需要不断地有宗族成员进入官僚体制才得以维持。

宋朝官僚宗族拥有学识，注重文化建设，因此这一时期也是宗族法最为鼎盛的时期。同时，设立家庙的限制被放开，官僚体系也可以根据爵位品级设立家庙，可以祭祀高、曾、祖、祢四代，士人、庶人不得立庙，只能在寝室内供奉祖先牌位祭祀父亲一代。这种在法律上强调五服关系，实际祭祀时多数人只能祭祀父辈的祭祀法，不利于亲属法的贯彻和孝道伦理的实现。思想家程颐、张载、朱熹都想在理论和宗族活动的实践中解决这问题，让平民可以祭奠数代祖先。程颐的高祖为大官僚，但曾祖、祖父两代未出仕，其父官至知州，可是他家就不按祭祀法规定，自行祭祀高祖以下祖先，朱熹赞同程氏做法，认为这符合于祭祀法之意。宋元时代，出现子孙为先人在墓处立祠祭祀的现象，时间一长，墓祠祭祖所祭之人，成了远代祖先，具有祭祀始祖的味道，突破了家庙祭祀的规定。

宋元间平民宗族大增，平民关心宗族建设者颇多。苏洵是平民出身，官不过文安县主簿，但他编修《苏氏族谱》，与欧阳修之谱同为私修族谱开创体例，后世并称欧苏谱例。民间出现了许多义门，如山西永乐姚氏、江西江州陈氏、浙江会稽裘氏、浦江郑氏、陕西延长张氏、河南管城赵氏等。

从宗族的管理层看，宋元宗族的特点是官僚，特别是大官僚掌握宗族，使之成为官僚的宗族。另外，民众通过不断突破祭祖规定的限制，将宗族拉入民间，比前期更具有民众性。同时，王朝统治者也试图通过宗族法以及对宗族管制的放松，将政治统治的意识形态与伦理延伸到民间，助推了宗族的民间化，这一时期可以看作宗族民间化的第二个阶段。

4. 明清士绅平民宗族制时代

明清时期，宗族组织已经普遍化，尤其是随着宋元时期豪门巨族、官僚家族等士大夫阶层的南迁，长江流域及其以南地区宗族组织出现。各种宗族祠堂不断建立，成为了族人祭祀、集会、实现乡村自治的重要场所。以士绅为主导的宗族事务管理者，组织宗族活动，筹建祠堂，制定族规，修订家谱，进行族内互助。他们既是宗族的管理者，也是宗族对外的代表。宗族族长一般都是有一定社会地位的人，但并不是每个宗族都会一直有这样的人存在，因此，一些普通的农民或者商人也可以成为族长。

随着宗族规制的不断完善，宗族活动越来越丰富，这在一定程度上对宗族法的一些关于宗族地位与活动的限制形成了冲击。政府为了顺应形势，逐渐放松了对祭祖权的限制，允许民间祭祀五世祖，允许非官僚的士绅设立家庙，平民不仅有了祭高曾祖先的权利，事实上还在祭化始祖、始迁祖，政府对此睁一眼闭一眼，并不过问。

明清时期，随着生产力的发展，宗族公有经济比宋元时期有了较大发展，宗族内部通过占有各种公田，将宗族成员紧密联结到一起。比如很多宗族有祭祀用的祀田（或称祠田、蒸尝田）；有办学用的书田；有资助族人用的义田；少数的宗族有助役田，帮助族人完纳赋役；有义庄田，给贫穷族人生活费。宗族公共经济的发展为宗族活动提供了较为丰富的物质基础。

宗族的活动形式与事务随着经济的发展与国家管制的放松也在不断扩展。宗族参与社区事务，组织祈神赛会，办学塾接纳宗族子弟，兼收邻里子弟入学；与什伍组织配合，维护社会治安。同时，经济实力的支撑，使得编纂家谱成为了普遍现象，现在还存有数量众多的始于明清时代修辑的宗族谱。随着祭祀权的放开，移徙在外地的族人，也更容易与本宗取得联系，甚至有些宗族搞联宗续谱，到异地与迁出分族，或到祖居地与留居本家共同修谱。修谱成了宗族活动的重要内容，成为联络宗族的一种重要手段。

明清时期是宗族进一步群众化时代，在职官僚基本上退出了宗族的管理，告老还乡之后或许会参与宗族的管理。特别是随着祭祖权的放开，宗族活动不再是官宦家族的特权，平民与士绅宗族成为了宗族构成中的主体。这一时期，士绅作为社会的重要阶层，成为了乡村社会的主导力量。

5. 近现代宗族变异时代

冯尔康并没有对晚清以来的近代宗族进行详细的说明，认为这一时期的宗族与明清时期的基本一样，没有较强的时代特征。学界后起者对这一段有较多的研究。

晚清以来，特别是民国时期，中央政府为了加强国家政权建设，稳固自身统治，试图通过设立乡一级政府，重建保甲制度，将国家权力延伸至乡村社会。这一时期，由于社会的动荡、科举体制的瓦解，传统农业社会受到资本主义经济的冲击，社会经济结构剧烈变革，宗族组织的政治基础、经济基础以及社会环境都出现了"崩溃"，宗族已经呈现出了衰败的迹象。尤其是近代民主革命的逐渐兴起，对宗族制度产生了沉重打击，封建宗族、家族制度成为了革命的对象。宗族在自身发展和国家政权建设双重压力之下，其在乡村社会中的治理角色发生了变化，已经由原来的乡村社会的主导者变为了参与者、影响者。随着民国时期保甲制与警管制的推行，"差人"与"乡约""管事"合而为一，在治理单元上对原有的聚落治理格局进行了渗透，打破了传统时期宗族在乡村社会建构起来的治理"自留地"，将基层社会逼入政治死角。传统宗族与乡绅在乡村社会中的角色与功能受到了严重的冲击。乡村治理精英异化成为"营利型经纪人"与"保护型经纪人"。

尽管宗族赖以存在的基础受到动摇,但是政治权力的进入并不顺利,长期以来宗族底色下的乡村社会与治理结构对政权的进入进行了无意识的抵制与抗争。国家政权试图通过现代性乡村治理组织与形式改变传统社会以宗族为基础构建的乡村治理体制,试图越过宗族直接建立起以户为基础的乡村治理体系,却收效甚微。带来的却是地方机构与管理人员的激增,财政负担的加重,乡村社会"内卷化"。事实上,乡村社会尽管建立起了现代化的乡村治理组织与架构,但"不少下层组织只是改头换面的宗族组织而已。"[①] 宗族尽管面临较多的挑战,但是在乡村社会中从未离场。

这一时期的宗族组织,与前几个阶段相比,表现出几个突出的时代特征:首先,从组织原则与形式上来看,在受西方政治观念影响较深的地方,如香港、台湾以及一些沿海地区,受西方代议制、议会制的影响,一些宗族开始限制族长的权力,出现了理事会、监事会等管理制度,族长制被取代。其次,血缘组织原则受到挑战。为了应对社会的冲击,原本以同姓为原则吸纳成员的宗亲会开始突破姓氏限制,异性之间联合为一个组织,不再像过去一样严格执行排斥同姓不宗的同宗法则。新修的族谱、会章同样承认赘婿、义子的成员权,放松了男性系统的血缘原则,拓宽了宗亲会成员的来源。同时,一些宗亲会开始吸收有地位的女性成员,改变了过去宗族纯粹是男性天下的状况。再次,宗族功能发生变化。近现代以来,宗族的互助功能大大加强,济贫、助学的内容为多数宗族的奋斗目标。族人之间互相介绍职业、代打官司、组织文化娱乐活动、开展旅游和访亲寻根等活动,并进行宗族历史研究,赞助学术研讨会等。同时,近代一些宗族规约中加入了反对吸食、贩卖鸦片的条文,对个人的规制方面依旧具有较好的引人向善的作用。宗族政治功能随着时代的变化也在不断发生变化,例如:宗族向宗亲会转变。从成员构成、组织管理、社会功能等组织原则看,宗亲会依旧是宗族组织,承担着宗族的功能,但是宗亲会的宗法性已经被大大削弱。

通过对宗族历史发展的几个阶段的分析,冯尔康认为,宗族发展历程

---

① [美] 杜赞奇:《文化、权力与国家》,第 101 页。

体现了四个转变特征：一是宗族制度总的趋势是在不断削弱。宗族制度作为传统社会的一种重要制度始终存在，对整个社会的政治、经济、文化以及人们的日常生活产生了极为重要的影响。从趋势上来看，处在不断削弱的进程中，尽管某一特定时期宗族制度由于统治者的倚重而实现复苏，但总的来看，其规则作用逐渐让位于国家法律法规。二是宗族的发展历程是一个不断民众化的过程。从以贵族为基本成员的组织逐步发展成为以平民为主体的组织，从以社会上层人物为管理人逐步演变为士人和平民掌握权力的组织。正是由于其不断民众化，才使得宗族成为了传统时期经久不衰的社团。三是宗族的功能先是不断丰富然后式微。商周直到秦唐时期的宗族，主要以政治功能为主，一直保存到现代，但其作用不断下降。原本居于次要地位的社会功能逐渐加强，尤其是在宋代以后，农业生产、教育、互助等各种功能不断凸显，甚至一些苛捐杂税的收取也要通过宗族来实现。四是宗族的宗法性质由强变弱。先秦的宗族内部具有严格的等级性，大宗统治小宗，族人人身依附性强烈，秦汉以来实行小宗法，宗族内部的等级性逐渐消失，族长的控制力日趋削弱，族人的人身依附关系逐渐减弱。尤其是近代以来按照现代组织原则建立起来的宗亲会、宗族理事会的出现，族长权力受到限制，族人的人身依附性已经消散。

（二）新中国成立以来的宗族发展

新中国成立后大陆宗族的发展历程开始与境外宗族出现异化，经历了不同的命运，20世纪50—70年代末，宗族基本上销声匿迹。70年代末期宗族组织开始随着国家管制的放松出现复兴。

1. 新中国成立初期至20世纪70年代末的宗族

在新政权建立初期，中国共产党主要从巩固新民主主义革命的胜利果实的角度出发，开始在全国范围内建立政权，为了尽快实现社会的稳定与经济的发展，便在全国范围内开展了一系列的政治、经济与文化运动。率先在解放区推行的土地改革运动在建国后迅速在全国范围内开展起来，通过土地改革，没收了族田、祠堂，宗族公产在村庄内进行分配，祠堂房屋被没收充公，一部分作为了生产队的队部或仓库，一部分被分配给农民居住。在黄村，最早建成于19世纪的祠堂，后来在抗法运动中成为了抗法团练总部，现在门口仍留有两个大型旗台，1961年被评为湛江市文物保护单位。在土地改革中有一部分房屋被分配给村民居住，目前村庄想收回房屋进行修缮。宗族认为这些房屋原本属于宗族公产，理应无条件收回，但可以给予一定的财产补偿，但住户认为土地改革时已经被充公，分配给了个人，房屋产权应该属于私人所有。由于村民居住问题无法解决，一直久拖不下。土地改革后宗族的公共财产被收走，经济基础受到严重打击，丧失了经济能力的宗族组织无法获取收入支撑祭祀、族内帮扶，宗族凝聚力也逐渐丧失。

同时，伴随土地改革进行的是划分阶级、组织农会、建立新型农村政权，通过阶级成分的划分实现了对农民的再教育，将贫苦农民从宗族中抽离出来，与本宗族的地主划清界限，从宗族认同走向了阶级认同。"三反""五反"运动中，对宗族中的恶霸势力进行镇压，同时在土地改革等政治运动中，将地、富、反、坏、右五类分子作为社会主义改造的对象，传统宗族中的管理人员大部分在这一系列的政治运动中受到了批斗、改造。阶级成分的划分使得乡村社会中不再以宗族而是以阶级来区分敌我、合作关系。随着合作化运动与人民公社运动的完成，"政社合一"的国家建构形式超越了传统乡村社会血缘、地缘的界限，国家力量最终取代了宗族的地方自治而渗透到乡村，彻底摧毁了宗族赖以存在的政治基础与经济基础。

20世纪60年代很多地区出现了短暂的续修家谱的活动，但续修家谱不能仅仅看作封建文化的复辟。续修家谱，可以使个人明白自己辈分、房别，也可以与外迁宗亲续谱，保持长时期的联系，同时也是个人归属感的一种表现，死后在族谱上留名。但随之而来的"文化大革命"中，宗族文化再度受到严厉打压，被视为封建文化残余的族谱、祖宗牌位、甚至坟墓等宗族资源被摧毁，宗族制度赖以生存的物质与文化基础被彻底破坏。伴随着一系列的政治运动，不仅宗族作为传统乡村治理组织被消解，地方神明信仰也受到了严格压制，地方信仰体系被打破。在马克思唯物主义指导下，祖先崇拜随着祠堂的摧毁也在一定程度上被打压。以传统伦理规则为中心的乡土文化随着传统政权的消亡与地方神明信仰的破碎而失去了给养，马克思主义信仰成为了乡村社会的绝对信仰权威。在丘姓老祠堂——河南堂外壁上，门和窗上方都画有毛主席头像，祠堂大堂内一侧写有"伟大的导师伟大的领袖"，一侧写有"伟大的统帅伟大的舵手"。

丘姓祠堂老祠堂——河南堂外景

丘姓祠堂老祠堂——河南堂内景

2. 20 世纪 70 年代末以来的宗族复兴

这一时期，宗族开始在乡村社会复兴。从政治层面来讲，随着人民公社制度的解体，国家权力从乡村社会中撤退，而新的管理体制并没有有效建立起来，村庄自治组织仍在摸索中前进。一方面是国家权力的撤退而留下的权力空白；另一方面是村庄自治的逐渐推行，宗族开始借着村庄自治在乡村社会中再度出现，这就给宗族的复兴提供了政治基础。从经济层面来讲，家庭联产承包责任制的实施，使得在生产力相对落后条件下从事农业生产时产生了联合互助的需要，同宗亲之间的互助联合显然比与外姓人的联合更容易。改革开放后，尤其是沿海地区逐渐对外开放，在吸引华侨返乡与招商引资方面，宗族也具有得天独厚的条件，这就刺激了地方宗族组织的复兴，甚至在一定程度上得到了地方政府的支持。

部分地区，经过了30年打压、改造的宗族在农村管制放松之后出现了强势反弹，宗族重新复兴并组织了一系列的活动——祭祖联宗、修建祠堂、重编族谱，同时也逐渐参与到村庄的治理活动中。与宗族复兴伴随而来的是地方神明信仰的复兴，地方神明庙宇也得到了重新修缮。传统时期的各种乡风民俗与各种活动也逐渐复苏，如祭祖、拜神，以及由此而演化出的各种文娱活动。村民的文娱活动也逐渐增多，在一定程度上促进了乡村社会的特性展现与精神生活的发展。

宗族的复兴也带来了一系列的负面问题，原本在单一权威下被压制的矛盾也随着政权的撤退开始呈现出来。随着经济的发展，村庄中土地、山林等资源特征凸显出来，而山林、水域等没有清晰划定的边界成为了矛盾的主要导火索。这些资源在宗族内部都被看为是共同的祖先留下来的，争取这些资源便成为了复兴后宗族的重要任务。育村就在宗族重新组织起来后不久发生了村内两姓宗族争夺山林的械斗事件，这件事一直未能有效解决，成为了黄、丘两姓间的定时炸弹。随着经济的发展，利益的冲突不只是发生在两个村庄地域的争夺上，也可能会发生在外部谋取利益时的争斗中。黄村在20世纪90年代就发生过因与邻村外姓争夺保护地盘而引起的械斗，这场械斗甚至惊动了省公安厅。一些宗族依靠族民的支持对抗政府的执法，产生了极其恶劣的影响。另外，由于政府对民间信仰缺乏有效的管制，封建迷信活动也在这一时期泛滥。

这一时期也是中国经济快速发展、社会结构剧烈变革的时期，这就对以血缘、地缘为基础建立起来的乡村熟人社会提出了挑战，对赖以生存的宗族提出了挑战。农业社会主导下以血缘与地缘为基础建构起来的熟人社会和工业化、城镇化主导下的以业缘为基础的市民社会发生激烈的碰撞，宗族的功能在不断变革，宗族自身也在不断地调适。随着乡村社会人口向城镇的流动，宗族的功能也在向城镇延伸，如联系在外村民，圈占打工地盘，甚至结成黑恶势力。

复兴后的宗族，从政治角度来讲，为农民利益的反应与表达提供了一个重要渠道；从社会生活角度来讲，农民往往能够通过宗族的重建感受到一种特殊的心理满足和文化满足，这对舒缓社会性的紧张，稳定地方秩序与人心，稳步实现乡村现代化具有积极的意义；从经济角度上来讲，宗族复兴会促进乡村的互助合作；从组织角度而言，宗族与村委会非但不会必然构成冲突，如果处理得当，两者可以产生互强的作用；另外宗族力量的复兴，还可以为解决乡村治理中一些棘手的问题提供必要的协助。但是随宗族复兴而来的也有一些负面影响，要注意吸收宗族积极功能的一面，限制这些负面作用的发挥。

总的来看，宗族制度发展大致经历了五个阶段：先秦典型宗族制时代，宗族是具有一定社会政治地位的群体的特权；秦唐间世族、士族宗族制时代，随着选官制度的变化，政治地位的获取增加了渠道，宗族从特权阶层向士阶层延伸；宋元间大官僚宗族制时代，科举制的推行为平民进入仕途提供了渠道，但每个宗族不可能世代都有人为官，因此平民宗族也开始出现；明清士绅平民宗族制时代，这一时期宗族发展彻底放开，经济水平的提高也为平民建立宗族提供了物质基础，国家为了对乡村社会进行有效管制也需要宗族的协助，宗族组织自身也越来越完备。从性质上看，宗族经历了从贵族组织向民间组织的转化；从功能上看宗族组织经历了从以政治功能为主向以社会功能为主的转化。

二　宗族制对中国历史的影响

宗族制在我国社会生活中长期存在，其与政权、神权交织在一起，共同构成了传统社会的三大权力。细分的话，族权下面又包含有夫权、族权、政权、神权四种权力交织，对我国历史发展产生了深刻的影响。

(一) 积极影响

1. 维护乡村社会秩序

传统社会中，统治手段与治理技术的不足，国家意识形态与法律法规无法直接约束到个人，国家因此借助宗族制实现了乡村社会的长期稳定。《康熙圣谕》第二条便写道"笃宗族以昭雍睦"，宗族内部的和睦是社会秩序井然的基础。在经济上，实行地主土地所有制，地主是其税收的主要来源；在组织架构上，建立了从中央到地方的一套管理体制，一直延伸到乡村社会，但基本上都是在县级机构及以上层级发挥作用，乡村社会尽管建立有乡、亭、保、甲、里等组织架构，但基本上没有发挥作用；在文化上，以儒家学说为正统学说，为统治的合法性提供理论支撑，以佛、道学说为统治思想的有益补充，控制人们的思想，在乡村社会形成了以"亲""孝"为核心的伦理道德。宗族作为国家与个人的中介，国家通过对宗族的管制与约束实现国家意志的延伸，"圣训""圣谕"等精神都被列入到最重要的约定中。明太祖朱元璋颁布的"圣训"——"孝顺父母，尊敬长上，和睦乡里，教训子孙，各安生理，毋作非为。"在多数宗族的《族约》《族规》中都有体现。国家统治者通过对宗族法的认可，授予族长各项权力。皇帝通过不断颁布圣谕，鼓励族长行使权力，以辅佐地方政府维持社会治安。同时，宗族法在一定程度上也获得了政府的认可，宗族内部事务的处理，如果族内无法解决或执行，可以拿着《族规》向政府申请执行。

"族中当以一脉相爱，勿为藏奸匿计，恶成乐败，勾党究谋，妒害同气，至有横逆患难，更当相维持调护，不得串通外人，残食骨肉，如有此等，族众执谱闻官受罪无辞。"①

宗族按照政治地位的差别可以分为两种，一种是上层统治阶级的宗族，以皇家为代表，掌握着全国范围内的政权，是全国范围内进行合法统治的宗族，为皇帝的统治提供强有力的保障；一种是民间宗族，主要分布在县级以下的乡村社会，接受国家儒家学说的驯化，遵照以孝治天下的思想。宗族作为国家与族民的中介，对外代表宗族，对内进行有效治理，成

---

① 广东湛江《黄王氏族谱》，《王氏家诫十条》。

为乡村社会治理的主导力量。对国家政权来说,宗族发挥了诸如遵纪守法、协助征收税赋的职能,是朝廷与地方政府间的有益补充,维持了封建的社会秩序。

2. 实现农业生产联合

传统时期农业生产力低下,传统农业属于劳动密集型产业,是农民赖以生存和致富的产业,在以农耕业为主的传统农业社会,"直接靠农业来谋生的人是粘着在土地上的"①。较低水平的生产力决定了农业需要较大的投入,不管是人力的投入还是时间的投入,单家独户的小家庭是无法完成农业生产所需的必备物资,因此就需要家庭以外的力量介入,以便完成农业生产的投入。传统时期,国家由于能力的限制,其在农业生产的基础设施供应上明显不足,特别在提供农业减灾、救灾方面严重不足,这就使得家庭有了联合的必要。在乡村社会,基于血缘与地缘的宗族组织具有天然的联合优势。宗族组织在农业生产、水利设施建设等方面发挥了较为重要的作用,甚至在一些地方出现了跨宗族的青苗会、水利会等联宗组织。在宗族引导下,农民的互帮互助成为了农业生产中的常态。

3. 丰富乡村社会活动

传统社会,由于国家公共服务供给能力的不足,国家能够提供的基础设施服务与活动少之又少,大部分都是以宗族为主导的宗族内部活动。宗族不仅通过族内的联合为人们提供基本的农业生产、日常防卫等活动,还提供了乡村社会仅有的休闲、文娱活动。宗族通过水利建设、抵御水灾旱灾、建立青苗会等活动帮助了人们农业生产的顺利进行,通过组织自卫、建立家法族规保障了人们的生活安全与乡村社会的秩序,通过定期的祭祖活动、祖先崇拜、宗亲交流等活动为族民提供了精神寄托,通过组织神明崇拜等活动满足了村民的精神文化需求。宗族作为一种民间团体,通过组织一系列的活动,为村民提供了较为丰富的休闲娱乐活动,同时也增加了人们对宗族的依赖度、信任度和支持度,让人们习惯了在宗族的管理下生产生活,为宗族获取乡村社会治理的合法性提供了基础,顺理成章地成为了人们对外的代表与中介。

---

① 费孝通:《乡土中国/生育制度》,北京大学出版社1998年版,第7页。

4. 凝聚人心传承文化

随着宗族的扩张，内部房头逐渐分立，尽管是同宗同祖，但"五服之外不为亲"，血缘关系逐渐疏远。因此，需要宗族的规约来联系族众，甚至有时需要朝廷的律法予以辅助。宗族文化的核心是孝道与祖先崇拜。同居共财的家庭中，男性直系尊亲自然就成为了一家之长。一个家庭内只有一个至尊的家长，在大化的家庭中，家长的某些权力可以分散开来。三世以上的家庭，祖父是这个家庭中的家长，对家庭所有成员行使家长权。父亲则享有有限的家长权，主要是对自己小家庭内行使。财产权、立嗣权、主婚权权力等仍是处于祖父的家长权之内。家长权的确立，也是一种尊祖的表现。尊祖，体现人类社会所必有的感恩观念，祖先披荆斩棘，开辟基业，为后人创造生存生活条件，所以缅怀先人功业，是后人应当做的，是做人的基本准则，是正常的伦理道德。父慈子孝，也是正常的人伦规范，为父应慈，为子应孝。不过在传统社会强调的是子孝，后世对之多有批判，有合理性，但是做得过了头。在传统中国社会，父慈基本上是能够做到的，不太需要进行社会教育、社会监督，而子孝则是需要教育和监督的，在成熟的近代社会出现以前，也即成熟的社会保障制度实现之前，社会要维持正常的运行，就必须父慈子孝，故而孝道有其合理性。尊祖文化和父子伦理，共同的祖先成为族人汇聚的旗帜，从而令族人产生宗族认同感和凝聚力，进而产生对国家的认同，所以东西晋之际，随着晋朝政权的南移，宗族举族南迁。之后，孙中山也正是鉴于宗族与国家的密切关系，提出以宗族为基础建立国族的政治设计。时至今日，"寻根问祖"，成为国家与海外华人的一种联系纽带。

（二）消极影响

任何事物都有它的两面性，宗族制也一样。在特定的历史阶段，尤其是农业社会中，为促进农业生产、维持社会秩序、促进族内互帮互助等提供了组织基础与平台，同时也将人们束缚在了土地和村落范围内。封闭、固化的宗族制在工业化、信息化时代则会在一定程度上阻碍社会的发展。

宗族的产生便是基于一定地域范围内的血缘关系，并在日常的生产生活中产生了紧密的关系。但宗族内部通过族长制、家长制等思想规范人际关系的主导思想就是尊卑、主从关系，通过这种关系，禁锢甚至抹煞个性，将个体收归于大集体中。宗法的财产公有意识，妨碍了个人发挥能力去创造财富的积极性。所以模范的平民义门大多贫穷，经济搞不上去，其内部的小家庭希望冲破宗族组织去发展他们的经济和事业。

宗族制中以长幼贵贱、人身依附为根基发展出来的宗法思想，其主旨是尊祖敬宗、父慈子孝。这种精神渗透到政治领域，按照传统"家国同构"的社会体系，衍生出"君要臣死臣不得不死"的忠君思想；渗透到宗族以外的民间组织中，衍生出如佛、道、手工业行会中类父子的师徒关系，秘密结社中的结义关系；渗透到生产关系中，衍生出如东家与伙计、地主与佃农的尊卑依附关系。宗族内部不仅以血缘标准划分身份等级，而且也会人为地划分等级。受传统"士农工商"职业等级划分的影响，宗族内部也会以职业划分族众内部的等级。"读书为上；次则农工商贾；再次医卜技艺；最后隶卒优儒"，将职业划分贵贱。宗法制带有一种地域性、血缘性的小团体主义，具有天然的排外性与封闭性。此外，宗族对社会变化一直是被动的接受，宗族文化的教育，让人安分守己、谨小慎微，导致保守主义文化盛行。宗族之下的个人也变得没有进取性。

第二章 宗族联结机制与功能

自夏商周以来，在中国乡村社会发展的漫长历程中，宗族便作为地方社会的一种重要治理主体而存在。在祖先与地方神明的加持下，宗族获取了地方社会的特殊威望，宗族依靠此种威望也获取了民众的信赖。长期的信任与依赖使得村民对宗族产生了路径依赖，每当有事情时便优先想到宗族管理人员。信赖路径下的宗族不仅承担着乡村生产、生活、对内秩序维护、对外武装防卫等多种功能，还作为乡村文化传承的载体，承担着地方信仰仪式组织者的角色。宗族作为中国传统社会的基本治理单元，其内部组织及规范与儒家文化具有高度的内在一致性，这使得宗族发挥着重要功能，成为了传统时期整个社会结构的基础，整个社会成为了韦伯所称的"家族结构式的社会"。尽管宗族随着社会的发展，其功能不断变化，但是其作为地缘与血缘的共同体而存在，在当下乡村社会治理中依旧发挥着较为重要的作用。

一 宗族联结机制

宗族是基于地缘与血缘而形成的地域性的教化权威与社会资本再生产组织，作为一个地域性组织，宗族依据血缘关系建构起了一套成员资格认定与内部联结机制。通过成员资格的认定，形成了具有排外性的利益集团，聚居在一起，共同生产生活，进而形成了一套内部联结机制，成为一个具有血缘、地缘的利益共同体。宗族作为一个社会组织，主要是通过血缘与地缘联结在一起，成为了一个利益共同体。血缘是宗族形成的最基本的要素，聚族而居为宗族组织的形成提供了地缘条件。除此之外，宗族组织的运行还需要有一套完整的组织结构。

（一）外在组织结构

宗族的组织结构主要依据血缘与地缘划分。按照血缘划分一般可以分为宗——房，大型宗族分为宗——房——支。血缘关系划分其实也可以看作按照宗族内部代际传承次序来划分。由于宗法制中庶民祭祀不过六代的传统，在房或支以下又有祖屋，基本上是五服以内的人每年定期祭拜。郑村郑氏宗族内部组织结构分为宗——房——祖屋，宗祠比较破旧，2017年开始原址重修，每一房没有单独的宗祠，但有祖屋，一般会修得比较漂亮。逢年过节过年时，该祖屋的管事人会召集大家在祖屋聚餐。

按照地缘关系，可以划分为始居地宗族——开基地宗族——迁徙地宗族。始居地是姓氏始祖开基的地方，开基地则是本宗中族谱上记载的开基祖开基的地方。迁徙地则是本宗族中迁出的族众居住之地。当遇到战乱、灾荒等情况时，宗族会在族长的主导下进行迁移，择地定居。华南地区的宗族，尤其是客家人，都会说自己的祖上来自中原，他们也会定期北上祭祖。当宗族人口在本地增长到一定程度之后，如果周边无法获取土地，也会选择外迁。黄村王氏宗族内部组织结构可以分为宗——房——祖屋，但按照祖居地与居住地又可以分为太原王氏——开闽王氏——黄王氏。

与宗族内部结构相对应的是祠堂。传统村落中，祠堂和庙宇作为自然村落中的公共空间，是乡村文化传承和村落共同体延续的重要载体。祠堂作为族人祭祀祖先的地方，是族人集体活动、族长施政的地方，在历史延续中逐渐成为了一个宗族的代称[①]。所谓"族必有祠"，祠堂是一个宗族的精神寄托，是一个宗族的最为重要代表。庙宇是个人的精神寄托，是个人对美好生活的向往与神性品质的自我净化。祠堂作为宗族传承的外在载体和公共事务场所，是宗族的最重要体现。一个姓氏在一个地方发展为宗族的过程中，会按照宗族法观念和房分建造不同类型的祠堂。通常情况下，宗族的祠堂会分为全族的总祠堂、房分内的分祠堂以及个别有功绩的祖先的个人祠堂。除了祠堂以外，还存在一些祖屋，这些祖屋通常是关系较近的人为祭拜近世祖先而建立。

宗族祠堂不仅是祭祀祖先的地方，也是宗族教化族众的场所。王氏宗

[①] 冯尔康：《中国古代的宗族和祠堂》，商务印书馆2013年版，第63页。

祠位于黄村东部四房巷下部，为明清风格的四合院式砖木结构建筑；横跨13米，进深约50米，三进二院格局；前座分门厅和左右套间，中座为中堂，后座分正殿和左右次间；中后座正间前设邦亭、厢房。宗祠宽敞、明亮。清朝，黄村先祖为子孙读书，将宗祠辟为书院，命名为"潜移书院"，意为通过办学，潜移默化，教化育人。利用祠堂办书院、学校的传统，一直延续到近现代。1932年，黄村人在供奉九世祖王吉公的乡贤公司，创办了石杨（又称石阳）小学，意在纪念黄村王氏九世祖王吉（号石杨），彰显了黄村王氏对崇文重教这一优秀传统的薪火相传。1942年，黄村人王克在王氏宗祠建起了戊成中学。

黄王氏宗族及祠堂情况

据黄村王氏宗族记载，"王家远祖肇轩辕，百世流风溯太原"，黄王氏源自中原，自闽之泉州迁居于遂溪（古称遂邑）太原是黄王氏始祖的发源地。太原王氏四十八世恁公之长子审潮、次子审邽、三子审知三公同时入闽，称为开闽王氏。黄王氏宗族开基始祖王瑜（渝），为太原王氏第五十三世后代，系开闽三王之审邽公玄孙，祖籍福建泉州，世宦之家。王瑜公出身仕宦之家，登宋太宗朝淳化间进士，授翰林直学士。后因谏政忤旨贬谪广东雷州府徐闻县，仕十年。公元1016年（宋真宗大中祥符丙辰年）初，以年老致仕告归。瑜公归闽途中，经遂溪县黄里（古称），因羡本居风气而定居，在此开枝散叶，开太原王氏黄支系。黄王氏后裔尊瑜公为黄村开基始祖。王瑜公身后，子孙兴发，多别居他乡。三世讚公别居徐闻奥塘，六世王遂公仕满别居浙江金陵，八世佳甫公择居遂城西南田增村，现子孙旺盛分居廿多条村庄，遍布高雷。九世吉公之兄建公择居雷城官茂，此支枝繁叶茂，遍满雷州，仕途兴旺，仕宦颇多。一至九代独存一人安居黄，第九代吉公初娶符太淑人生节、经；次娶陈太孺人生冕、寿；后娶刘太孺人生觐、鲁。由此，黄王氏支系枝开六房。二房冕公迁居海康仕坡，开宗衍派。长房节公、三房经公、四房寿公、五房觐公、六房鲁公之后裔部分世居本居，部分外徙他乡。黄王氏后裔尊九世祖吉公为创业始祖。黄王氏支系至今已传三十四世，开基千年有余（1016年至今），裔孙20多万人，遍布粤西地区100多条村庄。

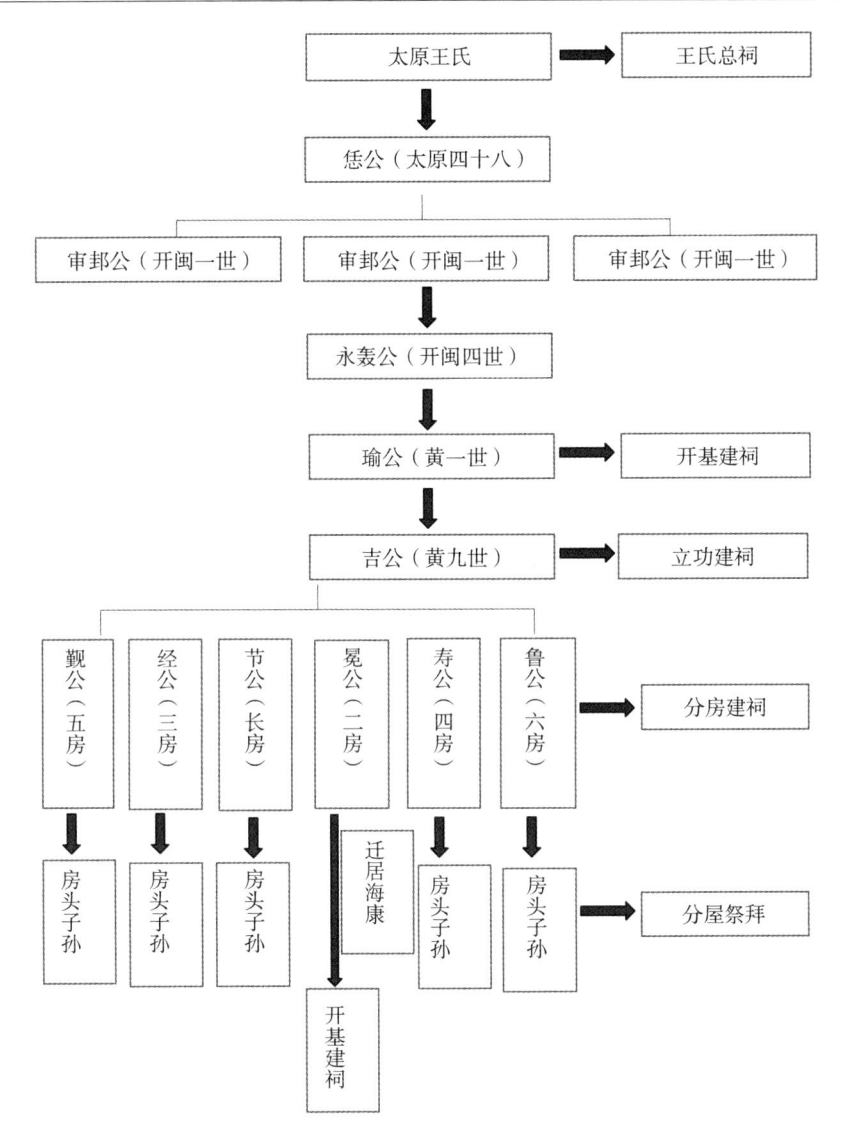

```
┌─────────────┐    ┌─────────┐
│   太原王氏   │──▶│ 王氏总祠 │
└──────┬──────┘    └─────────┘
       ▼
┌─────────────────┐
│ 恁公（太原四十八）│
└────┬────┬────┬──┘
     │    │    │
┌────▼───┐┌─▼──────┐┌─▼──────┐
│审邦公  ││审邦公  ││审邦公  │
│(开闽一世)││(开闽一世)││(开闽一世)│
└────────┘└───┬────┘└────────┘
              ▼
       ┌─────────────┐
       │永轰公(开闽四世)│
       └──────┬──────┘
              ▼
       ┌─────────────┐    ┌─────────┐
       │瑜公（黄一世） │──▶│ 开基建祠 │
       └──────┬──────┘    └─────────┘
              ▼
       ┌─────────────┐    ┌─────────┐
       │吉公（黄九世） │──▶│ 立功建祠 │
       └──────┬──────┘    └─────────┘
```

| 觐公（五房） | 经公（三房） | 节公（长房） | 冕公（二房） | 寿公（四房） | 鲁公（六房） | → 分房建祠 |

| 房头子孙 | 房头子孙 | 房头子孙 | 迁居海康 | 房头子孙 | 房头子孙 | → 分屋祭拜 |

| | | | 开基建祠 | | |

黄王氏族系图

（二）内在联结机制

对于一个组织而言，外在的组织结构只不过是组织内部管理秩序的外在表现。宗族作为一个联系紧密的血缘与地缘组织，内在的联结机制是维持宗族长久延续的重要因素。这种联结机制归根到底可以看作是一种利益的联结。因为不管是规则的制约、生产的合作还是文化的相连，其实都是为了将个人纳入到宗族利益实现机制之中，进而实现宗族整体利益与个人利益的合一。这种个人利益与宗族利益的合一主要体现的以下几个方面：

1. 生产合作与防卫

在生产力低下的传统时期，以农业为生的人们是无法在家户范围内实现农业的生产的，这就需要家户之外的大型组织来提供。由于国家能力的限制，能够提供的服务有限，农业生产中所需的水利建设、灾害防治等大型活动主要需要宗族来实现。甚至在一些农业生产中，在区域性防灾的过程中，也会出现宗族之间联合的现象。同时，传统时期国家与社会发展的严重不足，个人在生产生活中的风险也需要有组织来承担。这个风险可以包含两种，一种是个人因为生产或疾病等导致的家庭与个人的风险；一种是因为匪患、自然灾害等外界原因而导致的家庭甚至整个宗族的风险。前一种风险产生宗族内的穷人与鳏寡孤独，宗族通过公田、族产收入给予宗族中生活困难的人贴补；后一种风险产生整个宗族的风险，就需要整个宗族进行灾害的防御以及匪患的防卫，甚至需要地域内几个宗族的联合。个人基于对利益与宗族的需要，在日常生活与生产中就必然要遵从宗族的规则行事，由此个人被统合到了宗族之中。

黄王氏抗法斗争

黄王氏在中国近现代史上，尤其是抗击外来侵略史上也谱写了壮丽诗篇。黄村人民的戊戌抗法斗争是中国人民继"虎门销烟""三元里抗英"以来抗击外来侵略的又一壮举。

清朝末年，朝政腐败，国势渐衰，各国列强乘机侵略中国，欲瓜分中国土地。公元 1898 年（农历戊戌年）3 月，法国强迫清政府"租借"广州湾（今湛江市），在待勘界签约时，派出军舰斯多噶号、袭击号和狮子号，载 500 余士兵，直抵遂溪海头汛（今湛江沿海），强行武装登陆。清兵不战而逃，广州湾风云骤起。法军占领海头汛后，立即建筑军营，驻兵 1200 多人。他们迫不及待地向内地入侵，随意毁坟开路，到处树立法旗，竖立界碑，烧杀抢掠，甚至向田间劳作的村民开枪射击，打死打伤村民 130 多人，黄村亦不能幸免。

1898 年 6 月，吴邦泽、吴大隆发动海头、南柳、绿塘、洪屋一带村民，组织武装团练 500 多人，奋起抗击法军，多次袭击法军兵营，拔掉法旗，铲除界碑，击杀法军。7月，又组织抗法义军800多人，在南柳下村歃血誓军。由此掀开了遂溪人民武装抗法的序幕。

1898年入秋后，法军得寸进尺，步步紧逼，把侵占目标向遂溪内地延伸，在侵占了东海两岛后，又占据沙湾、石门，建立兵营，还声称要把租界西线划至遂溪城东南的万年桥。情势愈加危急，黄村爱国绅民义愤填膺，紧急联络麻章、平石、文车等村乡绅父老，共商抗法大计，誓死不做"番鬼奴"。黄村发动乡绅父老捐钱，又从祖祠中拨出专款，购置标枪、弹药，自制大刀长矛等武器，又以"穷人不要命，富人不惜线"为口号，发动青壮年参加抗法团练，将村里16—50岁男丁，除病残不便者，一律选为团丁，登记造册，从中挑选精勇者为练勇，率先组织抗法团练武装，自发武装抗法，保村卫民。

1899年2月，具有爱国情怀的李钟钰临危受命，取代惧外欺内、贪婪无能的熊全荨出任遂溪知县。李钟钰上任后，深入民间调查，顺应民众要求，立即组织团练，招募义勇，筹集经费，购买武器，抵抗侵略，仅一个多月就筹得款项六万余贯，四个月就组成了以黄为中心的一个团。冯绍琮为团练总指挥，团总部就设在"黄村潜移书院"。团练总部下辖黄、麻章、平石、文车、仲伙、志满六个营，每营250人枪，共1500人枪和火药炮数门。此外，还发动群众打制马刀、三叉和制造土枪土炮，严阵以待，抵御侵略。

1899年8月，遂溪抗法团练各营义勇，还有黄村、麻章圩及邻近村镇绅民义勇1万余人，在黄村南赤坭岭举行抗法誓师大会。与会团练义勇挥舞团练旗帜，手持大刀长矛、三叉，同仇敌忾，慷慨陈词，声讨法帝，歃血明誓。会上"不打法鬼，就要做亡国奴"等口号震天动地，群情激昂。会后，遂溪抗法团练又组织队伍到赤坎游行示成，声势浩大。

为奖励义勇和民众勇敢杀敌，李钟珏宣布："割得敌人首级一个，赏钱十千；割敌耳朵一对，赏钱五千。"黄村自行规定：作战受伤者，给钱治伤；阵亡者，给钱安葬，名列祖祠，全族吊唁，赡养家属。

1899年8月，文车营义勇夜袭驻守在赤坎百姓村高岭的法军兵营，击毙法军 2 名，击伤数名。为了报复，法军决定偷袭黄村。10 月 18 日，法军采用声东击西的战术，故意放出"明天打麻章"的风声。第二天早上，法军集合 300 多人于福建村附近，企图偷袭黄村。这时黄义勇已拉出队伍支援麻章，走到半路才发现大批法军向黄村逼近，随即急转回黄。在我义勇的猛烈打击之下，法军节节败退，退到新埠海边时，发现无路可退，迫得跳海逃命，当场淹死 20 多人，其余的法军被其军舰救走。是役，我义勇歼敌 40 多人，其中军官 2 人，首战告捷。

1899 年 11 月 5 日清晨，法军派出 400 多人进攻麻章，并命令在沙湾的军舰同时向麻章开炮，掩护法军前进。麻章义勇不惧强敌，利用牛车路深沟掩护阻击敌人。从早上战到中午，法军始终无法跨进麻章一步。午后，黄义勇赶到，和麻章义勇并肩作战，法军溃败而逃。此战击毙法军官兵 8 人，伤 50 余人。黄、麻章义勇无一人阵亡，仅伤 9 人。当时，上海《申报》以《土枪胜洋枪》为题报道了此次战役，一时传为美谈。

黄抗法烈士英名录

王建灶、王廷建、王恩华、王兴富、王桂求、王宗彝、王宗茂、王如有、王成修、王成岑、王成泽、王如能、王子凤、王馨、王裕之、王昌经、王廷忠、王昌齐、王安兴、王昌时、王廷桐、王云瑞、王士学、王建玉、王毓槐、王恒武、王如武、王其就、王毓友、王宁、王兆胜、王子禄、王震良、王汝喜、王玉槐、钟广、陈充、王有马、陈同、苏陵发。

宗族不仅在传统时期承担了生产合作与防卫的功能，中华人民共和国成立后，尤其是改革开放之后宗族依旧承担着村落的生产与防卫功能。宗族内小孩长大两三岁时就会被送到练武堂内习武，每个人选择一套自己喜欢的武器或者拳法，由族众师傅传授功夫。在外读书或务工的年轻子弟在过年回家时也会抽出几天时间在练武堂习武。直到现在，黄村十四境中依旧都保存着练武堂，其中南安镜中的艺舞堂规模最大。由于宗族公产在土改时被分配到农户手中，宗族丧失了经济来源，练武堂也慢慢没落，成为了个人主导下的自负盈亏的组织单位。目前存留下来的练武堂一般都组建有自己的醒狮班和舞龙班，周围村子或门店有庆祝活动时也会请他们帮忙，按照活动内容和时间收取一定的费用，来维持练武堂的生存。在华南社会，尤其是在一些沿海地区，乔迁新居、新婚、店铺开张、村庄节日等活动都会邀请醒狮班和舞龙班举办庆祝活动。一些练武堂的醒狮和舞龙比较红火，甚至要提前预约才能请到班子，这也就带动了练武堂的转型，由宗族内部的防卫组织转型成为了一个地区性的经济组织，招收的学员也由宗族内部人员转向了地区所有人员，练武堂的包容度不断增加。跨宗族的交流与协作，促进了宗族间的融洽共处，为地区的安定提供了交流与沟通的渠道。

2. 宗族文化与宗族法

宗族文化是在一个宗族在长时期的共同生产生活过程中形成的区别于其他宗族而存在的特征，既包括不成文的风俗习惯，也包括成文的族法家规，即宗族法。传统时期由于统治力量与统治手段的不足，国家法律规制无法有效对乡村社会进行约束，宗族法便成为了乡村社会中规则秩序的重要补充形式。所谓"族必有祠"，祠堂是一个宗族的精神寄托，是一个宗族的最为重要的代表。庙宇是个人的精神寄托，是个人对美好生活的向往与神性品质的自我净化。祖先崇拜与神明信仰作为一种民间信仰，是区别于其他团体和地域的地域化象征，是塑造一个地域内文化认同的核心要素。宗族通过固定的节日仪式，将这种认同深化入宗族成员的内心之中。育村丘氏宗族每年最为重大的节日便是正月十五的"上灯"、每年农历二月初九的祭祖以及农历八月初四的公王生日。"上灯"通常来讲就是新成员的入族仪式，上一年出生的男丁，要在正月十五这一天在祠堂点灯，家门口也要点上灯，庆祝孩子的顺利出生，祈求祖先和神明保佑孩子健康成长；农历二月初九的祭祖，要求本村九世祖裔孙与蕉城榕树下、粟园等族众一起到蕉城开基祖墓地祭拜；农历八月初四家家户户都要前往三仙公王庙祭拜，并宴请亲戚、好友到家中聚会。丘氏宗族的最为重要的节日，一个是新人入族，一个是祭拜祖先，一个是祭拜地方神明，由此可见，祖先崇拜与神明信仰成为了村民日常生活的核心。通过这些日常公共空间中的仪式，使人们达成了对宗族的认同以及对地域文化、地方性知识的认同。祠堂和庙宇作为人们日常生活中的公共空间，承载着宗族成员的集体记忆，传承着宗族文化，发展和延续了宗族共同体①。

正是由于宗族文化的存在，使得历史时期即使由于社会动乱导致宗族被迫迁徙他处，也可以在风波过后回乡认祖归宗，哪怕是过了上百年，也可以通过族谱的介绍而回到开基地。黄王氏族谱开篇便提到黄王氏源自中原，自闽之泉州迁居于遂邑（今湛江遂溪县），对宗族的迁徙路线与途经地点都有详细的介绍。一千年后的2010年，黄王氏10多人专程前往山西太原，拜谒王氏总祠；2013年黄王氏8名宗亲又专程到福建福州闽王庙王审知故居拜谒；由于黄九世祖王吉曾在广西柳州担任知府，为了追寻祖先足迹，黄王氏后人与遂溪县博物馆工作人员一同前往广西柳州等地，查阅文献，翻看柳州府志，查询王吉的事迹。由此可见，宗族文化既是一个宗族赖以运行的规则秩序，也是宗族情感的寄托与宗族历史的记载。

育黄氏外八句

黄氏族内，广而传之的"外八句"，又称"认亲诗""认宗诗""认祖诗"，是黄姓氏族内部的亲缘联系暗号。由于古时战乱、天灾频繁，族民为了生存而时常离开故土另寻他处生活，为了使四散开来的子孙能够日后相认，而留给后裔认亲的特殊暗号，起源于战国时期春申君黄歇。

峭山公曾说过："骨肉情亲，频来而不拒，久间而不疏，凡能背诵我外八句为我裔。就能念得几句，也是春申君歇公之裔，要升堂接待，共叙宗情。""外八句"内容包含很广，有开拓进取、勤奋创业精神；有胸怀大地、到处为家的思想；有寻根溯源、尊祖敬宗的孝道；有团结友爱、乐于助人的美德等。每当黄姓子孙外出远行，遇到黄姓之人就会背诵"外八句"，只要能对上诗句，便视为同宗血肉，立感亲如手足，会协助解决外出遇到的各种难题。"外八句"不仅是黄姓的一种宗族内部文化的传承，也是黄姓内部团结友爱的文化纽带。

---

① 鲁可荣、程川：《传统村落公共空间变迁与乡村文化传承——以浙江三村为例》，《广西民族大学学报》（哲学社会科学版）2016年第6期。

梅州常用的外八句

骏马登程往四方，任从随处立纲常；
年深外境尤吾境，日久他乡即故乡；
朝夕莫忘亲命语，晨昏须荐祖宗香；
惟愿苍天垂庇佑，三七男儿总炽昌。

宗族文化是一个宗族发展中长期形成的柔性规则，但一个宗族的发展单纯依靠这种柔性规则是不行的，还需要强制性的硬性规则。宗族文化对于传统社会发展的影响，主要体现在宗族性社会秩序的确立，背后则是宗族文化的制度性体现，即宗法制度的作用。宗法制度在我国传统社会发展中具有较长的历史传统，最早可以溯源到原始社会末期时的血缘性父系氏族的组织原则。西周时开始将宗法血缘关系与国家的政治制度高度结合，进而产生出了较为完备的宗法制度。在这种情况下，通常被视为"家国一体"，国是家的扩大，家是国的浓缩。天子在政治上是天下共主，在血缘上则是天下最具权势的宗族的族长。小宗拱卫大宗，诸侯效忠君主，整个国家被统合到政治与血缘双重原则之下，构成了典型的宗法国家。[①] 秦始皇统一六国后，虽然建立起了郡县制，但是专制主义的中央集权同样建立在宗法制度与封建制度结合的基础之上，皇帝作为天下的最高统治者继续实施家天下的统治，皇位在皇室宗亲内部的继承、血缘的亲疏关系构成了国家政治生活中的重要脉络。

尽管隋唐开始推行的科举制度摧毁了门阀世家垄断政治统治的途径，均田制的推行使国家直接控制了大多数的农户，宗族豪强在一定程度上被削弱。但在统治阶级看来，获取了一定自由度的小农容易个体化，流动性增强的个体小农会对农业为基的国家统治造成威胁，因此，国家为了维护中央集权，既要对地方豪强加以限制，又要利用宗族按照中央政府的意图来稳定乡土社会。正是在这种社会历史条件之下，宗族组织在宗法制的倡导之下形成了地方宗族共同体，尤其是自北宋以来，长江流域及华南地区的地方性宗族组织迅猛发展，宗族法也随之发展，作为国家法律的重要补充形式，成为了调整地方社会关系的重要准则。地方宗族权贵为了维持宗

[①] 朱勇：《清代宗族法研究》，法律出版社2017年版，第2页。

族社会秩序的安定，同时也是为了保护权贵阶层的特殊利益，借助国家法律、纲常伦理以及民间风俗习惯，并结合本宗族的特色，形成了宗族内部具有普遍约束力的宗族法，并借助国家力量和宗族内部力量作为强制执行保障。宗族法的直接目的是维护特定区域内既定的宗族秩序，进而起到了支撑国家政权、维护封建统治的重要作用，与国家法制共同组成了封建社会的法律体系。宗族法随着宗族组织的发展也不断完善，到了明清时期，其内容已经涵盖了族内生活的方方面面，包括婚姻继承、财产纠纷、买卖租赁、祭祖祀宗、宗族机构设置及其职责、宗族成员身份确认、农事生产、惩处措施等，文字化、规范化的宗族法在明清时期达到了顶峰。宗族法以姓氏为主要区分，迁居之后逐步在之前宗族法的基础上形成符合开基地的新的宗族法。比如黄王氏在开基之后，一直到第九世祖王吉时才开始制定本族的宗族法规。树有根，水有源，国有史，家有谱。黄王氏历代子孙都重视追根溯源，弘扬祖德。宗族文化代代相传，成为黄王氏子孙生生不息的不竭源泉。

　　黄村崇文重教，以兴学为乐，以耕读为本，以知识为荣。黄村千年开基祖王瑜公立下"延师教子，诗书传家"的家训，王氏后裔称之为"翰林训"。在祖训的原阿之下，黄村历代先贤率身重范，尊崇儒学，树立典范。黄村创业祖王吉公在明朝年间，亲自立下《王氏家诫十条》，后裔称为"太守规"，从人伦孝悌、恤孤济贫、团结和睦、勤劳节俭、戒除陋习等方面，引导后裔学做人，学齐家。后裔把《王氏家诫十条》载入家谱，口口相传，教子喊孙。吉公任仕期间，在湛江湖光岩留有亲笔诗文，现也保护良好。

王氏家诫十条

　　昔柳玭戒子弟曰，余见名门右族，莫不祖先忠孝勤俭以成立之，莫不由子孙顽率奢傲而覆坠之。成立之难如升天，覆坠之易如燎毛，诚为刻骨之言。故深望吾族以仁厚积善为劝，以逆戾浮薄为戒，立为家诫十事，与吾族永守勿替度庶不坠。

　　先人遗风，违此者有谱在即有祖宗在，孰敢不凛焉？

　　一、孝悌为百行之本，其有逆子傲弟弃亲不顾，抗长不逊，触父辱兄，显干常纪，众鸣之。祠堂痛责惩警，若再不悛，众闻之，官以国法处。

二、有惟薄不修，干伦败化，贻玷家声者，众逐不许入祠。

三、为嗣计，而嫡庶之分不容越，倘有溺情偏爱，以贱踰贵，衣裳倒置者，众共正之。

四、宗系不容紊乱，其有身后无嗣，则推支以承，不得以吕易嬴，以牛易马，有迹嫌疑者，众共核之。

五、兄弟孤子，无依亲房，力能存恤者收之抚养。倘不顾恤，听其颠连流落，众共责之。

六、族中死丧贫不能具棺，本房醵钱办之。本房不能给，通族醵钱办之。不得视如路人，听其抛露。

七、吾族诗书传家，凡百余年，族中当以此为第一，相尚勤苦，延师教子，勿专以财利兴家为计，致子弟粗鲁不学，堕厥贻谋。

八、族中当以一脉相爱，勿为藏奸匿计，恶成乐败，勾党究谋，妒害同气，至有横逆患难，更当相维持调护，不得串通外人，残食骨肉，如有此等，族众执谱闻官受罪无辞。

九、忿争健讼最足费钱破家，伤失和气。族中倘有事故致争，则必投明族长，众会祠堂处判，无理者或罚或责。若不闻之，通族擅自鸣。官不论曲直众共讦之。

十、人家破败未有不由子弟游手赌博荡尽家业，是以吾族严加禁止。虽有喜事客至，只可棋奕闲谈，断不得看牌为戏，致子弟相习成风。如有此等察出，罚钱一千文入祠。

黄村王氏九世祖王吉公立

3. 宗族竞争与合作

宗族的存在除了其内部生产合作的动机之外，也有与外部进行竞争的因素。传统乡村社会，由于国家权力对乡村社会的管控力度有限，基层社会的运行主要是依靠宗族来管理。当社会矛盾激发时，个体化的小农不仅在财产上会产生不安全感，在人身上也会缺少依靠，因此需要自身的物质依附和精神寄托。但国家的不在场就导致了小农内部合作的需要，因此建立在纲常伦理的血缘与地缘之上的宗族就成为了小农所依赖的重要组织载体。和平时期，以宗族为单位的农业生产成为破解农业生产力低下的重要依托；战乱时期，以宗族为单位的防卫则成为了国家脱域下的重要力量。日常生产生活中，各种邻里纠纷、甚至是宗族之间、房头之间的矛盾则主要通过族中能识文认字的权威人物来调解，当矛盾积累到一定阶段无法调解之时，则可能通过宗族之间的斗争来解决。由于传统时期政府能力的不足，在宗族斗争中则主要充当调停者或中间人的角色。

育村黄姓与丘姓矛盾溯源

育村黄姓与丘姓的矛盾要追溯到两姓来此开基之时。差不多同时，有黄、丘、罗三姓同时在南坑开基定居。

黄姓蕉岭开基第六世祖永泰公少年聪慧过人，为人忠诚，青年时期在梅州经商积累了一大笔财富，据传在梅城就有商铺12间，后因树大招风，不时有地痞流氓敲诈勒索，致变卖家产，从梅县槐岗迁徙至今南坑开基，后把其父宗鼎公葬在南坑虎形岗（今新建）上。丘姓初于镇平县（现蕉岭）石窟河畔的榕树下开基，但由于栗园经常受水灾，加上兵荒，因此丘姓七世祖丘景大（攒公）移居南坑。罗姓也几乎同时来到南坑定居。由于当时南坑地势较广而人口稀少，三姓在日常生活与生产中相互帮助、协作，甚至三姓共同建有一祠堂供三姓共同使用。祠堂中共同供奉着三姓始祖，每当其中一姓祭拜时，就将其他两姓的祖宗牌位给背过去，祭拜完之后再翻回来。丘姓七世祖甚至将女儿嫁给了黄姓七世祖。

随着日常生活中的琐事不断增多，黄、丘、罗三姓之间的矛盾也逐渐凸显，罗姓率先率众家老小先行搬迁至栗坝开基，留下丘、黄两姓仍不时发生争端，后到丘姓八世惟敦公返居石窟河畔，生有五子，九世祖重返南坑，娶黄氏，生宗器、宗式，留居蕉城；娶刘氏，生宗烈、宗相、宗岳，居南坑，三子宗相住上巷，四子宗烈住新屋下，五子宗岳住上屋，自此南坑始分三房。基本上同一时期，黄姓七世祖也返回蕉城居住，后到了八世祖时重新返回南坑。两姓返回后在时任镇平（今蕉岭）县令胡惠宾调处点解下，黄姓从南坑迁至现大黄屋老屋下井开基，原黄姓五世祖坟地周边土地归黄姓所有。此后两姓逐渐发展各自发展，基本相安无事。

原本约定的两村边界只不过是一个大概范围，并没有清晰的划分，再加上由于年代久远，两姓也都是根据口口相传的约定了解大致边界范围。

而后来随着两姓的发展，山林资源越来越受到重视，丘、黄两姓围绕山林发生过不少纠纷。据传旧社会时发生过多次冲突，其中最厉害的一次还出过人命。建国后由于国家力量的强制介入基本上没有发生剧烈冲突，1984年时两姓围绕现在梅子坑附近山林归属情况发生过一次冲突，不过冲突不是很激烈，但也有几人受伤。从那次时间开始，两姓分别在自己的祖宗面前发下毒誓：两姓之间不再通婚，否则断后。不只是巧合还是毒誓真的应验，育村中几户黄、丘两姓通婚者确实没能生出儿子，这在一定程度上加深了族民对祖宗的认同。

自1984年黄、丘两姓矛盾之后，两姓基本相安无事。但随着乡村振兴战略的提出，企业与资本下乡的背景下，黄、丘两姓矛盾再次被触发。2018年3月蕉岭县南山寿公司开始在育村发展木耳基地，在对全村进行勘察之后，决定在梅子坑附近建设木耳基地。在通过"村两委"干部及村民小组长讨论通过后，育村开始着手在此建设木耳基地，经济收益由黄、丘两姓五五分。但在开始施工之后，丘姓村民却跑到现场去闹，说是这一块地是属于丘姓的，不能与黄姓分收益，导致现场施工被迫停止。后来又去镇政府上访，最后木耳基地的过程彻底流产。两姓之间的历史矛盾再一次被重新激化，但是在项目流产之后，村委会甚至镇政府都选择了搁置矛盾，又投入到木耳基地的重新选址工作中，并没有对两姓之间的山林纠纷进行调解。几百年来，尽管两姓总体来讲可以算是相安无事，但是两姓之间的山林纠纷始终是埋在两姓之间的定时炸弹，没有人敢触及。

按照育村村支部书记黄忠铎的想法，他原本想在梅子坑建木耳基地，使黄、丘两姓都能参与到村庄经济发展之中，借着项目使两姓能够消除历史积攒下来的矛盾。此事发生以后，他表示，两年来村庄工作的顺利开展使他对两姓之间的矛盾有了过高的预期，没有想到两姓之间的矛盾依旧如此顽固。在丘姓在镇政府上访时，递交了一份请求停止现在项目建设的请求，丘姓所有在村人员都签署了，甚至是在黄忠铎书记公司上班的一丘姓族人也签署了。当被问到会不会担心因此而被炒掉工作时，该丘姓族人表示即使丢掉工作也没办法，如果不签署，以后在村子中就没法混了，有什么事情宗族的人也不会再帮忙了。在一定程度上，个人的利益是被统合到宗族利益之中的，在个人利益与宗族利益面前，个人是没有选择的余地的，除非可以承担被逐出宗族、失去乡邻的风险。

在村庄经济发展中，丘姓多数人对企业的入驻比较欢迎，哪怕是在丘姓土地范围内随便选地都可以，唯独梅子坑那儿的地不能动，因为那是祖宗留下的土地，一旦与黄姓五五分成，就表示默认了那块土地的两族共有，不能成为宗族的罪人。丘姓在育村中大概占到三分之一人口，导致他们总是感觉处于占多数的黄姓的压迫之下，将村庄的决定等同于黄姓的决定，排斥村庄事务，而专注于南坑内部的发展。对于黄姓来讲，他们认为村庄每次产生决定之后，认为丘姓总是以各种理由阻挠，导致黄姓在处理村庄事务时越来越排斥丘姓，往往在处理村庄事务时也仅仅限定在黄姓范围内的事务，很少关照南坑的事务。宗族隔阂之下的黄、丘两姓矛盾在乡村现代化的进程中依然存在，并且严重阻碍着村庄的融合发展。从另一个角度来讲，正是由于宗族之间的竞争，使得个人不得不依附于宗族。一个人一旦与外姓发生冲突时，面对的将是一个宗族，这就使得个人为了寻求宗族的支持与帮助，不得不让渡一些个人的利益。哪怕是在宗族内部的矛盾，也需要一个调解人和见证人，而族中权威人物（通常是族长或房头）则是最适合的人员。

其实，宗族之间的竞争与合作更多地存在于社会比较动乱、规则不健全的时代，在相对和平时期，宗族之间的竞争则会变得相对较少，宗族内部房与房之间的竞争相对来说变得普遍一些，有时房头之间的斗争也会被延伸到其他宗族的斗争中。比如黄、丘两姓的斗争，其实从黄姓的内部来看，主要是一房、三房与南坑丘姓之间的斗争，因为这两个房头主要分布在岗背和坝里，与丘姓山林接壤。地处南坑虎形山位置的新建队（村民小组），也主要从岗背、坝里的一房、三房搬过去的，因此这两房与南坑有着最为直接的利害冲突。1984年的黄丘山林之争在某种意义上来讲就是一房、三房与南坑丘姓的争端，老屋片的二房与四房很少有人参与。不过当时岗坝片在育村的黄姓中占据着主导位置，也动员了一部分老屋片的族众参与其中，因而也可以将这个矛盾说成是育村中的黄、丘两姓之争。

当宗族之间的矛盾不再占据主导位置的日常生活中，房头之间的竞争则会成为宗族生活中的日常。房与房之间的竞争主要是争夺宗族事务的主导权。改革开放初期，岗背和坝里基本上掌握了黄姓内部的主导权，黄少华、黄志聪、黄佛佑、黄坤荣等先后借助在宗族内部的主导权而掌管了村庄事务，以及后来宗族理事会的建立，第一任会长黄志聪、第二任黄关生也都是这一派系的人。但自2002年以来，黄姓宗族事务的主导权逐渐向老屋片转移。从育村黄姓内部来看，存在了明显的岗坝黄姓和老屋片黄姓之分。黄姓内部的分化一方面是宗族利益不断分化的结果，因为老屋片与南坑不接壤，没有直接的利益冲突，即使帮助岗背和坝里两个片区将山林或土地争夺过来，也不会让老屋片参与利益的分配，最多不过是老屋片黄姓与其他外姓产生冲突时这两个片区的出手相助而已。因此，对于老屋片而言，山林的争夺只不过是岗背、坝里和南坑的矛盾而已；另一方面则是历史长时期发展中地缘作用不断强化的结果。地理环境上，岗背、坝里与老屋被山坡或水沟分开，形成了三个相对独立的居住片区，这就使得三个片区在日常的生产生活中联系大部分发生于片区内部，片区之间的联系相对较少。

总的看来，宗族内部的团结，一个是因为宗族内部通过不断地重复发生的公共活动，如祭祖、生产互助、文化活动等逐步强化了族众对宗族的认同。另一个则是因为外部的竞争，当国家力量在基层无法有效实施时，个人面对外部群体时则会表现出较强的无力感，只有依附于某个组织才能有生产生活的保障，正是由于与其他宗族的竞争为宗族的团结提供了外部动力。

二 宗族功能

从某种意义上来讲，组织的存在就是为了发挥其某种功能，功能是组织存在的根本意义。对于宗族而言也一样，不管宗族是通过什么样的形式、如何组织起来的，宗族能够发挥什么样的功能才是最为根本的存在意义。宗族通过与政权建立紧密联系，联宗收族，在政治、经济和思想文化等各个方面满足了族众的群体要求，进而达到在宗族内部稳定封建关系、维持社会秩序的目的。同时国家统治者也借着宗族组织在维持基层社会秩序方面的作用，允许宗族部分地代行国家基层行政组织的某些职能，如催办钱粮、维持治安、征收赋役、处理民事纠纷与轻微刑事等，宗族通过承担部分行政职能强化了宗族法的权威，在宗族内部塑造了一个与国家等级制度相仿的微型金字塔结构，在地方上实行具有充分自主权的有限自治。① 宗族具体承担的功能可以从以下几个层面理解：

（一）界定成员资格

土地是农业社会时期最为根本的生产资料，对土地占有的多少则成为了一个宗族地位与兴衰的重要参考依据。中国从春秋时期鲁国的"初税亩"开始，就已经开始实行土地的私人所有制。尽管土地属于私人所有，但是土地的继承、交易都是在宗族的控制之下的，也就是说宗族掌握着宗族内部财产的处分权，传统时期的土地私有制是普遍在宗法控制之下的土地私有制。因此，为了对财产进行有效控制，就必须对宗族成员的资格与范围进行清晰的界定。

宗族作为一个以血缘为基础的乡村社会共同体组织，从根本意义上来讲就是组织与其成员按照一定的权利义务关系组织起来的。社会个体只有获得族籍才能成为宗族共同体的一员，才能获得宗族的庇护与支持。宗族成员资格是与外人进行区分的依据，也是宗族内部获得认同与凝聚力的重要依据。一个人获得了宗族的成员资格，也就获得了在祖宗传承下来的土地上生存的权利。宗族作为一种以父系血缘为主要依据的共同体组织，血缘关系是获得宗族成员资格的重要依据。因此，宗族最为基础的功能就是赋予族籍，社会个体获取族籍主要有出生及婚姻两种方式，一些小姓宗族为了获取大宗族的庇护，部分人也会通过改姓的方式加入其他宗族族籍中。

宗族作为一个血缘型组织，决定了出生是获得族籍的最为重要的途径。一些族谱中规定："族中生产，不论男女，一体报庄注册，载明年月日及父母姓氏。"也就是说一个人只要一出生就自动成为了宗族的一员。在一些地区，由于重男轻女思想的存在，宗族中新出生的女孩一般不被纳入到宗族成员的范围之内。因此，被视为入族仪式的"点新灯"仪式也仅仅是为新出生的男丁准备，女孩是无法获此等待遇的。正因为女孩的非对等待遇，在村庄活动中未出嫁女孩也无法参与活动，如黄村中，在进行宗族活动筹款时，会有一部分基本款项，即宗族成员的人头费，家中未出

---

① 朱勇：《清代宗族法研究》，法律出版社2017年版，第8页。

嫁的女孩是不算在人头之中的。

入族仪式会根据地域不同而有所差异，但吊灯通常被视为获取宗族成员资格的仪式，在整个华南地区都较为流行。"灯"寓意"丁"，吊灯被看作新丁入族的仪式。凡是新出生的男丁，都要举行吊灯仪式，祭拜祖先与神明，告知入族，祈求祖先与神明保佑平安成人。

黄村的吊灯仪式

在黄村，吊灯仪式在年例期间举行，每年正月初十晚上开始筹备，在村内所辖十四境中在各设一灯棚，一般设在土地庙旁。自上一次年例后出生的所有新丁都要在所属境内的灯棚吊灯，黄村多数悬挂"走马灯"。灯棚内一人一灯，每盏灯代表一位新出生的新丁，吊灯按照新丁出生的日期依次悬挂，每年第一个出生的男丁被称为灯头。一般由宗族统一管理，由个境内负责主持土地庙的长老请泰山公、土地公婆、南国公、康王等神明灵位进入灯棚。在正月初十晚上，所有的灯都要用红绳悬挂在灯棚内点亮，案台上摆放好阉鸡、果品、香茶、美酒等祭品，点燃蜡烛，烧些纸钱，虔诚祈求神灵护佑，燃放炮竹、铁炮酬谢神明。吊灯仪式由此开始，并一直持续到正月十五元宵节，期间每晚都要给灯添油，使灯通夜明亮，祭拜亦不间断。

正月十一，吊灯仪式正式开始，祭拜完后，吊灯人家要在自家摆设丁酒，通巷拍门请族亲吃丁酒，招待前来贺丁的亲朋好友。客人越多越热闹，吊灯人家越有面子。如果本境内吊灯人家较多，请酒者要马不停蹄，东巷进西巷出一户不漏，一请再请。被请者，有请必到，吃了东家吃西家，贺了南巷贺北巷。到了正月十六，进入燃灯仪式。长者祈告神灵后将灯压扁，引烛火燃灯，后将灯灰收藏，望来年境内再添新丁，然后送神送公归位。渴望生男丁的人家，会赶在燃灯前抢拿走马灯上的白花一束，回家珍藏，祈望来年自家增添新丁。同时，由灯头牵头，众人集钱购买黑猪一头，屠宰后烹饪答谢神灵，祈求神灵保佑新丁健康成长，来年再添新丁。拜神之后，众人分食祭品，不论多少，都带回全家享用，此称为做众。至此，吊灯仪式才算圆满完成。

在育村，入族仪式被称为"吃新丁"。每年的正月十五，上一年中本姓氏内生有男丁的村民分别在老祠堂内与家中门口点灯。同时由灯头牵头,由宗族理事会的主事人员会主持,祭拜祖先,感谢祖先保佑,并在老祠堂内宴请亲朋好友吃饭,所以称为"吃新丁"。被请到祠堂吃饭的人主要是宗族内的长者、村庄新老干部等村庄德高望重之人。相对而言,育村的入族仪式比较简单。在入族仪式中,也体现出了尊卑有序的观念。新年出生的第一个男丁被视为"孩子王",入族仪式由其家人牵头负责。有些地方还会举行成年礼等仪式,通过一次次的仪式使新的宗族成员接收宗族族长或大家长的教诲,增强他们对宗族的认同感,以提升他们对宗族共同体的责任意识。

婚姻也是获得族籍的重要方式。由于宗族一般是以男性血缘为基准的宗族共同体,女性要想获得族籍,只能通过婚姻的方式,不管以前女方属于哪个宗族,一旦结婚,就成为了其丈夫所在宗族的成员。不过也有一些因为男方会"倒插门"到女方家中做上门女婿,这样就会在女方所在的宗族中入籍,子女也会自动成为女方所在宗族的成员。为了维护传统婚姻的严肃性,宗族一般不会承认非婚生的子女。无论其生父、生母属于哪一个宗族,只要没有正式的合法的婚姻关系,新出生的孩童都无法获得本宗的族籍。浙江萧山《来氏家谱》规定:"野合于外妇与宣淫于族妇,及下乱于家人妇而有子,俱为奸生子,不得入谱。"宗族成员只有在名字记入族谱之后才能算作是真正获得族籍,生前入族,死后归宗,体现了个体对宗族的物质与精神的双重依托。宗族通过禁止非婚生子女获得族籍,维护了传统婚姻的严肃性。

除此之外还有一种是个别地区出现的现象,一些小姓宗族为了防止大型宗族的欺凌,或者寻求大型宗族的保护,通过改姓依附于区域内较大的宗族。黄王氏所居住的区域,周边一些小姓如张姓,由于人口较少,在农业生产、防灾、防匪等活动中无法实现独自完成,也容易受到周边大姓宗族的欺负,因此一些张姓改姓为王,祭拜黄王氏的祠堂和宗族,逐渐融入到黄王氏的宗族生活之中。

族籍的获得并非是永久性的,由于某些特殊事件的发生,已获族籍者仍要受到剥夺族籍的处理。首先,如果宗族成员触犯族规的某些条款,受到宗族法"黜革"的处罚,即被开除出族,不再保留族籍,而沦为"异姓人"。对行为败坏的成员,也可以依据族规剥夺其成员资格,逐出宗族,生时无法录入族谱,死后不得入祠。黄《王氏家诫十条》中规定

"有惟薄不修，干伦败化，贻玷家声者，众逐不许入祠。"死后无法入祠便没有了归属，成为孤魂野鬼，这也成为了传统时期对个人最为严重的惩罚。其次，族人出继外姓，为他姓承嗣，获得他姓族籍，同时也就丧失本宗族籍。各地宗族法皆不允许双重族籍身份的存在。

由于传统时期人口流动性较低，以血缘关系为联结纽带的宗族便在地域上形成了相对固定的形态，即聚族而居的村落。若单门独户迁徙外地，与本宗缺少联系，即作为自动放弃族籍论。然而，子孙为官在外，或经商异土，只要不在他乡定居，宗族法仍为其保留族籍。

不管是获得宗族成员资格，还是被剥夺成员资格，都要借助一套程序化的仪式。比如入族仪式中的"点灯""成人礼""婚礼"等，入族仪式完成后就成为了宗族的正式一员，具备了继承祖宗遗产、记入族谱、进入祠堂、参与宗族议事的权利。剥夺祖籍一样需要一定的仪式，由于族籍对个人的重要性，剥夺祖籍也比较谨慎，一般在全宗总祠召开大会，由宗族主事根据宗族法规进行处理，宗族长老们进行商议后当场宣布处理结果，轻者祠堂面壁室面壁思过，重者剔除族籍，逐出宗族。

宗族可以看作一个利益集团，在族谱和祭祀中会记录祖先的功德成就、壮举义行，大部分族众是无法获此殊荣的，后人也因祖先的成就而倍感有面子。因此，对于一些可能辱没宗族声誉的行为则会被故意掩盖，如横死者、因各种原因没有成家的成员。"不孝有三，无后为大"，没有成家，就没有完成祖先交代的传宗接代的任务，因此死后无颜面对祖先，也就无法进入祠堂。但这些人为了能够进入祠堂，家人便给其选配"阴婚""冥婚"，甚至在一些地方出现了专门以介绍"冥婚"为生的媒婆。

（二）管制族人田产

族籍之所以被宗族成员所重视，正是因为获取宗族成员资格之后所带来的一系列的权利。成为宗族成员是个人获得社会认可的最重要的表现，附带有一系列的权利。尤其是在传统农业社会中，小农经济以及生产力水平的限制使得个人不得不依附于宗族而生存，这就需要社会个体通过让渡自己的一部分权利而获取宗族的庇护。

1. 赋予权利

宗族成员的界定就形成了本宗人与外宗人、本地人与外地人的区别，其前提便是入住权的有无。简单来讲，所谓的入住权就是在一定区域范围内享受公共资源的权利，包括开发尚未属于任何人的土地的权利、在荒地上建屋的权利、在山脚拾柴火的权利、从河流或海边捕捞少量鱼类及软体动物以改善伙食的权利进入市集的权利、死后埋葬在村落附近的土地的权利等等。这些权利并非是在居住在此地的人就可以拥有的，村民们很清楚哪些人拥有哪些权利，在华南宗族性地区，主要是通过宗族成员资格来界定。入住权获取的依据是这些权利是祖先一代代传承下来的，子孙只要获取宗族成员资格就自然获得。而他们的祖先则主要是通过皇帝钦赐土地，或者是最先移民到了这里开发定居，或者通过购买土地，或者与本地人联姻继承，甚至是将原住民赶走，此后子孙一直居住。凭借着这些既定事实，宗族及其成员就拥有了这片土地所附带的各种资源及开发权利，只要自己不搬走，就可以一直占有。只要拥有了族籍，村民才有资格追溯祖先，通过追溯祖先的历史就拥有了这片土地所附带的各种资源及开发权利，也就成为了宗族共同体的一员。

亚瑟·沃尔夫在《中国的婚姻和入嗣》一书中指出，"家"既是传宗接代过程中的重要环节，也是共同使用、继承财产（土地）的最基本单位，"其同祖关系在宗庙、家坟和对死者的安葬方面表现得最为明显"。女婿可能被视为家庭中一员，但绝不会被接纳入宗族之中，无法享受宗族中的权利。由于传统时期重男轻女思想，未婚女性是无法记入族谱之中的，女性在宗族内也就无法获得相应的权利，但随着现代社会的发展，一些地方开始对未婚女性进行无差别待遇，也可以记入族谱，但是"点灯"仪式尚不对女孩开放。而嫁进来的女性，因为可以为本宗繁衍子孙，因此在宗族可以接纳其为自己宗族的成员。通过新妇与其尚未出生的子孙的血缘关系，与本宗族实现了血缘的联通，再通过婚姻仪式将这种关系予以确认，成为了宗族的正式成员。黄王氏不管是整个宗族举办活动，还是每个房头举办活动，在一些基本活动中会向族众收取人头费。因为不承认其族籍，未出嫁的女孩是不算人头的，不用出人头费，他们也就无法获得宗族内部相应的权利。

自父系社会以来，男性成为了划分财产的依据，外嫁女则被排除在外，无法继承祖产，如果某一户没有儿子，其财产则被过渡给同宗近亲，比如兄弟、叔侄等。甚至一些地方，外甥出生后就一直住在家里，之后继承财产,并一直居住在村中,一旦离开村子,其所继承的权力就会被剥夺。由于女性无法获得继承权,再加上农村集体土地及承包地30年不变的政策方针,导致女性无法获得村庄土地,近年来广东地区出现了众多"外嫁女"无土地的现象。外嫁后土地被收归集体,分红权也被收走,但在嫁入地,由于土地承包期的长期不变,无法及时获得土地,也无法获得村庄集体分红。

为了防止族产的流失,有些宗族鼓励宗族内部建立姻亲关系,只要出了五服就可以建立姻亲关系,一些地方出现了同村同宗内结婚的现象。同村同宗内部婚姻必然导致辈分的混乱,但是一般男的随男方宗室的辈分,女的随女方宗室的辈分。在论辈分时,按照"亲不压祖"的原则,与女方有亲戚关系者,按照他们自己的辈分称呼,但是男方这边按照祖上传下来的辈分称呼,其后世子孙也按照男方关系称呼。

2. 管制私人财产

传统农业社会时期,土地是一个宗族得以延续的最为根本的生产资料,只有占据了一定的土地,才能保证宗族拥有足够的维持生存的生产资料,才能保证宗族可以继续扩张人口、开枝散叶,否则后世子孙就只能背井离乡,自谋出路。宗族的支脉迁往外地除了因为家族矛盾、战乱等因素外,很重要的一个因素就是原有宗族土地无法供给整个宗族生存。因此,尽管传统时期土地属于私人所有,但是宗族在对宗族成员进行管控的基础上,也通过族规对宗族成员所拥有土地的交易进行约束。

宗族组织中有两种不同性质的财产,即宗族成员的私人财产和宗族的共同财产。宗族公产基本上可以包括祠堂、公田、族众捐助款等,这些基本上由专门的宗族管理人员——族长、房头等以宗族整体的名义进行管理。宗族成员的私人财产尽管从国家意义上来讲是属于封建私有经济的范畴,只要登记在册就受到国家法律的承认与保护。但是从整个宗族利益的角度出发,为了防止族产的流失,宗族成员的私人财产又会受到宗族的管制,在一定程度上属于宗族内部的私产。一般情况下,宗族成员可以独立占有、使用个人所拥有的财产,不受宗族组织及其他成员的干涉,但对于私人财产的处置权,则普遍受到宗族组织的限制与约束。景定张氏《族规》第四条便明确规定:"先人手置产业,艰辛备尝。倘有不肖子弟废弃正业,荡毁家产,族人宜恺切劝导,或设法阻止其典卖田宅。"

在宗族成员私人财产买卖时，宗族法规定族人享有赎买"优先权"。合肥邢氏《家规》第六条规定：族中有变卖祖居产业或坟山毗连之房屋田地者，宜先尽亲房、本族，而后外人。若挟私怀隙，故卖外人、拖累本族者，勒罚赎回，仍议减价。宗族成员在变卖自己的房屋田产时，必须首先告知族中管事及宗亲，不得擅自卖与他人。安徽桐城赵氏宗族规定：凡族人田宅有卖者，先尽本房，次及族人。族人不买，然后卖与外姓。族人互相典买，其价比外姓稍厚，不得用强轻夺，违者具告宗子，合众处分。如偷卖外姓，不通族人知者，罚之。若有意先卖，破族人产者，以不孝不弟论。族人备价，责令赎回。宗族成员的土地即使是在宗族内部交易，也会附有一些追加条件。如根据《民商事习惯调查报告录》记载，民国初年时，山西省保德县一些宗族规定，"本族（人）买不死本族（人的）房、地。房、地卖与本族（人），无论契据如何写，一概不拘年限，有钱即准回赎"。

宗族不仅对宗族成员私人财产的交易进行管制，对家户内部兄弟分家析产也有相关规定。宗族法充分肯定了国家法律及传统习惯所确立的"诸子均分""长子承重"的原则的同时，对宗族内部进行了详细的程序及原则规定。湖南善化周氏宗族法规定："族中析箸承继两事，虽隔居鸾远，必经鸣族立约，始足为凭。"① 广东洪氏不仅在族谱中对兄弟析产进行了明确规定，还将兄弟分家的书面契约样式附于族谱之后。

兄弟分家写分单

立分关兄弟_____等，今因家务纷纭，势难总理，兄弟相商，已议妥当。爱请族老亲戚将祖、父遗下产品、田地_____处搭云（匀）均分，拈阄为定，已极公平，各宜相合，照依关书永远管业。如敢违抗，又起争端，即鸣亲族共同攻讦。空口无凭，立此关书，同样各执一本存据。

_____

立分单兄弟_____

_____

---

① 湖南善化《周氏三续族谱》卷2，《族规》。

兄弟分家之后，独自建立户籍，就形成了相对独立的生产经营单位，但为了防止关系疏远、小家难以承担农业生产，一些宗族便在族规中载明，即使兄弟分家析产之后，仍要在生产生活上相互关照。

（三）生产协作与生活互助

1. 组织生产

生产资料的私人所有决定了生产经营单位的家户制，但劳动密集型农业的生产又是一家一户无法实现的，因此宗族不仅规定分家之后的兄弟之间的互帮互助，还会组织全宗族范围内的农业生产的联合，以维持整个宗族组织及其成员的生存与发展。

传统农业社会，农田水利是乡村社会发展的命脉，单凭一家之力是难以完成的，于是宗族内的联合就成为了必要。为了解决农业生产所需要的水源灌溉、抵御水灾等问题，宗族便组织起以族老为首组成的"水利会"等组织，在一些地势复杂、水利建设艰难的地区甚至会出现跨宗族的合作。这类农业组织的运行，包括谁来组织、如何组织、如何筹款等活动都按照宗族规则运行。如前文提到的广东顺德、南海两县士绅组织成立的"围董会"，专门组织协调该区域内的防洪护堤事务。当"围董会"将防汛指令下达到乡村一级时，乡村依靠自己的组织方式发起行动。如龙江堡集北村在村中各巷均筑有社稷坛，一旦需要，民众便将麻袋、绳索、木桩、扁担等各种防汛器具集中到社稷坛。每一社负责一段堤防巡视，当发生险情时，村民敲锣告知，并向围董会上报，社内会先行动员，并不会等待收到其指示才行动。行动开始时，村民会在社稷坛举行简单的祭拜仪式，以求神灵保佑，称为"请社公"。村民听到锣声后便会跑向自己所划分到的那个社稷坛，拿去救灾器具。第一个跑到社稷坛的人要点燃一把香，举在头顶，这个人便被认为是"社公"附身，就成为了此次救灾行动的"首领"。此人便带领民众拿着救灾设备跑向本社负责的堤段。到了本社负责的堤坝，"首领"将香插在堤坝上，表示本社的"社公"请到，抢险工作便可以开始了。等抢险行动结束后，要将堤坝上的香拔起，重新插回到本社的社稷坛，表示将"社公"接了回来。所有事项忙完后，以社为单位，根据本社所护卫的堤坝内的土地，计算社众的受益面积，然后由各家各户出钱出物，在社稷坛祭拜，并慰劳参与抢险的社众。

"青苗会"则是另一种为了维护农业生产所组建的组织。一般在初春时节作物发芽时，由宗族长老挑选宗族人员组成，在宗族区域内的田地内巡逻，防止其他宗族或者动物的破坏，有时作物收获时也会组织巡逻，一般由宗族组织对出工的人员进行经济补贴。到了后来，青苗会在一些地方演化成为了一种农业生产风俗和民间农业祭礼活动，有些类似于庙会的活动仪式。青苗会一般在作物收获、种下新作物之后的农闲时节举行，以宗族为单位，由乡老族尊负责主持举行，有时会联合周边一些小宗族集资举办。事先会请神公或者庙宇问神挑选日子，然后通知村民。当日清晨开始，全体男性村民寄居在村庄庙宇中，或村域神宇中，或宗族总祠中，点灯焚香，祈祷神灵保佑，以避免自然灾害。祭拜完毕后请出本村内的土地神、山神等村中最高神，放入神轿中组成仪仗队绕村游行，视察村中作物生长，然后停放在村中广场中唱戏、表演，最后送神明回到庙宇中。青苗会成立后会组织族民轮流在田间巡查，并借用神的名义约束乡民不准在田地里放牧牲畜，不许砍树践踏青苗。办青苗会、请神明，意在保护青苗，祈求丰收，成为了保护农业生产、祈祷农业丰收的一项农事活动。庄稼收获后，青苗会即自行解散，来年又重建。

2. 生活互助

生产协作主要是是解决宗族聚落农业发展的问题，但天灾人祸是不可避免的，当遇到时，一个家庭就会陷入危难之中。在国家不在场的传统时期，宗族从整个宗族利益出发，承担了宗族内部的生活互助，避免个别宗族成员因为天灾人祸而陷入生活贫困之中。宗族发挥生活互助作用的前提是有一定的经济支撑，作为宗族收入主要来源的族产就成为了资助贫困宗族成员的物质基础。北宋时期范仲淹首次提倡在宗族范围内设置义田祀产，在得到中央王朝认可后迅速得到各地宗族的响应，由此宗族内部开始设置了名目繁多的宗族公产，如义田、祀产、义庄、祠田、学田、墓田、尝产等等。清朝时张永铨对宗族公产的重要性进行了详细说明：

祠堂者敬宗者也，义田者收族者也。祖宗之神依于主，主则依于祠堂，无祠堂则无以安亡者。子姓之生依于食，食则给于田，无义田则无以保生者。故祠堂与义田原并重而不可偏废者也。①

---

① 张永铨：《先祠记》，《皇朝经世文编》卷66。

由此可见，宗族公产的两大主要作用就是祭祀祖宗、赈济族众。国家统治者从维护乡村社会稳定的角度出发，对宗族公产加以确认。一方面免除宗族公产的一切杂役，只是征收正式税赋，以此鼓励宗族设置公产；另一方面对宗族公产的所有权加以特殊保护，严禁族人对宗族公产的侵害。① 道光末年，广西地区所属各县内平均拥有宗族公产三万亩左右②。

族产的来源主要有两种：一种是宗族中殷富家庭、为官子孙的捐献。有宗族规定，凡是族内成员为官晋品的，都要向宗族捐纳一定的"喜金"，充作族产。广东香山何氏族规中第一条就规定，宗族成员有在外做官的必须捐纳一定的财产进行宗祠，填充宗族公共事务开支，并根据官职不同设置了捐纳的数额，"四品以上送田一顷，尚书二顷，拜相三顷，五品以下谅其家业厚薄，多则一顷，少则五十亩"③；另一种是族产自身的增置。宗族通过租赁既有公产获取部分收入，如向族众租赁公田耕种获取租金、租赁房屋场所获取租金等。由于传统时期土地与房屋被看作是最为重要安全的产业，因此获取收入之后会很快通过赎买转化为土地或房屋，族产通过不断增置而实现扩张。④

此外，也有一些宗族中会对宗族中家户内部财产的变动征收相应费用。一些宗族对宗族成员私人财产的继承加以规定，提出继承时宗族有权征收十分之一的财产作为"遗产税"，用以补充宗族公产。江苏昆陵承氏宗族的《祠墓规》规定，对宗族内部继嗣征收税金，"继嗣之产，九归嗣子，一分入祠"。广西桂林张氏宗族对族人征收"析产税"，"族人析产，以产之二十之一作家祭产"⑤。也有一些地方直接征收"人头税"，凡是宗族成员，每次祭祀或开展某种宗族活动时，按照族中人数，每人缴纳一定数额费用。

在黄村中，由于后来人口的繁衍与宗族内部的人口流动，每个宗族成员都属于双头管理，在血缘上归各个房头管理，但在地缘上又归属各境管理。每次举办祭祀活动时由各个房头组织，向所属族众收取"人头费"，

---

① 见《大清律例汇集便览》，《户律（田宅（盗卖田宅）》条例附例。
② 《金田起义前广西的土地问题》，《历史教学》1956年第7期。
③ 广东香山《何写环堂重修族谱》卷1，《族规》。
④ 张勇：《清代宗族法研究》，法律出版社2017年版，第34—35页。
⑤ 广西桂林《张氏家乘》卷7，《族规》。

而一些节庆活动,则由各境举办,向本境居民收取"人头费"。值得一提的是,一直以来,不管是房头还是各境收取"人头费"时,宗族内的未婚女性是被排除在外的。近年来,一般每次活动,男性及嫁入本村的女性每人50元,以家庭为单位进行缴纳。不足部分由主办组织筹措捐款,剩余部分由主办组织管理,留作其他事项活动经费。

正是因为宗族公产来源较广,在广东大部分地区,宗族的公共土地占有率是很高的,平均下来至少有三分之一的耕地属于族田,甚至一些达到了七成以上[①]。

族田一般由各房轮流耕作,所产生的的收入优先用来供应节庆和各种宗族仪式的开支,同时会承担部分宗族聚落公共建筑、坟墓、道路等维修与管护,资助宗族子弟考取功名、开办私塾的开支等。也有一些宗族为了避免由于催租而引发宗族内部矛盾,以及防止宗族成员利用血缘身份私吞租金,便将宗族公产出租宗族之外的人来耕种[②]。但所收租金用以宗族公共事务和救济族中贫困家庭。一些宗族中一般会分出一部分公田,由宗族内生活较为贫困的成员耕作,由其承担宗族祭祀的开支或者向宗族缴纳租金,这个租金一般会比租种私人土地的租金要高,但会考量当年收成多少,对宗族成员度过临时灾荒起着重要作用。

北宋时期,范仲淹在创办义庄时制定的义庄管理与分配章程——《义庄规矩》,对宗族协助宗族成员基本生活方面规定的最为详细。范氏义庄在将族产租于外姓人耕种,所得收入补贴族众。除了在外地做官的族人无法领取,只要原籍属于本宗的族人,不管贫富贵贱、有无收入,都会发放。发放的种类也有很多:

口粮:每人每天定额1升净白米,一月一发,即每次给3斗,如果发放的是糙米,另加发两成。另给每房一名奴婢口粮。若仆人有儿女,已服役15年,年龄到了50岁,也按口给米。外出做官的子弟若丁忧、候选回籍,照常支给口粮。

衣料:每人每年绢一匹,5岁至10岁儿童减半。冬天发放。

婚姻费:嫁女给嫁妆钱30贯,若再婚,发给20贯。娶妇给钱20贯,

[①] 弗里德曼:《中国东南的宗族组织》,刘晓春译,上海人民出版社2000年版,第15—16页。
[②] 张勇:《清代宗族法研究》,法律出版社2017年版,第39页。

再娶不给。

丧葬费：依辈分、年龄分给，尊长丧 25 贯，次长 15 贯，19 岁以下卑幼 7 贯，15 岁以下 3 贯，10 岁以下 2 贯，7 岁以下及奴婢均不给予。

科举费：族人取得大比资格，给路费 10 贯，第二次大比再给 5 贯，若无故不赴试，已发的收回。

房屋：义庄备有义宅，借给族人居住。若房舍需要修葺则自行解决，如果本人无力维修，义庄支钱修缮。若本人有余力，可以在义宅地内自建房屋。

借贷：族人一时急用，可以向义庄借钱，但要届期归还，且不能屡次借用。如若不还，也不扣月米，以保证其基本生活。

以上各种开支是按照正常年景预算的，如果遇到灾荒或意外情况，族产的地租收入减少，义庄就会动用存粮，向宗族成员发放口粮。① 这种正常年景向族众发放生活补贴的方式不是一般宗族可以承担的，但宗族对族众的临时救济是每个宗族存在的最根本的合法性来源。这种临时救济式避免了宗族成员因为突发性灾难而无法生存的问题，同时也增加了宗族公共财产收入，增强了宗族保障族内弱势群体的能力。

宗族，通过向宗族成员提供必要的经济保障，在必要的时候也可以从宗族成员那获得支持和援助。贫穷者向宗族寻求保护，而富裕、有权势的人物则寻求安全装置，以免丧失其社会和经济地位，前者乐于依赖于他的集团；后者发现这个集团对于获取一批追随者以及扩大其势力是有用的。宗族越大、越繁荣、越凝聚，对其所有成员都越有利。② 宗族成员与宗族形成了一个命运共同体，宗族通过建设私塾、建设祠堂、提供赶考路费、找寻必要的关系等，为其成员考取功名提供必要的支持与帮助；其成员在考中后也会衣锦还乡，回到家中祠堂拜祖、感谢祖先和宗亲，为宗族在与其他宗族竞争中获取更高的声誉。宗族通过编纂家谱、建造祠堂，把其成员所获得的功名，转化为宗族整体的光彩。宗族会提供教育机会，也许还培植私人关系，以及敦进学习风气，为的

---

① 冯尔康：《中国古代的宗族和祠堂》，商务印书馆 2013 年版，第 149—151 页。
② 胡先进：《中国的同宗集团及其功能》，转引自许烺光：《宗族・种姓・俱乐部》，薛刚译，华夏出版社 1990 年版，第 77—78 页。

是尽可能让子孙获取功名。清朝年间，科举考场设在海康县城，黄王氏为照顾后代能顺利参加考试，特意在雷城建设"黄会馆"一座，凡到雷州参考的黄村学子，均可免费入住，以收励年轻人积极求学，勤奋求知。

宗族内部穷达各异①，各房与各家由于资源禀赋的不同，贫富差距也会越来越大，宗族则通过其内部调节实现宗族成员的公田发展，使宗族作为一个共同体存在，共同克服艰难，实现发展。部分宗族规定，凡是宗族成员中无力婚娶、丧祭、营生、就学、入试等，都可以获得宗族的经济救助。

（四）维护乡村社会秩序

宗族以维系子孙生存、展延祖宗血脉为立族宗旨，因此，稳定宗族社会关系，维持宗族秩序，以求得宗族自身的存在与发展是宗族最根本的目的。尽管同一个宗族源自一脉，但是宗族成员之间的血缘关系是有亲疏之分的，宗族内部房头分立，"五服之外不为亲"，随着宗族内部房头的血脉延展，其内部血缘关系也会逐渐疏远，这就需要通过强制性力量对乡村社会加以约束。传统时期，尽管在地方上设立有乡里、保甲等制度，但是由于村民多聚族而居，尤其是在南方地区，国家正式建制基本上形同虚设。管理乡村社会、维护地方秩序的任务则有赖于宗族承担，全体族人按照统一的规范，自行约束行为举止，则成为达此目的的先决条件。借助国家对宗族内部治理的法律确认，宗族通过宗族法的形式对内部治理进行细致性规定，实现乡村社会秩序的良性运行。

1. 教化族众

宗族成员在取得成员资格之后，就可以说是与宗族签下了具有血缘联系的契约，成为共同体的一部分，享受宗族为他们带来的各种便利，也就要接受宗族法的规则，接受宗族长老的管束。儒家思想是传统社会的政体思想，儒家学说所主张的处世原则则成为了宗族所推崇的立身之道。自唐宋以来，科举制的推行使得普通百姓有了入朝为官的机会。教化育人，既

---

① 科大卫：《皇帝和祖宗——华南的国家与宗族》，卜永坚译，江苏人民出版社2010年版，第149页。

可以通过教育使宗族成员熟记宗族规则与王朝法律，又可以通过考取功名为宗族争光。因此，宗族之内，莫不以诗书传家、考取功名最为看重。

黄王氏九世祖王吉公立下的王氏《家诫十条》，第七条规定："吾族诗书传家，凡百余年，族中当以此为第一，相尚勤苦，延师教子，勿专以财利兴家为计，致子弟粗鲁不学，堕厥贻谋"。在黄村祖训熏陶之下，在王氏家诫的教导之下，黄王氏子孙，坚持耕读诗书，人才辈出。据黄王氏族谱记载，黄村先贤在科举考试中，高中进士、举人、贡生等高科24名，还有增附生、廪生、庠生、国学、武监等226名。荣授官宦中，有翰林、御史等朝臣2名；有知府、教谕、训导、县令、千总等仕官32名。此外，还有文、武职员16名；受朝廷各种封赠恩赐26名。

宗族内部对祖先死后建祠祭祀具有较为严格的规定，只有达到一定成就之后才能享此殊荣。黄王氏中建祠祭祀的有，开基始祖王瑜公，创业祖王吉公，两人奠定了黄王氏的发展。而十二世先祖禄士公作为一介布衣，但贫不失志，躬耕助俭，诗书传家。训示子孙读书上进，占签折桂，复兴家族伟业，终成大业。明清两朝，禄士公宗系科名仕宦层出不穷。为弘扬祖德，铭记祖恩，王氏后裔特建禄士公祠奉祀。专门为其修建宗祠奉祀，则体现了黄村人对"诗书传家"家训的弘扬，对崇文重教的推崇。

禄士公，黄王氏十二世祖。公房族自十世节公起，两代布衣，并无宦迹，致禄士公已贫。公贫不失志，以耕读事业，躬耕勤俭，诗书传家。公淡泊好修，温良易乐，有忠厚长者之风，躬勤俭以型子孙，崇诗乐以端教化，树前烈立家族楷模。公苦心立下家训，以先祖缔造之艰难，训示子孙要秉忠树节，以劳富食，行善循孝，睦族恤邻。又训诫房裔子孙读书上进，占鳌折桂，复兴家族伟业。公身体力行，布衣行善，和乡睦族，大树温良恭俭让之风。致房族之人，均以德为首，以仁修身，和睦团结，互帮互助。少长皆仁厚礼让，后生小子无矜气傲色，各以文章气谊相尚，戒除浮夸淫靡以免荒迷厥性，凸显家门房族光昌之象。

积善之家，必有余庆。仁祖福泽，公之家门房族如日之升，如月之恒，如川之流，绳绳而嗣，英英叠起，科名任官层出不穷。十四世王元之于明嘉靖年登岁贡。十五世王崇贞于明隆庆年登岁贡。十七世王应鳌于明隆武年登岁贡。十八世王懋德于清顺治十五年登戊戌岁贡。十八世王懋修于清康熙十三年登甲寅岁贡。其他科名更是不胜枚举。

禄士公以布衣之身，树劝忠教孝、睦族恤邻之族风，立耕读事业、诗书传家之家训，意义重大，福荫子孙，功德无量。仁祖是也，名人是也。房裔建禄士公祠祀之。①

教导族众诗书传家仅仅是作为最基本的功能，各地宗族还对乡村社会经常发生的危害乡村社会秩序的行为，如赌博、斗殴、盗窃、诈骗等进行了详细的规定，并载明处罚措施。赌博与盗窃被称为对乡村社会秩序危害最为直接、发生频次最高的"乡里双害"。赌博和盗窃行为是破坏宗族内部财产秩序，尤其是对富人财产造成极大威胁，因此，宗族对赌博与盗窃行为进行了详细的禁止性规定。黄王氏《家诫十条》第十条规定："人家破败未有不由子弟游手赌博荡尽家业，是以吾族严加禁止。虽有喜事客至，只可棋奕闲谈，断不得看牌为戏，致子弟相习成风。如有此等察出，罚钱一千文入祠。"

广东南海廖氏《家规》中载明："赌为盗源，最坏风俗"，认为赌博是盗窃的祸源，伤风败俗，并根据盗窃行为进行不同的处罚：第一，入室偷窃财物，罟刮鱼塘、偷盗猪、牛、田禾，赃数逾贯者，允事主禀官究治；第二，赃数不及一贯或虽超过一贯但已退赔者，不告官府，族内罚停胙三年；第三，偷窃园中瓜果、圈内鸡狗、晒晾衣物、池塘鱼虾等，罚停胙一年。②

此外，男女关系也是宗族极力维护的乡村社会封建礼数之一。各地宗族都对男女交往及行为进行了严格的规定，甚至包括禁止妇女外出观会、谒庙、看戏、游山等。南海廖氏《家规》专门有"禁淫秽"条款，规定：第一，服属内乖戾失伦，送官按律治罪，当事人永远革籍；第二，言语调戏妇女而生出事端，小则停胙三年，大则送官惩治；第三，夜入人家，妄思无礼，或隐匿窥探，或恃酒胡闹，本人停胙十年。③

广东清远大沙塘，在陈氏宗祠内，逢年过节会有较为隆重的庆祝活动，但另外一个重要的活动就是执行家法。对村庄内部吸毒、在外作乱的族民，会由族长对其执行家法，吸毒者会被带到祠堂祖宗牌位前杖责。当

---

① 广东遂溪《黄王氏族谱》。
② 广东南海《廖维则堂家谱》卷1《家规》。
③ 广东南海《廖维则堂家谱》卷1《家规》。

问到这个刑罚是否得当时，对此，宗族理事会会长表示，一般法律抓住之后只是进行强制戒毒，对吸毒者的威慑作用并不大，这次吸毒把他抓到之后，放出来他还会吸。抓了放，放了抓，形成了恶性循环，无法对吸毒者进行有效的管束。而宗族家法中可以对其进行杖责，棍棒之下的切肤之痛可以让其"长记性"，如果不戒的话，见一次打一次。尽管做法不文明，但是有效果。而对于吸毒者，黄村的做法相对柔性一些，村庄内不少巷子里张贴有"吸毒者禁止入内"的提示，同时宗族理事会会同村庄治安队定期抓吸毒者，送往县戒毒所。

不管是何种罪过，都是先由宗族内部决断，然后选择是否报官。"祠堂痛责惩警，若再不悛，众闻之，官以国法处。"宗族中对违反族规最为严厉的惩罚就是革除族籍、死后不能入祠。如果无法进入祠堂，则意味着这个人的灵魂就无法得到安息，就会成为孤魂野鬼。因此，在一些地方一直流行冥婚。因为基本上宗族都会规定，光棍不能上族谱、进祠堂。

宗族法规作为宗族内部具有普遍约束力的秩序规则，其中很多内容都是在儒家思想的指导下，考虑地方生产生活实际而形成的传统习俗，宗族法规规定也是受到官府认可的，"族众执谱闻官受罪无辞。"不少宗族都规定：禁赌博、禁酗酒、禁溺女婴、禁吃洋烟、禁入异教、禁浪费奢侈、禁婚娶贪财、禁私宰耕牛以及入林以时、和睦乡里等，对维护乡村社会秩序具有较为重要的意义。

2. 宣扬王朝意识形态

宗族作为中国传统时期最基本的伦理单元，宗族与政治通过利益机制的联结，构成了"亲""富""礼""正"四者结合的政治秩序。宗族作为以私人关系为中心的亲族，在家国同构的传统时期，承担着"合群而治"的伦理功能。[①] 从血亲层面来讲，国家不过是一个扩大化了的宗族，宗族内部的血亲关系上升到了国家的层面，因此，父权血亲在国家政治权力传承中具有最高的神圣性。国家社稷的观念，通过血缘伦理的铺垫，在宗族层面衍生出宗族政治文化，"公修公族，家修家族，使相连以事，相

---

① 朱小略、侯芳君：《略论宗法结构对家族（间）行为与乡里自治的同构性影响》，《政治学研究》2017 年第 5 期。

及以禄，则民相亲矣。省刑罚，薄赋敛，则民富矣。乡建贤士，使教于国，则民有礼矣。出令不改，则民正矣。此爱民之道也。"①

同时，由于传统时期国家机构不下县，宗族不仅对宗族内部的秩序进行约束，同时也会承担征收赋税、维护乡村秩序等部分国家职能，用以换来政权对宗族地方自治权的认可与支持。国家权力秩序与宗族血缘伦理联结在一起，使宗族既是一个血缘共同体，又是一个政治共同体，形成了乡村社会在中央王朝规制下的自治秩序，即由乡绅与宗族来共同治理乡村（吴晗、费孝通，1988；郑振满，1992；弗里德曼，2000）。正如有学者指出："宋元明清宗族制度的总体特征是通过祭祖及建祠堂、选族长、修族谱、设族田、建族学使之组织化，其历史发展的趋势是体现其民间社会的普及和自治化。"②

明朝初年，朝廷采取打击强宗大族的政策，但自明中叶以后，士大夫开始了宗族组织化的建设。弘治年间在全国实行保甲法。嘉靖八年（1529年），明政权正式建立乡约制度，据研究，这两项制度均发生了同宗族制度相结合的情形，"乡约、保甲实施过程中，增强了宗族组织的自治化和政治化"。另一方面，户籍制度的世袭化与赋役制度的定额化，也促成了宗族组织的政治化和地域化。从嘉靖开始到万历时期，宗族请政府批准族规家训的活动形成了高潮，以支持其对宗族子民的控制权和教化权（常建华，1998：43—46）。随之而来的是宗族司法权的强化和族长权威的形成，宗族加强了对乡村社会的控制。清朝政权继承、发展了宋明以来的乡约教化体系，并发展了明后期的保甲制。雍正五年（1727年）制定了恶人为尊长族长致死免抵之例。也就是说，族中尊长可以杀死族中的坏人而不用抵命。这就授予宗族首领治理地方社会的权力，特别是承认其对族人的控制权，族权得以迅速膨胀。宗族得到了朝廷默许的部分司法权，甚至是对族人的生杀大权。

宗族制度与国家政权之间的关系构成了乡村社会宗族自治的主要内容，中央王朝的意识形态也是通过对宗族法规的控制在乡村社会落地生根。从一些宗族的《族规》《家规》的内容可以清楚地看到国家通过伦理

---

① 《管子·小匡》。
② 常建华：《宗族志》，上海人民出版社1998年版，第38页。

法则对宗族的塑造。如江苏海安崔氏宗族的《族规》中单独列出"宣圣谕"一条,教导族民要"教训子孙,各安生理,毋作非为",要"悉心向善",做"盛世良民"。宗族的首要规则就是要劝导宗族成员遵守国家法令,做一名合格的国家子民。

第三章　祖先崇拜与神明信仰

法国社会心理学家勒庞在《乌合之众》中提道："在人类所能支配的一切力量中，信仰的力量最为惊人。"信仰是文化的灵魂，它融入并根植于人们的日常生活之中，影响着人们的思维与行为方式，乃至社会的运行方式。人们通过各种信仰来寻求精神上的寄托，通过祭祀仪式来表达愿望与需求。

《礼记》记载："凡治人之道，莫过于礼。礼有五经，莫重于祭。"祭天祀祖，是人类社会普遍存在的一种宗教仪式。仪式提供了一种方式，让人们参与到戏剧之中，并认识到自己所扮演的角色。仪式的戏剧性质同时还可以唤起情感反应。就像在剧场中，各种灯光、姿态、声音、行动等的刺激控制人的情绪一样，诸如此类的因素也使得仪式产生了强大的情感影响力。统治者也意识到了这一点，一直努力通过设计和使用仪式，唤起民众的情感，激发民众的热情，以增加对统治者权威的认同以及对其政策执行的支持。① 乡村社会的一些宗教也一样，会通过定期的一些仪式唤起人们对神明的情感，进而达到吸收教民的目的。同时，这一系列的仪式也是乡村社会的一种重要的文化活动，在时代发展的过程中，神明崇拜仪式的严肃感逐渐降低，娱乐性不断增强。

中国民间信仰是一种多神论，认为万物皆有灵，山神、土地神、灶神等，佛教的佛、菩萨与道教的众多神话英雄在民间信仰中是可以合为一体的，甚至会在一些庙宇中被同时供奉。在人们的信仰中，认为神明尽管不能被凡胎肉眼所见，但是神明世界却与人间一样拥有一个等级森严的神明

---

① ［美］大卫·科泽：《仪式、政治与权力》，王海洲译，江苏人民出版社2015年版，第14—18页。

体系，可以看成是人类社会在神明体系中的映射。神明世界与人类社会一样，神具有不同的位列，也具有不同的性格特征，就有了神明的好与坏之分，同时神明也需要住所、食物、甚至是钱财，需要人们进行供奉。根据来源与供奉范围的不同，神明中又分为鬼神与祖先。祖先一般由宗族组织进行组织供奉，鬼神供奉的组织人员则比较复杂，既有宗族管理，又有专门的神职人员管理，甚至有些由国家直接主导。

一　祖先崇拜与宗族仪式

（一）祖先崇拜与神化

《礼记》上记载说："万物本乎天，人本乎祖。"在古人的观念中，包括人自身的所有一切都是来自于祖先的，就如同上天创造了万物一样，没有祖先最初的繁衍生息，就不可能有眼前的儿孙满堂；没有祖先当年的开辟基业，也就没有现在子孙的安享福利。现世的生命与生活都来自祖先。对祖先的崇拜是基于人类社会的生存以及对自身崇拜的结合。在生产力水平较低的古代社会，农业技术的发展相对缓慢，对人类社会、宗族或者家庭来讲，财富的积累主要依靠人口的再生产来实现，人口的再生产是社会发展的重要影响因素。因此，"多子多福"也就成了传统社会的重要衡量标准。没有后人即意味着这一房头的断裂，同时也使得家庭劳动力缺乏，会导致家庭的贫困，因此"不孝有三，无后为大"。如果把宗族比作是一棵大树，祖先便是这棵树的根，树干与树枝则是宗族内的房头，枝叶则是宗族中的子孙。

古人认为，人死后灵魂不灭。祖先往往被赋予"善""贤""功"等优于常人的属性，作为子孙后人效法的对象。强调通过对祖先神灵的崇拜，求得先祖神灵对于现世子孙赐福消灾，并以先祖作为子孙现世生活的楷模。如果子孙遵照族规行事，祖先的神灵便可以保佑子孙得福，支派繁茂兴旺，因此子孙必须对祖先神灵至敬至诚。如果失去祖先的保佑，则可能随时会降下灾难，子孙将多灾多难。族规要求以祖先的在天之灵作为子孙追求的精神层次的本体，通过效仿在现世活出祖先的样子，彰显祖宗余德。子孙不过是祖宗的延续，通过效法祖先使子孙的身心受到净化，加入到祖先的行列。祖先崇拜在为子孙提供一个精神寄托的同时，也在一定程度上满足了人们对文化生活的需求。这种对祖德追崇的信仰,通过祖先崇拜来联宗收族,团结族众,即使迁居海外,也不忘回报祖恩。黄村二十七世孙王威博自小生长在海外,曾短居黄村,定居日本后不忘故乡,几经周折,寻来黄族谱,并将黄村的简介资料附于族谱后面,以教育后人不忘祖先源流。

  人类社会产生之后,便出现了自然崇拜、人造物崇拜、图腾崇拜、祖先崇拜等,也正是这些崇拜让人类产生了认同。宗族作为人类社会中最为常见的联结方式,而可以将人们联结在一起的最具凝聚力的精神力量便是祖先崇拜。祖先崇拜也经常与其他崇拜结合在一起。神话传说时期,便将自己的祖先赋予了半神或英雄的角色。商的祖先是天降玄鸟而使简狄受孕生下契,"天命玄鸟,降而生商";《史记·汉高祖本纪》中记载的汉高祖刘邦是因为其母亲遇到蛟龙而诞生;明太祖朱元璋母亲是因为在梦中受了神仙的丹药。不仅在王族中,在一些民间宗族中也有将祖先神化的现象。钜野《姚氏族谱》序中写道:"宋鲁之间,人家多树白杨于墓,率五六十岁而枯,而独姚氏祖墓白杨,根柯坚砢若蛟龙,若铁石,皆五六百年物,说者以为世德之祥。自明迄今,科第簪缨,相承不绝。"人们认为,姚氏宗族自明代以来不断有人考中功名和做官,是因为祖先的神明保佑。① 在黄村便流传着一段关于王氏九世王吉公之子王节的传说:

  相传在大明正统期间,黄王氏九世祖王吉公长子王节游学广西柳州。节公子知书识礼,温文尔雅,然无宦迹。其时吉公出仕广西柳州,授柳州府同知。节公子一路寻古探幽,不日便到柳州。吉公父子相逢,骨肉情深,自不必细说。

  一日,吉公偶有闲暇,在衙后堂休息,节公子一时兴起,穿上吉公官袍出游柳州城,尽兴而归。吉公急问其,在城内是否有朝官相拜。公子如实相告,相遇朝官,叩拜者众多。吉公听,仰天长叹,暗想:"雪雪白身,哪受得起朝官一拜?"即时安排仆人送节公子返乡。

  节公子主仆马不停蹄,急匆匆赶路。一日傍晚,主仆一行回到廉江县合江畔牛牯岭,节公子突发急症,无治身亡。此地前不见村,后不着店,渺无人烟。仆人无奈只好只身星夜赶回黄村报丧。

---

① 冯尔康:《中国宗族》,华夏出版社1996年版,第2—6页。

第二天节公子家人赶到牛牯岭，大吃一惊，只见节公子尸体已被黄土覆盖。何故？原来牛牯岭土地神见节公子是"忠孝节义"之人，仰公子德行，号令岭上蚁众全部出动，衔泥义葬节公子。节公子家人见状，知此岭为福地，遂就地起墓厚葬节公子。世人称此墓为公子墓。

节公子仙逝后，应求送子、赐福、解难济困者众多。附近村民慕公德行灵性，登墓叩拜，香火不绝。清明时节，节公子房裔雁列祭扫公子墓，不但是黄王氏族裔祭奠，连廉江、茂名一带异姓村民也结伴祭扫公子墓。

位于廉江市的黄王氏公子墓（白色为放烟花、鞭炮后的灰烬）

关于黄王氏公子墓的传说，大部分是后人添油加醋的成分。在族谱中，并没有发现关于公子节的其他记载，也并没有记载其考取过功名或有什么丰功伟绩。甚至依据传说所讲的公然穿着父亲的官袍在柳州城游逛，受人朝拜，是犯了重罪的。但公子墓不仅受到族中后裔的祭拜，甚至附近地方的一些异姓村民也会祭拜，俨然成为了一种地方神明。这里最大的原因便是后人对其品行的美化。因为其父亲王吉被尊为黄王氏的创业始祖，并亲自主持了后来王氏族谱的重修，制定了《家诫十条》，族谱中会大量记载其生平事迹。在公子节的故事中，前半段其实是在讲王吉的高尚品节，为了故事的完整，出现了公子节后来被蚁众衔泥义葬的传说。公子节的故事只是在赞美王吉时顺带出来的传说。因为族谱中是不可能记载祖先的不良行为的，中国历朝历代的历史中也同样如此。后来通过族人的不断美化，赋予一些优于常人的属性，这些属性不一定是自身品行，也可以是上天的眷顾，比如土地神与蚁众的义葬。既然神仙与动物都对公子节如此敬重，族人自然不敢怠慢，也就顺理成章地成就了公子节的美名，成为了族人与附近民众争相祭拜的对象。

由于公子墓在离黄村40公里以外的廉江市的一个小村庄中，每年族中后裔祭祖时道路难行，因此，于2017年黄村村民理事会与该村庄协商，由该村庄负责征地，黄村负责修建道路，并给予该村一定的占地与青苗补贴，修建了一条通往公子墓的长度达5公里的水泥道路，耗资共达40余万元。当问及耗资这么多如何筹款时，理事会会长讲到，现在先用理事会资金垫资，第二年会在清明祭祖时放置一个捐款箱，张贴该项目建设及支出明细，族人自然会捐款弥补项目支出。后来为了更方便族人祭祖，索性在墓地周边买了5亩地，专门用来作停车场。在黄王氏的口中得知，墓地周边的人家是原来祖上专门找来世代照看坟墓的，周边的地都是属于黄村的，不过由于世代久远，墓地不断被他们的后人侵占，缩减为现在的一个小山包了。前几年黄村专门与该村进行过协商，划定了墓地的范围，以防止因墓地周边不断被侵占而导致墓穴毁坏。

出资四十余万元修建的通往公子墓的路

其实在一些宗族中,这种神明化祖先的现象很多。这种动机的背后主要有两个因素:一是对内神化祖先可以更好地确立祖宗的权威,增加后人对祖先的崇拜之情,以祖先崇拜团结族众,强化宗族内部约束;二是对外神化祖先说明本族内部人杰地灵,出身高贵,同时对内部的吹嘘也是对外族的一种震慑,使得外族不敢贸然侵犯。

宗族中,并不是历代祖先都有被美化的机会,这首先需要祖先生前考取一定的功名或者谋取一定的官职,抑或是作为开基始祖、创业始祖等为本族做出过突出贡献。只有这样才会被后人所铭记,否则出了五服之后便可能已经没人继续祭拜了,更勿用说花心思来美化了。黄村祭祀的开基祖王瑜公、创业族王吉公,育村黄姓总祠祭拜的开基祖六世祖钊公(这个是按照黄姓在蕉岭开基的世代计算的,育村并没有从头计算)、丘姓总祠祭拜的开基祖东泉公,郑村总祠祭拜的开基祖松溪公,这些都是对本宗族发展做出过突出贡献,拥有单独的祠堂供后人祭拜。也有例外,比如育村黄姓五世祖总祠,原本是一个坟墓,因为在丘姓南坑地界内,20世纪50年代,黄姓为了防止墓地周边被丘姓侵占,在坟墓之上建了祠堂,并在祠堂周围建了两排房屋,从坝里和岗背两个黄姓片区搬过来一些人在此居住。此举也引发了黄、丘两姓之间的纠纷,最终通过县人民法院、广福镇政府、黄姓、丘姓共同协商,达成了最终协议,并签字为证。

关于南坑黄姓五世祖坟周土地的约定

今因广福乡黄屋村与南坑村的群众在虎形岗双方因建造房屋引起争执,现由双方派出代表14人,乡干部3人,法院同志2人,在广福乡人委会进行处理,现经双方协商兹订约如下:

1. 黄姓老坟(虎形)归由黄姓做正身房屋,并厢房间,由厢房在后墙壁起9.26丈以内的空地仍归黄姓架造房屋,在9.26丈以外之空地归由丘姓架造楼房,正身后面空地并由黄姓建造围屋二围。

2. 在黄屋的左方,第二、三桄横屋以下留六尺巷位(巷3各留3尺),在巷位以下,照黄姓横屋高度(不得超过黄姓横屋高度)由南坑架造横屋,及正身左方之空地由黄姓做三桄横屋(尺寸与右方相等)。

3. 门口丘姓自留地应由黄姓补偿开荒工本费贰拾元给丘姓，于本年老历二月底付清。

4. 虎形岗南坑片有的禾坪，应当保留归南坑丘姓晒农作物之用。

以上合约自订立之日起生法律效力，双方应切实遵照执行，并由双方代表贯彻，不得有遗，任何一方如另生支节，则应按法律处分。

丘姓代表人：丘文云、丘信昌、丘亚文、丘圣昌、丘炳荣、丘桂文、丘广元。

黄姓代表人：黄道福、黄连昌、黄云昌、黄佛兰、黄耀华、黄观顺、黄佛寿。

监证机关：广福乡人委会：罗大伦；蕉岭人民法院：钟淼、何全。

时间：1957 年 2 月 7 日

尽管我们说祖先神灵有被神化的一方面，但调研中也发现了一些无法解释的东西，在祖先面前许下的一些承诺在不断地被验证。育村黄、丘两姓之间传统时期因为山林纠纷发生械斗，此后两姓各在祖宗面前发下毒誓——"黄、丘两姓永不通婚。"目前村庄中大概五户属于黄、丘两姓通婚，结果是都没有儿子。这种巧合般的毒誓应验使得人们对祖先神灵更加敬重，害怕稍有不敬诅咒就发生在自己身上。村庄中基本上都知道这个毒誓，人们也都不敢越雷池半步，以身试誓。祖先在人们心中已经成为了一种宗族内部的图腾，成为了精神的寄托与家规祖训的化身。

（二）宗族仪式

美化、神化祖先是为了更好地激发族众后裔对祖先的感恩、崇敬之情，也是为了期望得到祖先神灵的庇佑，这就需要仪式来发挥作用。不管是对一个组织还是一个国家来讲，都需要其象征性的表征来维持成员的认同感和凝聚力[1]。作为一种合法性象征的外在仪式，从皇族到普通宗族，从部落时代的巫术仪式、图腾崇拜到封建时代的祭天祀祖，都是为了对内

---

[1] 《仪式、政治与权力》，第 24 页。

团结族众，对外防卫竞争。

夏商周时期就已经形成了具有严格等级的祭祀制度，分为对天地等自然物的祭祀和对祖先等宗族象征的祭祀两种。祭天祀祖是天子传承上天旨意的途径，是承受天子之职的宣誓仪式，是统治权的合法性象征。祭祀权具有严格的等级划分，其范围与统治权力大小成正比，掌握了最高祭祀权即意味着掌握了国家最高权力。① 在宗族内部，周朝时期形成了等级有序的家庙制度："天子七庙，诸侯五庙，大夫三庙，士一庙，庶人无庙，祭于寝。"② 这一时期，祖先崇拜仪式属于特权阶层的专属，这一仪式一般由宗族来组织，与之相对应的是商周时期的贵族制宗族。宗族发展的过程，就是不断平民化、制度化的过程，随着宗族的发展，宗族逐渐平民化，宗法制度也逐渐在平民散播开来，祖先崇拜仪式也逐渐亲民化。这些看似荒诞无稽的对祖先进行崇拜的家族祭祀制度，其目的是在于表征家族关系的神圣性。正如前面所讲到的一样，仪式为人们参与到对祖先的崇拜之中提供了一种方式，在这种仪式中，人们的情感受到各种外界场景的刺激，迸发出强烈的情绪，最终转化为对祖先的认同与崇拜。

宗族祭祀不仅在等级上进行了严格的规定，在时间安排上也有明确的要求。商周时期，"春祭曰礿，夏祭曰禘，秋祭曰尝，冬祭曰烝"，规定了一年有四次大型祭祀仪式。宋以后，大型祭祀保留下来春秋大祭，但各族开始有自己的祭祀日子，比如某一祖先的诞辰或忌日。祭祀活动的内容都大同小异，但会根据祖宗地位与贡献程度，活动场面有大有小。尽管祖宗已经过世，但也有严格的等级。育村黄姓祭祖一年有三次，时间分别为正月十五、春分和农历九月十九，即重阳节后的第十天，他们叫作"后阳"。丘姓最大规模的祭祖是农历二月初九，要到位于广福镇的五世祖"龟形"墓地祭拜，蕉城榕树下、粟园和本村九世祖裔孙都要前往。黄王氏与郑郑氏最为重要的则是清明祭拜。黄王氏先要阖族祭拜开基祖和九世祖，然后再分房祭拜。郑氏开基祖之下尽管有房别，但没有单独的祠堂。

对族人来讲，参加宗族祭祀活动既是权利，也是一项义务。如果族人有不肖祖宗者，会被取消祭祀权，这就丧失了与祖先神灵对话的权力，也

---

① 马华、王晓宾：《就职宣誓：国家治理现代化的构建》，《政治学研究》2016 年第 6 期。
② 见《礼记·王制》。

丧失了获得祖先神灵庇佑的机会。同时宗族也要求族人应定期参加宗族祭祀，如果无故不参加总祠祭祀，就要受到宗族的处罚，或体罚，或罚钱用于祭祀支出。以前女性是不能参加宗族祭祀的，但是现在基本上已经放开了，但女性很少参加，更多的是到宗祠祭拜，很少去坟墓参与祭拜。可能是因为作为外姓，对已经出了五服的祖先没有太多的认同。在北方一些地区，尤其是在以曲阜孔府为中心周边地带，可能是受儒家礼仪影响较深，尽管宗族观念比南方要淡化许多，但对女性参与宗族祭祀活动限制却一点也不少，甚至仍有一些宗祠不允许女性进入。在一些节日活动中，女性也受到诸多限制，比如女性不允许上桌，葬礼时女性不允许进入墓地等。

祭祀活动中，参加祭祀的人员必须严格遵守仪式礼节。同治四年编纂的洪洞《刘氏宗族》规定："祀祖之日必须跪拜整肃，昭穆秩然，盖祖考严临，子孙当生如在之诚。"① 不仅对宗族祭祀的礼节进行规定，同时祭祀的程序、所用法器、祭品等都有严格的要求。至于这种种规矩，一般都是由族老或宗族管理人员掌握，他们之间代代相传，与门徒制有些相似。只要管事人带上这个人，那这个人便会成为村庄的下一任管事人。普通族众很少去关注祭祀的具体事项如何开展，只是做好自己该做的事，在祭祀时表现出对祖先神灵的至诚之意便可。

祭祀活动是一个全族子孙共同面对祖先的时刻，跪拜祖先时，会反省自己自上次祭祀以来的所作所为，并在意念中对照祖先的教诲与嘱托，不断修正自己的行为，试图在现世中活出祖先的样子。同时也会向祖先神灵祈求庇佑，保佑自己平安、子孙昌盛。宗族祭祀也是一个全族齐聚一堂的盛大节日。不管是对于宗族管理人员还是对普通族众，都意义重大。对于普通族众来讲，平时基本上忙于自家事务，或在家务农，或外出打工，很少与族内成员沟通，通过宗族祭祀，可以与其他成员进行有效沟通，交流信息，有机会可以互相扶持。同时这也是他们强化群体意识的重要机会，增强他们的宗族认同感与归属感。对于宗族管理人员来讲，通过组织、主持宗族祭祀，可以强化他们为祖宗代言、代祖宗管理宗族的特殊地位，这也是他们在全族人面前表现的最好机会。通过祭祀活动，又进一步彰显了自己的能力权力，提升自己在全族的地位。正是因为在这样一场宗族祭祀

---

① 山西洪洞《刘氏族谱》卷7《阖族公约》。

活动中，每个人都各取所需、各得其所，祭祀活动便得到了全族上下的通力重视。如果哪个人在祭祀典礼上有任何僭越行为，那就不只是对祖先的不尊敬了，这就已经成为对全族人的挑衅，对宗族管理者权威的藐视。因此，此类行为在宗族法中被视为大不孝，属于重罪，会受到族法的严惩。

宗族祭祀活动通常耗费较大，需要一定经济实力的支撑。土地改革之前，一般宗族都有一定的公产，专门用于祭祀活动的开支，剩余部分会用来救济族内困难群体，如鳏寡孤独者。土地改革后，土地大部分被分配给个人耕种，宗族的公共产权丧失，但一些宗族底色浓厚的地区，有些宗族依旧有一些公产，比如祠堂、池塘、公山、公林、荒地等。但由于当下农业产值的长期停滞不前，农村土地开发价值不高，这些公产每年产生的价值远远无法达到祖宗祭祀活动的支出，这就需要宗族管理人员多方筹措资金。资金主要还是靠各族贤达捐款，有些能力较强的宗族管理人员也会在外姓中筹款，这也是他们树立威信的一个重要机会，往往每到需要筹款时，他们个个争先恐后，筹措捐资。

二 地方神明与王朝收编

如果说祖先的神化还被限制在血缘与地缘关系之内的话，那么历史人物的神化则突破了血缘与地缘的限制，突破了一族一地的限制，通过王朝的册封，成为了跨族群的信仰体系与精神寄托，也成为了王朝控制地方社会的重要手段。中国古人认为，神明与灵魂是无处不在的，尽管它们是无形的，却是真实存在的。走在中国乡村你就会发现，基本上每个村庄都会有一些庙宇，除了佛教、道教等各路神仙外，还敬奉着土地公、桥伯公等各种地方神明，每个地方根据地理环境的不同也有其各自特色。比如北方河流沿岸的龙王庙比较多，南方河流沿岸多是桥伯公。而土地公则广泛分布，因为农业的生产需要土地公的庇佑。过年时很多家庭都会贴上门神以防止邪灵的进入。人们相信，神明世界是一个真实存在的世界，不同的神明主掌着不同的事务，对人们的现世生活产生着直接的影响，比如送子观音、文武财神、土地公、龙王等各主一方。地方社会根据本地生产生活环境，塑造了不同的神明，构建起了地方的神明信仰。

在神明信仰体系中，人们按照人间秩序创造出了一种由天庭及海中、地狱中的各种神明构成的神明世界。在神明世界中,天廷的玉皇大帝作为最高神明,还管辖着海中的水晶宫、地狱中的阎罗殿,掌管着整个东方神明世界。在人间,则分布着诸如四值功曹、土地、山神、城隍、灶神等地方神明体系。神明世界中还存在着一些诸如八仙、西王母等天庭秩序之外的"散仙"。一些地方神明或神化后的历史人物,诸如关帝、妈祖等也不断被吸纳进神明体系中,只要人们能想到的地方,都有神明的存在,并影响着世俗世界及人们的日常生产生活。

(一) 地方神明信仰

人类社会产生之初便有了神明崇拜,"一块露出地面的石头、一个露天神坛所代表的土地神,一棵茂盛的合抱之树,都可能成为被寄托的神灵,它们往往可能有着古老的根源,即使这根源本身已经被遗忘很久,但几百年来这些神明继续享受着人间的香火"①。神明具有多样性,任何可以触发人情感的自然物都可以成为神明。人们相信,这些神明可以影响世人的命运,同时也可以通过占卜、祭祀对神明施加影响。于是各个地方根据自己的需要选择信奉的神明,甚至每个家庭信奉的都不一样。育村遍布各种伯公婆神位,郑村多信奉三山国王,黄村则主要信奉泰山公,但每个村庄都有土地庙的存在,甚至黄村按照地形分为十四境,每境都有一个土地庙。在选取的调研村庄中,育村与黄村形成了鲜明对比,育村神明信仰体系杂乱,黄村则形成了一套村内的神明信仰体系。

1. 育村神明信仰

育村内神灵信仰较为流行,信仰体系比较杂乱,以佛教、道教信仰为主,村庄内没有发现基督教、天主教庙宇及聚会点,在离村不远的镇上有一处类似家庭教会的基督教堂。可能受限于经济状况,育村内的庙宇一般较小,能进人祭拜的只有三处,分别为佛教广缘寺、道教清云庵和道教关爷庙,其余庙宇都是小型庙宇,最高不过1.5米,甚至有的立一块刻字石碑,上面放块红布便是一处庙宇。至于村中各类庙宇的具体数量,连村民

---

① 科大卫:《皇帝和祖宗——华南的国家与宗族》,卜永坚译,江苏人民出版社2010年版,第72页。

自己也不清楚。经粗略统计，各类庙宇在 30 座以上，数量最多的是各类伯公婆庙，由于这类庙宇较小，甚至隐藏在山林之中，不太好统计。村民都是选取离居住地较近的庙宇参拜，家中多供奉有菩萨像，农历每月初一、十五都要祭拜。村民对于神明信仰比较模糊，除了常祭拜的菩萨以外，至于其他祭拜的是什么神没有一个清晰的自我认知，只要是寺庙，只要是神都可以祭拜。

福德伯公婆庙：10 余座。普遍是 0.8—1.5 米高、1—2 米宽的小庙，内有福德伯公婆之神位，多见于水口、水塘，山脚，旁边一般是配以"南无阿弥陀佛"石碑，也有没有"南无阿弥陀佛"石碑的 3 座，香火旺盛，供村民日常祈福之用，一般是农历每月的初一、十五，家中有事才会去祭拜。

福德伯公婆神像

桥头伯公婆庙：4 座。半米高，半米宽的小庙，内有桥头伯公婆之神位，旁边一般是配以"南无阿弥陀佛"石碑，较福德伯公婆庙少，并非每座桥都有桥头庙，一般是在意义重大的桥边建立，比如连心路，旁边一般是配以"南无阿弥陀佛"石碑，祭祀时间一般是农历每月的初一、十五。

杉树伯公婆庙：数目较多，具体不详。大部分建在山林与村庄的边界上，有年代久远的大杉树的地方便会有该庙。该庙宇一般比较简单，一块石碑便是一个庙宇，日常很少有人专门祭拜，只有逢年过节或者该地有活动时才会前来祭拜一下，以示告知。其中一座较大的建于村委会门前一棵大树下面，旁边配以"杉树伯公婆神位"石碑一块，供村民日常祈福之用。

榕树伯公婆：数目较多，具体不详。与杉树伯公婆相似，有年代久远的大榕树便会有该庙。日常无人祭拜，逢年过节周围居民前来祭拜。

杉树伯公婆庙

树荷土地伯公婆庙：1座。位于村中群乐公园下，旁边有大树，旁边配以"南无阿弥陀佛"石碑，主要是为了农业乞求，兼顾日常祈福。

运粮伯公婆庙：1座，位于镇政府所在街道的一条河沟边，旁边也无"南无阿弥陀佛"石碑，尽管不是在育村的范围，但也体现了该地区由于山河众多，农民对于农业粮食运输安全的期望。

"南无阿弥陀佛"石碑：6座。据传说，是因为村口池塘淹死过小孩，方才修建。多见于池塘、水口，有镇压的作用。比较复杂的石碑有佛教莲花头，简略的则为长方石条，上边椭圆，上面系块红布，类似作为神像披风。据村民介绍，前几年有个小孩掉到池塘中，家人寻找不见，突然意识中灵光一现,说在总祠石碑旁的水塘里,结果真的在里面找到。石碑的另一个作用可能也是会提示人们此地危险勿近。

神农黄帝庙:1座。位于村头溪水边,背后有伞状大树,装饰相对繁复,主要是为了"留住本村的五谷",不要流走,是农民为了乞求保障农业产量的一种体现。香火旺盛。

三仙公王庙:1座。位于南坑老水坑前,岗坝片黄姓与南坑片丘姓之间的水田旁。原址在宫前塘坎上,即现址往南坑方向的岗坡上。此庙分公王庭、观音庭,旧时初一、十五都有不少人前来求神、拜佛、抽签等,以求保平安,据说很灵。三仙宫公王庙原是罗、钟、丘三姓人共同所建,历史悠久,文革时被彻底摧毁。每年农历八月初四,粟坝、围墩和南坑一起过节,据说此日为公王生日。80年代,村民捐款、献砖、献瓦等在樟树下新建一座规模不大的庙宇,没有神像,只有原宫的对联作纪念。90年代进行重修,并二次雕刻神像。小的于2002年重新雕刻,造价2368元;大的是2008年雕刻的。公王宫原对联是:"神恩施大化,厚德载群生",现此联刻在芳名碑上。重修后在左右墙上另加一副对联:"三仙公高照凡人,凡人不忘三仙公"。

佛教广缘寺:1座,位于育村坝里自然村与石峰村交界处,两间独院,类似民居。寺庙不繁华,香火尚可,内无主持日常事务的僧侣,但是有管理人员,也可对外接办法事。

道教清云庵:1座,位于曾坑公路往下,岗背片往上山腰处(清修不犯红尘戒,云天伏听弥陀音)。清云庵始建于清乾隆年代,依山建造。虽式为一厅二厢房平房良木结构,供奉玉皇大帝、观音菩萨等诸神位,一直香火旺盛。1949年解放后被政府作族产分给贫民,被人拆掉、夷为平地。改革开放后,随着人民群众生活水平的提高,热心的善男信女发动捐资,于1995年择日动工重建庙宇,选址在交通便利的寨子岌侧建造,通过数年热心人士的捐资建设,至今已是初具规模:成为本地善男信女敬奉神灵的圣地,保佑一方民众风调雨顺、五谷丰登、安居乐业。清云庵香火较为旺盛,日常管理者为一对老夫妻,日常生活也在庙里,神像保存较为完好,村民日常拜祭没有固定时间。

道教关爷庙:1座,位于广一小组到广二小组的路中,为一进式小庙,目前没有对外开放。作为附近几家人的私庙,因为一些纠纷问题,暂时没有对外开放，也可能是因为本来就是私庙，就没有必要对外开放。

在育村广泛崇拜的伯公，是客家地区与潮汕地区一个富有较高权威性的典型神明，就是北方所说的"土地公"。传统时期我国作为一个农业大国，对土地的崇拜要求上至天子、下至庶民都要封土立社。客家地区对土地的敬拜，已经脱离了自然物属性，将自然崇拜拟人化，称土地神为伯公，后来给其配上伯婆，成双成对，专心庇佑辖区百姓。

伯公婆在神明系统中神位较低，是上天派到地面上掌管某一小型地域的神仙，相对于俗世系统中最低级的官员，可以说是神明系统在乡村社会中的"保长"。尽管其神界位阶较低，但伯公婆管辖事项较多，辖区内的所有活动都在其管辖范围之内，包括人口平安、六畜兴旺、风调雨顺、保境安民等，都由其来庇佑。伯公婆属于属地管理，绝对意义上的地方神，居民只会祭拜本区域内的伯公婆，逢年过节附近人们都会前往祭拜。后来在信仰中逐渐出现了伯公婆的分化，掌管土地的称为"福德伯公婆"，掌管水域的称为"桥头伯公婆"，掌管山林的称为"杉树伯公婆""榕树伯公婆"，掌管农事的称为"树荷伯公婆"，甚至还出现了专管粮食运输的"运粮伯公婆"等。各地都根据自己的实际需要塑造了不同的伯公婆。

因伯公婆为神明官僚体系中最低的一级，其地位低下，人们与之交流倾诉没有距离感，比较亲近，也就更容易被拟人化，成为伯公婆，与人们的祖先成为兄弟。所以在民间伯公婆的形象大都是留着长胡须、有亲和力的慈祥长者。伯公婆管辖事务繁多也可能与其在神明体系中地位极低有关，作为直接与人们日常生活接触的神明，类似于现世中的"农村干部"，权小责大，要求全能型。伯公婆通常出现在乡村的田角地头、山林岭头、河口塘坝等位置，处理的都是一些鸡毛蒜皮、陈芝麻烂谷子的事。

或许属地管辖的关系，伯公婆的香火不是很旺，只能吸引本区域内的人们前来祭拜，庙宇一般较为简陋，基本不能进人。里面供奉伯公婆有的是尊神像，有的是石碑、木碑，甚至是一块石头、一张红纸，在肇庆等一些地区甚至没有庙宇，自家住宅前立张红纸或墙上贴张红纸就成为了祭拜的地点。伯公婆庙比较简陋一个原因是区域内的信众少，另一个就是神阶较低，贡品较少，基本上没有专门的管事负责，没有日常的香油钱。敬奉伯公婆，一般用猪脚和一些食物，或许是因为地位低下，只能用这个来祭拜，也可能是人们有个喜剧意图，猪脚有以形补形的功效，老伯公吃了猪脚之后，脚力更好了，走起路来更省事了。

2. 黄村神明信仰体系

黄村的神明体系与育村存在较大差别，其村庄内部形成了具有等级秩序的神明信仰体系，并且很多神庙都有专门的人管理，香火较旺盛，日常组织活动也较多。通过这一系列的活动，又会加深人们对神明信仰的精神认同，人们对庙宇活动也积极参与，捐款捐物，因此庙宇一般比较宏伟，每隔二三十年就会原址重建。黄村形成了"一王、五庙、十四境主"的神明信仰体系，东、西、南、北、中各有一尊神守护，东面是泰山侯王，全村内神位最高，主管全村神明。南面南国公，西面康王，北面妈祖娘娘，中间为华光大帝，同时在黄十四境中各有一土地庙，作为境主守护一方，供奉着土地公婆。

黄村泰山侯王

泰山侯王，即石狗，是黄村民崇拜的图腾之一。湛江大部区域将石狗敬为神，但此地又流行一种美食——白切狗，"敬狗又吃狗"的文化让人难以理解。依据地理环境共分为十四境，每一境都有一尊泰山石狗，又称水口公，一般位于境主土地庙左侧稍前位置，面向农田方向的水口，有掌管水口的神力。十四境中北山境境主地位最高，统辖全村，北山境旁的泰山石狗则被尊为泰山侯王，地位高于其他境的石狗。泰山侯王殿位于黄村北山境主庙左前侧，比其他石狗像位置靠前，泰山侯王没有殿宇。泰山石狗被称为"掌邦会主敕赐感应石尊泰山侯王"。

传说姜太公奉玉皇大帝之命分封诸神，把诸神官衔封地一一分封完毕后，姜太公忽然想起自己还没有神位，急忙向元始天尊禀报。元始天尊沉思片刻，说下界神州水口还无人守护，你去便是。姜太公奉旨，化身泰山侯王，履行守护神州水口之责。据村中传说，泰山侯王神通广大，威风凛凛，头戴青天脚踏地，殿守山岗，扼守水口；见官大三级，有先斩后奏特权，除妖降魔，赐福呈祥。秦山侯王率四大王在东南西北四方守护黄村，东面是泰山公，南面是南国公，西面是康王公，北面是妈祖娘娘，中间有华光公。五位大神扼守黄村水口，护佑全村十四境，送子赐福，有求必应。每年农历十月廿四日是泰山侯王神诞，黄村民会举行盛大的庆祝仪式，请剧团唱大戏。

在黄村，东有泰山侯王，西有康王大帝，北有妈祖娘娘，南有南国公，中有华光大帝，诸神之中泰山侯王地位最为尊贵。在每年正月十一黄村年例期间，泰山侯王巡游是最盛大最隆重的。

泰山公巡游

清王阁，又称老庙，主要供奉南国公、雷首公、马公三圣。黄村东西南北四面都有大神把守，清王阁位于黄村南部的南新村，把守黄南大门。现在的清王阁是1992年村民捐资在原址重新修建的。

清王阁

清王阁门前，两座石狮端坐，甚是威武，门旁陈列两架石鼓。庙前古联为："清庙歌功九功维叙；王明受福万福悠同。"古联旁又有一联，曰："清道贤南邦德协风雷施雨露；王威扬北阙灵昭日月振乾坤。"赞颂清王三圣广施雨露，保佑黄村民。

拜亭内有四根石柱，每根石柱有一首诗赞颂神灵。其中一首诗云："清风朗月暖人间，王恩普照德如天。阁上双龙腾紫气，殿座金容映凌云。"拜亭两旁的墙上贴有"黄人民大歼法帝"的瓷画，再现了当年黄人民英勇抗击法国帝国主义侵略者、保家卫国的情景。正殿两旁有联，曰："清规统领九功惟叙千家供仰；王道先行三圣佑同万户齐安。"与庙的古联相照应。

神龛有联，曰："清王威灵昭日月；邓马显赫振乾坤。"其中清王指南国公，邓马指的是雷首公邓天君和马公。据传，南国公又称南国威武王，在海南琼山县得道封王，管卅六案廿四殿，统领卅六将并雷神。雷首公又曰邓天君，背生两翼，金口银牙，手持越斧，足踩火焰轮，位尊三十三天界。雷首公奉玉皇亲敕令，率领神兵收斩邪魔、瘟疫，捉拿魑魅魍魉，活剥生吞，护境保民。马公也称灵官马元帅，昊天敕封，同样位尊三十三天界。灵官马帅，封山破洞，飞岗摄崇，三坛显赫，解救良民。

每年农历五月初四是南国公神诞，二月廿八是雷首公神诞，六月十八为马公神诞。每逢三圣神诞,村子里就会热闹非凡,祭拜神灵,请剧团演大戏,唱雷剧,延续近一个月。传说雷首公原本并不是黄村供奉的神,有次来到黄村听雷剧痴迷,不愿离去,就留在了黄村,永远保护黄村民。清王阁每次举办活动、邀请雷剧团所需费用一般由两部分组成,一部分是庙宇日常捐助,另一部分则发动村民募捐。南国公、雷公、马公神诞活动中,要前后持续唱二十一天的雷剧。一场雷剧大概2000元,单资金一项就耗费巨大,没有信众的支持是无法维持的。清王阁日常有三人负责管理,两位年龄六十岁上下,长期在庙中坐班,负责日常信众看日子。另有一人四十岁左右,负责神明上身,庙宇中留有联系方式,可随时联系,据称其可以请南国公上身,为信众占卜祸福。

有意思的是,殿内供台左右各有一个法国人模样的陶塑,陶塑跪坐,手持金扇,守护香炉。金扇镂空扇面,雕刻着人物、花枝、树木,栩栩如生,极为精美。让法国人侍奉本村神明其实可以看作一种精神胜利法,这也映衬了该地区人们对法国侵略者的仇视,直到现在该地仍有称呼法国人为"法国鬼"。

帝王帅宫,位于黄村西面的陈村田村,把守黄村西大门,主要供奉康王公。百姓感念康王诸将列神精忠英勇,爱国护民之恩德,供奉其宝像于黄村西面帝帅官内。康王为宋朝龙捷指挥使康保裔,在抵抗辽兵牺牲后被封为"威济善利孚应英烈王"。

据传康王是北宋时期河南洛阳人,公元997年曾任北宋龙捷指挥使,善于骑射,武艺高超,在抗击辽国战争中屡立战功。公元1004年任高阳关都部署,在与契丹入侵者的浴血奋战中,为保家卫国血溅沙场、英勇献身。康王素来慈惠,爱民如子,从不伤物杀生、不虐孤寡。相传康王生前曾见一雏鸳被鸢鸟所伤,折翼坠地,康王出于怜悯之心,遂抱其回府精心哺育,然后放归自然,后来这只雏鸳口含长生草飞回康王府以示答谢。此事一度被四方邻里传为佳话,以至感动天帝,封康王为仁圣元帅,执掌四方都社。

帝王帅宫始建于乾隆年间,其内供奉两帝三王一元帅。"两帝"是指康王大帝和华光大帝;"三王"指乌龙大王白马大王与罗大侯王;"一元帅"是指车大元帅。帝王帅宫曾于"文革"期间被毁,1979年由陈少金、梁廉江、王秀英、林祝家、欧桂珍等人重建,2014年主要由彭国仁捐资重修。如今的帝王帅宫重新焕发活力，高墙飞檐，雕梁画栋，可谓流光溢彩，巍峨壮观，面积也由之前不足20平方米扩展到现在拥有前、中、后三进式的约200平方米。

帝王帅宫庙门联曰："二帝三王添五福，群黎百姓集千祥"。两侧墙上是彩绘雕制图，一面是"福星高照"，一面是"仙翁拱寿"。仪门古朴庄重，雕刻有"福禄寿图""招财童子图""麒麟避煞图"以及"延年益寿图"等。过了仪门，庙宇院墙内刻有"二零零七年重造宝像捐款榜"和"重建帝王帅宫功德碑记"，碑记书：帝王帅宫拔地而起。屹立龟背。神灵端坐殿堂，环顾泱泱村舍入法眼，周护芸芸众生显神威。重建庙宇甚遂民意，一曰酬兄弟同德之志；二曰报神灵庇护之恩；三曰建福泽后人之功。

后进正中间摆放有神龛，神龛内依次有乌龙大王、华光大帝、白马大王神位。神龛旁置有神轿，每年正月十一到十五晚上七八点，村民会将帝王帅宫内供奉的康王大帝请入神轿，然后抬到每家每户门前摇一摇，以禳灾祈福。

圣王帅庙又称新庙，位于黄村北面。黄王氏源于福建，受到闽文化影响，黄人亦尊崇海神妈祖。黄村圣王帅庙即妈祖庙，兴建于清朝初年，2009年秋重修。两头石狮镇守庙门，甚是威严。

妈祖出生于仕宦之家，是福建晋代望族晋安郡王林禄的二十二世孙女。原名林默，妈祖父亲林惟悫，母亲王氏，二人多行善积德。一天晚上，王氏梦见观音大士慈祥地对她说："你家行善积德，今赐你一丸，服下当得慈济之赐。"于是便怀了孕。到北宋建隆元年（960）三月二十三日傍晚，王氏将近分娩，见一道红光，从西北射入室中，光辉夺目，香气飘荡，久久不散。又听得四周隆隆作响，好似春雷轰鸣，地变紫色。王氏感到腹中震动，妈祖于是降生。生长在大海之滨的林默，还通晓天文气象，熟习水性。湄洲岛与大陆之间的海峡有不少礁石，在这海域里遇难的渔舟、商船，常得到林默的救助，因而人们传说她能乘席渡海。她还会测吉凶，必会事前告知船户可否出航，所以称她为"神女""龙女"。

从宋高宗绍兴二十六年（1156）起至清朝，历代皇帝先后36次册封，封号由2字累至64字。爵位有夫人、妃，天妃（明永乐年间），立庙京师，而至清康熙二十三年（1684）封天后并列入国家祀典，进行春秋祭祀。

庙门有联，曰："仰四圣之冠裳德本无私长作和风甘雨；为万民之保障情欣有托群游化日光天。"大意是说圣王帅庙供奉妈祖、南国公、雷首公、马公四圣，四圣大德无私，化作和风甘雨，保佑黄万民。

仪门背后有一匾额，写道"一视同仁"，象征着圣王帅庙诸神对前来供奉祭拜的信徒不分高低贵贱，一视同仁。拜亭前有两尊琉璃绿狗含珠端坐，两旁石柱悬挂一副对联，曰："三堂灵霄耀日，四圣浩气凌云。"拜亭内有四根红色石柱支撑，每根石柱上有一首诗来描述纪念"四圣"。如其中一首诗纪念妈祖，曰："林愿千金降宋闽，不完而立已成神。护国庇民施灵应，广齐明著普慈仁。"

每年农历三月二妈祖诞辰时，全村男女老少都会祭拜妈祖，祈求平安，还会邀请雷剧团演大戏、唱雷剧。

华光大帝庙位于村庄正中央，黄村王氏宗祠北侧约200米处。庙内供奉着华光大帝。据传华光大帝本来是佛殿灯芯，因听经日久，化为火之精、火之灵、火之阴、火之魂。独龙大王在雷音寺寻衅，华光将其烧死，被如来罚去投胎。华光先投马耳山，后投彤华宫，在火德星君家降生。3岁因私闯斗牛宫放跑"风之桃、火之桃"二判官，而遭到紫薇大帝诛杀，华光一灵不散，得金砖、火旗、火鸦，收神荼、郁垒（即千里眼、顺风耳）将功折罪。敕封五显灵官，主持分龙会，因得罪日值官邓化而反下天庭，为荡魔天尊所擒，受到招安。有诗云："海南得道威风凛，化身常在离娄山。三角金砖三钵火，右手执持紫金枪。大闹三界无人敌，白蛇猛将随我身。"

华光大帝姓马名灵耀，因生有三只眼，故民间又称"马王爷三只眼"。法号又称灵官马元帅、三眼灵光、华光天王、马天君等。《道挂会元·清微马、赵、温、关四元帅大法》中将其与赵公明（财神之一）、温琼（温元帅）、关羽（关圣帝君）一道成为道教护法四圣。华光大帝身上藏有金砖火丹，随时用火降妖伏魔，所以后来民间又把他视为"火神"，俗称火神爷。旧时搭棚业、陶瓷业、武师业等从业者所崇拜的行业神祇。忌火的粤剧伶人也奉华光大帝为祖师爷，凡新戏台落成、开新戏或戏班出外演出必祭拜华光大帝。华光大帝，在每年农历九月二十八是华光大帝的诞辰,粤剧戏班会举行隆重的祭祖师活动。一直以来,许多粤剧艺人仍保留着过"华光诞"的习俗。

专门奉祀华光大帝的庙多称为华光庙,但也有把马王爷的神像塑在城隍庙中加以供奉的。明永乐(1403—1424)中封为"隆恩真君",并敕建天将庙。宣德(1426—1435)中改为"火德观"。道观中多塑王灵官像,形象奇特,赤眼、三目、披甲执鞭作为镇守山门之神。

华光大帝庙前有一楹联,写道:"华光镇定资神力,大帝先成沐圣恩。"庙内供台一张、神龛一座。神龛左右有联,曰:"大帝威震宇宙;将军道成海南。"

每年九月廿八日是华光大帝的神诞,这一天全村男女老少都会前来祭拜华光大帝,轮流请戏班演木偶戏。黄村中其他神灵的神诞,都是请剧团演大戏、唱雷剧,唯独华光大帝神诞是演木偶戏。在黄村,每逢生小孩、起名字,家人都会前来祭拜华光大帝,祈求保佑小孩平安健康;做生意的人把华光大帝视为财神,每月初二、十六必来祭拜,香火常年不绝,真所谓"庙小神灵"。

境主庙

黄村按照地理环境分为十四境,每一境都建有一个境主庙,也称土地庙，与育村的伯公婆庙类似，但庙宇要比其豪华。境主庙旁都有一石狗，立于境主庙左侧。境主是一境内的地方性神祇，俗称境主或社公，保护本境周全。庙里供奉着境主尊王和太奶夫人，有诗云："东方尊王土地公，正是仓浪白发翁。手持旭木帝软杖，头戴平天黑丝巾。伏羲元年升得道，华盖山中五尺身。上奉玉皇亲敕令，封作华盖土地神。"境主尊王的职责就是守护本境土地，消灾避祸，保境安民，慈悲为怀，携太奶夫人送子赐福。境主庙规模较小，一般为单间砖木结构庙宇，庙门镌有颂神联，庙旁为宝金炉。

黄村十四境中，北山境主的职责最大，地位最高，为诸境主之首，虚位殿左恭奉泰山侯王，共同护佑全村十四境，庇佑四方子民。因此，北山境主庙比其他境的境主庙要高大。其他境主庙独门独堂，北山境主庙则为二进式院子，红墙红瓦，雕梁画栋，气势恢宏。庙前有联："北乐南和多景福；山灵水秀毓群英。"在十四境主庙中，北山境主庙的香火最为旺盛，有两个专门负责的神公长期坐庙主事。可以请境主上身，占卜祸福。

黄村神明体系严明，等级森严，东西南北中各有一尊神把守。其中东面泰山公为全村神位最高的神明，掌管全村神明。从地理环境上来讲，泰山公所在的北山境广场地势在全村最高，扼守黄村两条河流交汇处，地位最为重要。五大神明中只有泰山公无庙宇，坐落于北山境主庙左前方，面朝水口，其他四大神明各守一方，各主一庙。但后来各主庙也将其他神明请进庙宇供奉，形成了四大主神同时在四方庙宇中的现象。清王阁将土地公婆也请进去，以方便人们供奉，境主庙便显得有些破落了。据村民介绍几大主庙中清王阁最为灵验，因此香火最旺，活动最多，三大神诞庆祝活动前后持续两月有余。圣王帅庙、帝王帅宫香火则相对较少。

在黄村中，神明信仰尤其盛行。庙宇中有专门的主事人，信众根据事情的重要程度会选择不同的拜神仪式。庙宇中可以询问的事项很多，涵盖了人们生活的各个方面：结婚生子、建房乔迁、工程动工等。根据祭拜人的事项与要求，如果所求事项比较简单，或者认为没有必要请神明决断，有的会直接让神公来占卜，给信众以指示。如果需要询问神明，则可以请专门的人进行神明上身，展开直接对话。

第三章 祖先崇拜与神明信仰　　119

神公解运

在该村进行调研时，笔者也全程观看了几次神明附身的仪式，时间前后大概持续15分钟左右。神明附体的人一般是有需要时才会到。神明附体仪式开始时，祭拜人要先拿些贡品摆上供桌，主事人点燃一束香交给祭拜人，然后由祭拜人向神明敬香。主事人站在供桌旁边，开始拿出木鱼或者筊在供桌上敲击，神明附体人开始搬一张椅子放在供桌与祭拜人中间，神明附体人则站在祭拜人与椅子之间，面对神明塑像，双眼紧闭，双手合十。主事人敲击的声音此时开始加紧，神明附体人开始抖动，突然其大声一吼，跳转身来面对祭拜人，慢慢坐下。突然传来一句普通话："堂下所跪何人？所为何事？"祭拜人开始介绍自己以及需要求告的事情，接下来的对话则成了方言对话。当聊了几分钟后，主事人将筊递给祭拜人，开始掷筊。掷筊前将筊捧在手心，双手合十，再将自己的姓名、生日、住址以及请示的事情再说一遍，向神明参拜，然后双手松开让筊落地。接着合掌再参拜神明，拾取地下的筊，再掷一次，连续重复三次。神明附体人看筊解释神明的意思。一平一凸，代表神明对所求之事比较认同，行事也会比较顺利；两个平面，代表神明对此事并没有表明什么态度，或者改变做事的时间，或者再将自己的诉求向神明详细诉说一次，然后重新掷筊；两个凸面，表示神明对此事不认同，行事会不顺利。解释完神明意思之后，只见神明附体之人全身一抖，神明离身，神明附体之人慢慢站起离开。据村民讲，由于祖先是从中原迁徙而来，祭拜的神明也是国家祭典中的神明，所以神明附体之后会先说一句普通话。神明附体之人平时是不会讲普通话的，但在神明附体开始时，会先问"堂下所跪何人？所为何事？"仅仅因为这一点，村民认为真的是神明附体，此人是在传递祖先或神明的旨意，并对此深信不疑。

3. 灶神与土地公

尽管地方神明繁多，但在乡村社会中，有两个神明的神阶虽低却无处不在，对人们日常生产生活影响较深，受到人们的敬重，它们便是灶神与土地公。

土地神，又称土地公、社公、福德伯公等，也是一个中国民间社会普遍信仰的神明，神阶较低，但掌管其特定管辖范围内的所有事项，包括人口平安、六畜兴旺、风调雨顺、保境安民等，可以说是神明体系中的"农村干部"，权小责大。土地公原是主宰一个地方的神明，《公羊传》中讲到，"社者，土地之主也。"根据《礼记·祭法》的记载，社分为不同的等级，"王为群姓立社曰大社，……诸侯为百姓立社曰国社，诸侯自为立社曰侯社，大夫以下成群立社曰置社。"尽管汉武帝时期将"后土皇帝祇"作为管理全国范围内土地的最高神，但是民间仍旧只祭祀本地的土地神。

人无土不立，非谷不食。土地能够生养万物，长出五谷使人类繁衍，因此，中国人历来都"尊天亲地"。《礼记外传》中记载："国以民为本，民以食为天，故建国君民，先命立社，地广谷多，不可遍祭，故于国城之内，立坛祀之。"《礼记·祭法》"王为群姓立社，曰大社。王自为立社，曰王社。诸侯为百姓立社，曰国社。诸侯自为立社，曰侯社。大夫以下，成群立社曰置社。"土地神在神界地位虽然不高，但是在中国甚至有华人的地方都被普遍立庙祭祀。在中国乡村，土地庙随处可见，一般分布在村庄边上，或者是田间地头、河道路口。有时土地神也会被请进家里或者是祠堂内，在神龛内进行供奉。

土地神的职责主要是保守一方土地上家宅平安，六畜兴旺，为百姓主持公道。由于古时延续香火是家中最为重大的事情，因此土地公与土地婆也兼具送子送福的职能。在一些地方，也有流传说土地神隶属于城隍之下，不仅掌管人间，保护乡里，也掌握地府的事务，本社乡民死后要在土地神的引领下去往轮回。甚至也有说土地神同样会记录属地内的人们的言行举止，向上神汇报。所以，人们无论是婚丧嫁娶还是建屋筑路都会向土地神汇报，征求土地神的许可。土地神的职权是严格限定在一定区域之内的，当人们从一个地方迁移到另一个地方时，他们便与以前居住地的土地神断绝了关系，以后就要祭拜迁入地的土地神了。据《中山市志》记载：直到解放前，中山的一些农村地区还会在农历二月二时公祭村头路边的土地神，以求风调雨顺。到了晚上时，人们会点燃用禾秆绑成的花炮，里面会带有两个小炮，被称为"猪仔炮"，据传捡到的人预示着会有添丁征兆。这种活动被称为"抢花炮"。《香山县志》同样记载："二月上戊祭社，烧大彩爆竹。"

土地神的功德厚大，人们为了感恩便建社立庙定期祭拜。农历"二月二"被认为是土地公的神诞日。传统时期，在这一日要祭祀土地，全社聚在一起吃饭喝酒，借着敬神将全社的人聚集在一起，这个与宗族内的祭祖有些相似，但是这个通常是跨宗族的活动。按照民间习俗，每年快到播种、收获的季节时，人们都会立社祭祀，祈求丰收或酬报土地神。每年各地都会有专门祭拜土地神的盛大节日，慢慢演化成现在的庙会。

土地公的形象一般都是慈眉善目，白须鹤发。南宋以前的土地庙中一般只供奉土地神，后来土地神逐渐被人格化，被人们称为"土地公""土地爷"，人们还为其配上了土地婆，在庙宇中同受香火。在南方的一些土地庙中，经常会见到对联中写道："公做事公平，婆苦口婆心。"

如果说土地公是神明系统在乡村社会中的"保长"的话，那灶神就是神明系统在乡村社会中的"家长"。灶神，又称灶王爷、灶君，全称是"九天东厨司命太乙元皇定福奏善天尊"，被奉为厨房之神。秦汉以前，与门神、厕神、井神和中溜神一起被奉为五祀，负责保守一家的平安顺利。灶神的起源较早，在商周就已经在民间进行供奉。关于灶神的

土地神神像

起源，有的说"黄帝作灶，死为灶神"①，有的说"炎帝作火而死为灶"②，还有说"颛顼氏有子曰黎，为祝融，祀以为灶神"③，"夫黎为高辛氏火正，以淳耀敦大，天明地德，光照四海，故命之曰'祝融'"④。民间祭祀的历史比较悠久，灶神崇拜也流行于大江南北。《礼记·祭法》中提到，"庶士庶人立一祀，或立户，或立灶。"一直到了现在，尤其是乡村社会，每家每户都还会供奉一个财神，这也是作为一家人的标志，共同吃一锅饭。随着家庭规模的扩大，当联合家庭分家时，新组建的家庭需要从老灶中取一块炭火放到自己的炉灶中，并在炉灶旁贴上灶神像，开始单独供奉。

灶神的职能，主要是掌管一家之饮食，为一家提供生活便利，同时还受玉皇大帝的派遣，监察一家的言行举止。"灶君受一家香火，保一家康泰。察一家善恶，奏一家功过。每奉庚申日，上奏玉帝，终月则算。功多者，三年之后，天必降之福寿；过多者，三年之后，天必降之

---

① 《事物原会》。
② 《淮南子·泛论篇》。
③ 《周礼说》。
④ 《国语·郑语》。

灾殃。"① 传说中，人与玉皇大帝是没有直接说话的权力的，只能通过其他神与玉皇大帝间接对话，因此灶神告什么状，上天就会给这家人定什么罪状。

灶神供奉比较简单，每家每户都会在灶台旁张贴一张灶神的画像。画像中，灶神左右两边各有一随侍神，一神捧着"善罐"，一神捧着"恶罐"，据传说会随时记录一家人的言谈举止，保存于罐中，到了年底汇总后一并汇报给玉皇大帝。灶神画像两边写有一副对联，基本上都是在表达期望灶神在玉皇大帝面前多说好话，保佑家中平安的意思，如"上天言好事，下界保平安"。

民间有句谚语："三祭灶，四扫屋。五蒸馍馍，六杀猪。"意思是腊月二十三要祭灶神，二十四打扫屋子，二十五蒸枣馍，二十六杀猪煮肉。腊月二十三这一天灶神要离开人间，去往天庭向玉皇大帝禀报这一年来一家人平时的所做所行。关于祭拜的日期，不同的阶层祭拜时间也有差别。民间有种说法："官辞三""民辞四""邓家辞五"，意思是官绅在腊月二十三辞灶神，普通百姓在二十四辞灶神，邓家是指水上人家，于二十五辞灶神。民间的拜灶神南北不同，北方一般在腊月二十三，南方一般在腊月二十四。

祭拜的程序比较简单，首先要为灶神摆上贡品，点上香火，然后进行祭拜，诉说家中的需求，祈求灶神在玉皇大帝面前多说好话，祭拜完后要将灶神神像揭下，与纸钱元宝一同烧掉，好吃好喝送灶神去天庭。送走灶神后，要在除夕这天将其迎回，也就是重新贴上一张灶神画像。在祭祀灶神时，各个地方摆放的贡品都不一样，基本上以甜食为主，有一种是必备的，那就是麦芽糖或芝麻糖，据说目的是用糖粘住灶神的嘴巴，灶神的嘴吃甜了，说的话也会变甜，使他在玉皇大帝面前少说坏话，多说好话。有诗云"胶糖祀灶洁春盘，归到天庭夜未阑。持奏玉皇无好事，且将过恶替人瞒。"民间也将"拿人手短、吃人嘴软"的人世经验应用于对灶神的祭拜中，认为只要好吃好喝招待灶神，灶神自然不会亏待。宋代范大成的《祭灶诗》便这样写道："古传腊月二十四，灶君朝天欲言事，云车风马小留连，家有杯盘丰典祀。猪头烂熟双鱼鲜，

---

① 《敬灶全书》。

豆沙甘松粉饵圆。男儿酌献女儿避，酹酒烧钱灶君喜。婢子斗争君莫闻，猪犬触秽君莫嗔，送君醉饱登天门，杓长杓短勿复云，乞取利市归来分。"

古时，不论身份贵贱，上至皇帝下至黎民，都要进行祭灶神。清朝中期以前，官方的祭祀都是在腊月二十四，《清嘉录》卷十二《十二月·念四夜送灶》："俗呼腊月二十四夜为念四夜，是夜送灶。"《清朝野史大观·清宫遗闻》中也有提到，乾隆时期，每年的腊月二十四晚上，都要在坤宁宫祭祀灶神。不过到了清朝中后期开始，宫廷内为了节省开支，在腊月二十三进行祭天大典时，也顺带把灶神给祭拜了。因此形成了现在南北方小年的时间差别，北方随着朝廷改期而进行了变动，成为了腊月二十三祭拜灶神，南方大部分地区依旧保持了腊月二十四祭拜灶神的传统。

灶神神像

土地神和灶神作为神明官僚体系中地位较低的神，有很多神的能力与地位都比他们大，但由于地位高高在上，也就导致了与人们的关系的疏远。比如玉皇大帝，人们是无法与之进行直接沟通的，需要借助土地公、灶神或者其他神明与之对话。神明体系中不只建立起了一套与人间相似的等级森严的官僚体系，还有一套监察系统。他们到处巡视，然后向天庭上报，使人们在日常行为、言语中都时刻规范自己、约束自己。尽管等级森严的神仙官僚体系比俗世间的官僚体系建立起来的晚，但是借助神明体系中的等级制度也有效维护了俗世间的等级制度。人们会本能地认为神明体系的正确性，不会对其抱有怀疑态度。既然神明体系中都具有严格的等级制度，那么俗世间的等级制度就具有了合理性，因为皇帝作为"天子"，是代上天管理天下。

神明体系中也具有较明确的分工，比如佛教中的南海观音，人们认为其是大慈大悲的送子观音；关羽原本是忠、义的化身，但后来人们赋予其财神的特质，被称为战神和武财神；妈祖则主要是保佑航海安全，能预测风雨，后来慢慢赋予其治病、降雨的职责。中国传统社会中，只要你能想象得到的事情，都有专管此事的神明存在。江河湖海，风雨雷电，甚至是人们日常的坐卧都有起居神保佑。

神明世界中不仅官僚等级、分工职责与俗世间相似，就连神明行为方式都是被拟人的。人们将神仙拟人化，尤其是与民众更接近的玉皇大帝、灶神、土地公，甚至是财神，人们都给其配了一个夫人。同时，在我国民间的神仙信仰观念中，神明与人间的官僚一样，都是需要贿赂和奉承的。神明不仅是可以沟通、可以控制的，还是可以讨价还价、可以收买的。人们对神明的信仰只不过是一种交易，当向神明祈求的事情达成时，人们还要求还愿，向神明贡献更多的贡品或者香油钱。

正是由于这种以家或者宗族为单位的祭祀活动，让人们意识到血脉相通，共同的祖先、共同的信仰、共同的文化，塑造了以地缘和血缘为基础的生产生活共同体，仪式的举行又强化了人们作为共同体存在的心理认同。

（二）神明庙宇的作用

神明信仰在华南社会较为盛行，是有其较为深厚的社会基础的。传统社会中，血缘关系在较大程度上主导社会的运行，但血缘原则仅适用于宗族内部秩序的建立，多宗族之间的交往原则需要跨越宗族血缘，甚至地域的限制。国家法律制度的不足与政权机构的缺位，给了神明庙宇在乡村社会发挥重要作用的机会。

1. 维护一方秩序

民间社会中，矛盾纠纷的处理一般有两种情况，一种是"上祠堂"；另一种是"上庙堂"。宗族内的事情就在祠堂内解决，宗族之间的纠纷则要在庙宇或者衙门解决。但自古乡村社会又有一种"非诉"的传统，于是庙宇在解决宗族间纠纷时便起到了重要作用，尤其是在一村内有多姓居住时。番禺沙涌村是一个杂姓村，村内居住有胡、江、幸三个宗族，每个宗族都建有自己的祠堂，但村庄内还有一个比祠堂更宏大的建筑——"鼎隆堂"，也就是关帝庙，里面篆刻有乡约，可以管理整个乡的事务，跨宗族的事务便在此处理，对宗族之间的纠纷起到了较好的制约作用，有效维护了一方的社会秩序。

2. 组织跨宗族合作

传统农业社会，农田水利是乡村社会发展的命脉，单凭一个宗族之力是难以完成的，于是跨宗族的合作便成为了必要。为了实现农业发展的同一目的，宗族之间便组织了以族老为首组成的"青苗会""水利会"等各种组织。组织的运行，包括谁来组织、如何组织、如何筹款等活动的进行则需要制度、规约的指导，以及相应的仪式。乡村社会中最普遍的土地神有严格的地域限制，只能管理属地内的事务，跨地域的公共事务就需要大家都能接受的神明象征与仪式来完成。

明清时期的桑园围，被称为"粤中粮命之区"，地域跨越顺德、南海两县的十四各堡。为了应对每年的汛期，乾隆朝以来两县士绅组织成立了"围董会"，专门组织协调该区域内的防洪护堤事务。但是在乡村一级并没有建立起"围董会"，当"围董会"将防汛指令下达到乡村一级时，乡村依靠自己的组织方式发起行动。如龙江堡集北村在村中各巷均筑有社稷坛，一旦需要，民众便将麻袋、绳索、木桩、扁担等各种防汛器具集中到社稷坛。每一社负责一段堤防巡视，当发生险情时，村民敲锣告知，并向围董会上报，社内会先行动员，并不会等待收到其指示才行动。行动开始时，村民会在社稷坛举行简单的祭拜仪式，以求神灵保佑，称为"请社公"。村民听到锣声后便会跑向自己所划分到的那个社稷坛，去拿救灾器具。第一个跑到社稷坛的人要点燃一把香，举在头顶，这个人便被认为是社公附身，就成为了此次救灾行动的"首领"。此人便带领民众拿着救灾设备跑向本社负责的堤段。到了本社负责的堤坝，"首领"将香插在堤坝上，表示本社的"社公"请到，抢险工作便可以开始了。等抢险行动结束后，要将堤坝上的香拔起，重新插回到本社的社稷坛，表示将"社公"接了回来。所有事项忙完后，以社为单位，根据本社所护卫的堤坝内的土地，计算社众的受益面积，然后由各家各户出钱出物，在社稷坛祭拜，并慰劳参与抢险的社众。由此可见，在国家正式权力缺位的情况下，地方庙宇在组织村民合作中起到了重要作用。

3. 协调经济活动

清末时期，江门商埠于1902年组织成立了商会。在商会成立之前，经济活动的管理与协调则是由江门"六庙"的值事负责。"六庙"指江门区域内香火较为旺盛的庙，包括北极殿、文昌庙、帅府庙、大王庙、新市庙、石湾庙。"六庙"的值事在地方上的威望很大，但凡该区域内的商务纠纷、庙尝处理，甚至社会兴革都需要相关人员集聚到"六庙"，各陈己见，然后由"六庙"的值事论理，最终决定如何处理。后来"六庙"值事联合组成了负责调解江门经济活动的江门商务议事所。由于北极殿正好处于"六庙"的中间，于是将北极殿的拱宸厅作为议事所的办公地点。江门开埠以后，商业经济有了较大发展，原本管理庙宇的值事无法有效应对专业的经济纠纷，于是在原来议事所的基础上于1902年成立了商会。"六庙"的值事才逐渐从经济活动中退出，专门负责本庙宇的尝产与祭拜事务。

4. 丰富村民精神文化需要

乡村社会，文化生活比较匮乏，祖先崇拜与神明崇拜的仪式则为人们带来了仅有的文化活动。在祭拜仪式中，人们按照自己的想象尽情扮演自己的角色，带来了某种精神意义上的满足。在一些神明祭拜活动中，一些财力雄厚的庙宇也会请外面的歌剧团来舞狮、舞龙唱大戏，为枯燥的乡村生活提供了人们喜爱的文娱活动。

当下，政府也在通过"文化下乡""电影下乡"等活动丰富乡村社会的文化活动，但是由于政府提供的文化活动内容较为陈旧、活动形式单一，起到的效果并不明显。笔者在郑村驻村调研期间观察了政府的"电影下乡"，在该自然村文化室前的广场上，六点半开始放映活动，放映的是 20 世纪 80 年代的香港动作片，整个过程中仅吸引了不到 5 个人观看，其间放映员去找朋友喝茶聊天，也不关心是否有人观看。而乡村神明祭拜仪式，由于与村民生活息息相关，能够较容易地获得村民的同理心，吸引村民积极参与其中。尽管这些仪式带有一定的封建色彩，但在很大程度上丰富了村民的精神生活。

5. 驯化人心

由于祖先崇拜与地方神明信仰具有较强的组织能力与动员能力，对于一个王朝的统治来讲，是一把"双刃剑"，用得好可以有效维护王朝的秩序，用不好，就可能发生地方动乱甚至起义。清朝后期影响力最剧烈的太平天国起义就是在借鉴基督教的基础上创立了拜上帝教，然后迅速形成了横扫江南的局势。正是地方庙宇具有如此强大的社会动员能力，朝廷始终对其抱有防范之心。前期通过限制建立等级严格的祭祀制度限制底层人的信仰，将政治地位作为了祭祀权力的前提条件。后期随着宗族制度平民化，宗族祭祀的限制逐渐放宽。但始终对地方上兴起的地方神明信仰进行控制，通过"毁淫祀""施国祭"建立正统信仰来控制地方信仰，收编地方神明信仰。

仿照人间构建起来的等级森严的神明世界的等级制度，尽管时间上比人间建立的晚，但人们本能地会相信神明世界秩序的合理性，这种合理性又强化了俗世间以"替天行道"的"天子"为主导建立起来的等级制度，增强了人们对俗世等级秩序的认可。

（三）王朝收编

华南地区的开发比中原、江南要晚，因此民间信仰中保留了许多百越地区原始宗教的遗风，具有较浓重的巫术性质，科大卫称华南地区多光怪陆离的现象。具有巫术性质的神明信仰在华南社会中发挥着特别重要的作用。可以说传统时期的华南地区多"淫祀"，"淫"是指不合乎国家正统，"淫祀"就是不在国家祭典中的祭祀。在华南社会，在经济与物质的强大支撑下，"淫祀"活动十分昌盛。"华南风俗：家有人病，先杀鸡鹅等以祀之，将为修福；若不差，即刺杀猪狗以祈之；不差，即刺杀太牢以祷之；更不差，即是命也。不复更祈。死则打鼓鸣钟于堂，比至葬讫。初死,但走大叫而哭。"①

当国家力量与正统文化乡下传播时必然会遭到地方性信仰的抵制。代表中央正统的官僚体制与代表华南特色的"淫祀"便发生了严重的冲突。中央王朝通过"毁淫祀""立正统",将儒家正统文化引入到华南社会,实现对华南社会进行改造的目的。历史上出现过两次大型的"毁淫祀"的运动,一次是在明朝正统年间,顺德县令吴廷举单在龙江一地就拆毁了800多座神庙;另一次是明嘉靖年间,时值昆山人魏校督学广东,在广东全省掀起一次"毁淫祀"的高潮,将所有国家"祀典"中未记录的神庙全部拆掉,只留下所谓朝廷认可的"正统"神灵。在降服和约束地方神明时,官员往往会请出朝廷的权威:高宗时,狄仁杰为监察御史。江岭神祠,焚烧略尽。至端州,有蛮神,仁杰欲烧之,使人入庙者立死。仁杰募能焚之者,赏钱百千。时有二人出应募。仁杰问往复何用,人云:"愿得敕牒。"仁杰以牒与之。其人持往,至庙,便云有敕,因开牒以入,宜之。神不复动,说楚毁之。

由于地方信仰在华南社会根深蒂固,对华南社会的有序运行起到了重要作用,尽管在一次次的"毁淫祀"运动中受到打压,但运动过后就会被陆续重建起来,长期往复。中央政府在摧毁"淫祀"的同时,也将地方上有益于统治的地方神明收编。《礼记·祭法》中对祭祀对象进行了规定:"法施于民则祀之,以死勤事则祀之,以劳定国则祀之,能御大菑则祀之,能捍大患则祀之。"

据传说,华南诸神灵中,最早受到王朝敕封的应该是悦城龙母。悦城与广州同属西江流域,地处广州上游。在华南地区,将蛇奉为神明,供奉于神坛中进行祭拜的现象很多。在龙母信仰中,龙母庙中供奉着五条蛇,就是西江中的五条龙,与该地区的河水起落、降雨等有密切关系。在《南越志》中发现了迄今为止最早记载悦城龙母庙的故事,这个故事表明王朝已经与悦城龙母庙发生了关系。据记载,秦始皇曾欲将龙母纳为妃子,多次派人到西江请龙母,要将龙母遣送到北方,但被龙母之子阻止,未能如愿。"龙母"在汉初时就已经被敕封为"程溪夫

---

① 科大卫:《皇帝和祖宗——华南的国家与宗族》,卜永坚译,江苏人民出版社2010年版,第26页。

人";"龙母"的称号最早是由南汉君主刘䶮于965年敕封的;北宋时期,中央王朝征伐交趾,龙母也曾协助运送军需,获得敕封;后来到了明朝洪武九年(1376)时,新建的明王朝为了感谢龙母协助攻下广东,再次对其敕封。龙母获得封号较多,最为有名的就是"孝通",专门指龙母之子对龙母的孝心。现在龙母庙中仍然供奉着五条蛇,龙母神诞时信众云集庙中祭拜。由于传说龙母出身于悦城上游的藤县,因此,每次神诞时都有藤县的梁氏宗族的妇女为其添换新衣。尽管对地方信仰的整合比较艰难并且缓慢,但通过多次敕封与收编逐渐被吸纳到王朝的统治中。王朝通过对华南地方信仰进行"招安",赋予地方神明一些特性,比如龙母的"孝通",实现了地方神明信仰与王朝意识形态的融合,通过这种方式将信众的道德观念、意识向此方向引导,实现了中央王朝对乡村社会的控制。

1. 对"四大天王"的收编

其实不仅是在华南地区,在全国范围内,中央王朝很早就根据统治需要对地方神明进行收编。黄村中祭祀的华光大帝,其实是随着民族大迁移从北方进入南方社会的。道教四大护法都是凡人,经过神化之后,得到朝廷的正式收编,成为了民间信仰中的正统。前面已经介绍了华光大帝马灵耀的神化,四大护法中的其他三位也都有相似的过程。

赵元帅即赵公明,又称"黑虎玄坛赵元帅""赵玄坛"。道教护法四帅之一。初为恶神,明以后被道教奉为财神。据《三教源流授神大全》记载,赵公明原是陕西终南山人,秦朝时期为躲避乱世而隐于山中,精心修道,后来得道成仙,被玉帝封为神霄副帅,主掌太华山西台府。据传,赵元帅神通广大,能够呼风唤雨,驱雷役电,除瘟祛疟,保病禳灾,公平裁断,聚讼冤狱,买卖求财等。上天对其多有加封,号为"直殿大将军""高上神雷玉府大都督""九州社令都大提点""五方之巡察使"等。主领雷霆副帅、北极侍御史、三界大都督、应元昭烈侯、掌定命设帐使,为二十八宿总管。

温元帅即温琼,在我国沿海一带多被信奉。据元人《三教搜神大全》卷五和明代学者宋濂《温忠靖公庙碑》记载,温元帅便是泰山神,是东岳大帝的部将。温元帅姓温名琼,浙东温州人,字永清。父亲温望,曾中科第,但年老无嗣,与妻子张道辉日夜祈于上帝。后来张氏夜里梦见一巨神手擎火珠而降,说道:"我乃六甲之神,玉帝之将,欲寄母胎,托质为人",该神投珠于张氏之怀。张氏怀孕12个月,于汉顺帝汉安元年(142)五月初五午时生下温琼。刚出生时温琼左肋写有符文二十四篆,右肋写有符文十六篆,因张氏梦见神人送其玉环,因此取名曰"琼"。温琼7岁习禹步为罡,10岁时便通晓儒、释、道及百家之言。19岁时参加科举未中,20岁考取进士不成,于是对天长叹曰:"吾生不能致君泽民,死当为泰山神,以除天下恶厉耳。"突然间天上出现一条苍龙,吐出一颗宝珠,温琼捡起后吞下,瞬间化身为神,左手拿玉环,右手执铁锏,十分勇猛。东岳大帝听说后将其封为佑岳神,位列东岳十太保,因此又被称为温太保。后来玉皇大帝封他为"元金大神",可以自由出入天门,同时奉旨巡察五岳名山,驱邪伐妖,慈惠民物。宋代时,朝廷追封温琼为"诣翊灵昭武将军正佑侯""正福显应威烈忠靖王"。供奉温琼的庙宇被称为广灵庙,也有叫作温将军庙,广泛分布于江浙一带。

关元帅即关羽,又被称为"关圣帝君"和"伏魔大帝",被视为"武财神",民间多称其为"关公""关帝""关老爷"。关羽本为三国时期蜀国名将,字云长,河东解良(今山西解虞县)人。据《三国志》记载:关羽仪表威武,武艺超群,东汉末年时天下大乱,与刘备、张飞"桃园三结义",追随刘备,起兵争雄。建安五年(200),曹操大败刘备,俘获关羽,因爱惜关羽之才,封其为偏将军。后来因为协助曹操斩杀袁绍大将颜良,解了白马(今河南滑县旧滑县城东)之围,被曹操封为汉寿亭侯。后来重新归入刘备帐下,与刘备一起建立蜀国,割据一方,被封为前将军,奉命镇守荆州,死后追谥为"壮缪侯"。

因为关羽被认为是忠、孝、节、义的化身,死后逐渐被神化。不仅民间对其奉祀,历朝历代也对其多有褒封,被列入国家祀典。自宋朝到清朝关羽的封号先后经历了"侯而王,王而帝,帝而圣"的过程,到了清代时成为了"关圣大帝",被尊崇为"武圣",与"文圣"孔子并称为"文武二圣"。

朝代	皇帝	时间	封号
北宋	宋徽宗	崇宁元年（1102）	忠惠公
	宋徽宗	崇宁三年（1104）	崇宁真君
	宋徽宗	大观二年（1107）	武安王
	宋徽宗	宣和五年（1123）	义勇武安王
南宋	宋高宗	建炎二年（1128）	壮缪义勇武安王
	宋孝宗	淳熙十四年（1187）	壮缪义勇武安英济王
元	元泰定帝	天历八年（1335）	显灵义勇武安英济王
明	明神宗	万历四十二年（1614）	三界伏魔大帝神威远镇天尊关圣帝君
	明思宗	崇祯三年（1630）	真元显应昭明翼汉天尊
清	清世祖	顺治九年（1652）	忠义神武关圣大帝
	清世宗	雍正三年（1725）	三代公爵、圣曾祖、光昭公、圣祖、裕昌公、圣考、成忠公
	清高宗	乾隆元年（1736）	山西关夫子
	清高宗	乾隆三十一年（1766）	忠义神武灵佑关圣大帝
	清仁宗	嘉庆十八年（1813）	忠义神武灵佑仁勇关圣大帝
	清宣宗	道光八年（1828）	忠义神武灵佑仁勇威显关圣大帝
	清德宗	光绪五年（1879）	忠义神武灵佑仁勇威显护国保民精诚绥靖翊赞宣德关圣大帝

历朝历代对关羽的追封

在民间信仰中，关羽除了忠义象征之外，还被尊为武神和武财神，民间供奉关帝的庙宇众多，遍及天下，基本上有华人的地方就有供奉关帝的庙宇，常见的有关帝庙、关圣庙、关王庙、关圣帝庙、老爷庙等。相传农历六月二十四为关帝的生日，每年各地庙宇都会举办活动，香火旺盛。

2. 对妈祖的收编

王朝对地方神明的收编中，另一比较典型的地方神明便是妈祖。南宋时期非常重视沿海的开发与边疆的巩固，因此通过册封妈祖的方式将其纳入到官方的神仙谱系中，与道教文化相结合，成为了护航女神。宋朝时期宋徽宗宣和五年（1123），林默被封为"崇福夫人"，这是官方对妈祖最早的褒封。从这以后，经过南宋、元、明和清四个朝代先后敕封多次，林默先后获得了"夫人""妃""天妃""天后"的封号，封号最长时达64个字，已经到了无以复加的地步。在康熙五十八年（1719）时，妈祖获得了与孔子、关羽同等的地位，被列入到了国家祀典中，春秋大祭时由地方官员亲自主持，施行祭祀大礼，成为了海上的"守护女神"。

朝代	皇帝	时间	封号
宋朝	宋徽宗	宣和五年（1123）	顺济庙额
	宋高宗	绍兴二十六年（1156）	灵惠夫人
	宋高宗	绍兴三十年（1160）	灵惠昭应夫人
	宋孝宗	乾道二年（1166）	灵惠昭应崇福夫人
	宋孝宗	淳熙十二年（1185）	灵慈昭应崇福善利夫人
	宋光宗	绍熙三年（1192）	灵惠妃
	宋宁宗	庆元四年（1198）	慈惠夫人
	宋宁宗	嘉定元年（1208）	显卫
	宋宁宗	嘉定十年（1217）	灵惠助顺显卫英烈妃
	宋理宗	嘉熙三年（1239）	灵惠助顺嘉应英烈妃
	宋理宗	宝祐二年（1254）	灵惠助顺嘉应英烈协正妃
	宋理宗	宝祐四年（1256）	灵惠协正嘉应慈济妃
	宋理宗	开庆元年（1259）	显济妃
	宋理宗	景定三年（1262）	灵惠显济嘉应善庆妃
元朝	元世祖	至元十五年（1278）	护国明著灵惠协正善庆显济天妃
	元世祖	至元十八年（1281）	护国明著天妃
	元世祖	至元二十六年（1289）	护国显佑明著天妃
	元成宗	大德三年（1299）	辅圣庇民明著天妃
	元仁宗	延祐元年（1314）	护国庇民广济明著天妃
	元文宗	天历二年（1329）	护国庇民广济福惠明著天妃
	元惠宗	至正十四年（1354）	辅国护圣庇民广济福惠明著天妃

续表

朝代	皇帝	时间	封号
明朝	明太祖	洪武五年（1372）	昭孝纯正孚济感应圣妃
	明成祖	永乐七年（1409）	护国庇民妙灵昭应弘仁普济天妃
清朝	清圣祖	康熙二十三年（1684）	护国庇民妙灵昭应仁慈天后
	清高宗	乾隆二年（1737）	妙灵昭应宏仁普济福佑群生天后
	清仁宗	嘉庆五年（1800）	护国庇民妙灵昭应弘仁普济福佑群生诚感咸孚显神赞顺垂慈笃祐天后
	清宣宗	道光十九年（1839）	护国庇民妙灵昭应弘仁普济福佑群生诚感咸孚显神赞顺垂慈笃祐安澜利运泽覃海宇天后
	清文宗	咸丰七年（1857）	护国庇民妙灵昭应弘仁普济福佑群生诚感咸孚显神赞顺垂慈笃祐安澜利运泽覃海宇恬波宣惠道流衍庆靖洋锡祉恩周德溥卫漕保泰振武绥疆天后之神

历朝历代对妈祖的追封

中央王朝通过对地方神明的收编，将神明信仰的解释权收归于政府，以此彰显皇帝作为"天子"是"替天行道"，不仅可以管控黎民百姓，也可以对地方神明进行管束。通过收编地方神明便控制了地方社会的信仰，中央王朝由此实现了在"机构不下县"时期对乡村社会的管制。王朝对地方神明的认可，会在一定程度上增减地方神明的声望，获取更多香火与信众。一些地方神明为了继续存在，也会主动通过自我改造，逐步迎合王朝的神明体系。但由于地方神明信仰在获取合法性之后，地方宗族与庙宇管事人拥有一定的解释权，就容易被宗族所利用，因此王朝力量对地方信仰的介入与改造处在不断的往复过程中，不断地对其进行改造，通过不断进行加封，赋予地方神明以王朝需要的特质，以此保持王朝对地方神明信仰的主导。[①]

[①] 科大卫：《皇帝和祖宗——华南的国家与宗族》，卜永坚译，江苏人民出版社2010年版，第73—75页。

第四章 传统时期乡村建制与地方自治

宗族利益的联结与功能的实现，有赖于宗族组织的规范与内部规则秩序的确立，借助组织与规则秩序产生相应的族权，从而实现乡村社会的秩序安定。族权，简单来讲就是为了实现宗族社会的安定有序，由宗族法规赋予宗族管理人员，并获得国家确认和族众支持的权力。国家对宗族权力的认可，又会为一个宗族权力在乡村社会获得执行力提供重要的支持。但是对于国家而言，国家治理能力的不断提升就是通过持续的政权建设形成对社会的有效治理。不管是祖先崇拜还是神明崇拜，都是王朝体系以外的治理体系，它们的存在，形成了一个相对独立于国家的自治领域，一个是乡村社会的自治领域，一个是精神世界的自治领域。俗世与神明世界两个体系中都处于自治状态，这就导致了人们"家国观念"的畸形发展——"只知家不懂国"。国家政权要达到对乡村社会的有效控制与管理，就必然要通过消解这两种权威来树立国家权威。于是，历代王朝试图通过宗族法收编宗族，通过乡村建制逐步打破宗族的"藩属地"；通过"毁淫祠""立国祀"收编地方神明，通过礼仪下乡逐步规范神明信仰甚至取代，到了近代便成为法律下乡，改造乡村的运行规则。

一 传统时期的乡村建制

国家在乡村社会的建设与经营是一个逐步递进的过程，随着国家能力的增强，其参与的方面逐渐增多。国家为了实现对乡村社会的有效治理，就必然会建立起一套行之有效的管理体制与机制。国家在乡村社会的建制最具代表性的就是乡里制度与保甲制度。按照国家在乡村的建制发展，可以划分为几个历史阶段。

(一) 传统时期的乡村建制

1. 先秦时期的乡里制度

夏商周时期，是我国乡村建制开始萌芽的时期。《周礼》中详细记载了当时地方建制情况，实行城邑与乡村有别的建制，建有"六乡六遂"。"王国百里为郊。乡在郊内，遂在郊外，六乡谓之郊，六遂谓之野。"郊内设置为"五家为比，使之相保；五比为闾，使之相爱；四闾为族，使之相葬；五族为党，使之相救；五党为州，使之相赒；五州为乡，使之相宾"。每一层级都有相应的职务设置，如比长、闾胥、族师、党正、州长、乡大夫等职。《汉书·食货志第四上》中记载了乡的规模，大概是一万两千五百户。乡村地区则为"五家为邻，五邻为里，四里为酂，五酂为鄙，五鄙为县，五县为遂"，设有邻长、里宰、酂长、鄙师、县正、遂大夫等职。西周时期"里"之外设置了"乡"，出现了"国""野"之别。但此时西周的"乡"与后期不同，它的行政级别大于州县，一国之中才设有六乡，并且是设置在城邑及周围，此时的"遂"与后来所讲的乡更为接近。

乡里制度在春秋战国时期才初步成型，大部分诸侯国沿袭了西周时期"国""野"有别的管理体制，鲁国在这一时期实行了"三郊三遂"制度，《管子·小匡第二十》中记载了齐国也同样沿用了西周时期的建制，但是名称有所变化："五家有轨，轨有长；十轨为里，里有司；四里为连，连有长；十连为乡，乡有良人。""制五家为轨，轨有长；六轨为邑，邑有司；十邑为率，率有长；十率为乡，乡有良人；三乡为属，属有帅；五属一大夫，武政听属，文政听乡，各保而听。"这里可以看出，乡依旧是属于高级别的建制单位，但是乡的建制级别在不断下降。同时，文政与武政在同样的建制基础之上分属不同的管理层级。到了《齐语》中，"三乡为县"，乡的层级下沉到了县以下。这时乡既是一种地方行政单元，有时是军队的建制单元，实现了二者的结合，什伍编制被广泛应用于乡村地区，国家对乡村社会的控制逐渐深入。《管子·立政第四》中记载，"十家为什，五家为伍，什伍皆有长焉。"

同时，这一时期，三老开始作为乡里制度的重要角色出现，《管子·度地第五十七》中讲道："君令五官之吏与三老、里有司、伍长行里顺之。"一些地方权威人物开始被王朝认可，参与到乡村社会的管理之中。

秦汉时期的乡里制度显然与后来的乡里制度有所不同，这一时期，乡是一个在州县至上的建制单元，但层级在不断下降，到了战国时期已经成为县之下的建制。由于春秋战国时期的诸侯割据，里的建制也只是在个别诸侯国中出现，但这种层级有序的建制单元为以后历代王朝所继承效仿，奠定了地方建制划分的基础。

2. 秦汉至魏晋南北朝时期的乡里制度

秦王朝统一六国之后，开始整合地方建制，实行郡县制，将全国划分为三十六郡，郡下设置县。《汉书·百官公卿表第七上》中记载，"大率十里一亭，亭有亭长。十亭一乡，乡有三老、有秩、啬夫、游徼。三老掌教化，《汉书·文帝纪》讲到，"三老，众民之师也。"啬夫职听讼，收赋税。游徼徼巡禁贼盗。县大率方百里，其民稠则减，稀则旷，乡、亭亦如此。"由此可见，县下设置了乡、亭、里，根据人口多少面积会有所增减。

到了汉朝时期，在继承秦制的基础上建立起了更为严密的乡村建制。五家为伍，十家为什，百家为一里，十里为一亭，十亭为一乡，分别设置有里魁、亭长、三老，负责组织内部事务，建立起了乡、亭、里三级组织构架。汉朝时期在乡一级设置了乡佐，专门用来协助地方税收。这一时期，三老的地位被抬高，专门主管乡里民户的教化。甚至到了汉高帝时期，不仅乡里有三老，县里也增设了三老的职位，"举民年五十以上，有修行能率众为善，置以为三老，乡一人。择乡三老一人为县三老"。汉朝时期的"亭"设有亭长、亭佐、亭侯、亭父、亭掾、亭卒等职位，各有分工。《汉书·五行志》中记载，"旧制，二十五家为一社"，但"社"并没有成为国家正式的乡村建制，更多地应该是民间自发的组织。尽管这一时期，中央王朝在乡村建制上更为严密，但限于国家力量，无法真正在乡村社会推行开来。再加上汉朝初期实行"无为而治"，乡村社会基本上依旧处于自治状态。

魏晋南北朝时期，基本上也承袭了秦汉的乡里制度，实行乡官制。据《晋书·职官志》记载，晋朝时期，一个县内五百户以上都要设置乡，"三千以上置二乡，五千以上置三乡，万以上置四乡，乡设啬夫一人。乡户不满千以下，置书史一人；千以上，置史、佐各一人，正一人；五千五百以上置史一人，佐二人。"北朝时期的北魏、东魏、北齐、北周等主要效仿周朝之乡里制度，主要推行邻、里、族党三级建制或里、党两级建制。据《魏书·食货志》记载，北魏建国初期为加强对社会的控制，依赖地方豪强势力，实行"宗主督护制"，将地方豪强势力合法化、制度化，"后魏初不立三长，唯立宗主督护，所以人多隐冒。五十、三十家方为一户，谓之荫附。荫附者，皆无官役，豪强征敛，倍于公赋"，这就在一定程度上影响了国家的税赋收入，于是开始借鉴周制，设立了三长制。乡里建制的官职人员多少随人口的多少而增减。

魏晋南北朝时期还出现了"村"的名称。其实在秦汉时期已经出现了"村"的萌芽，《汉书·沟恤志》中出现了"聚落，"或久无害，稍筑室宅，遂成聚落"，人们所聚居的地方被称为落。"村""村落"等名称已经开始频繁出现在魏晋南北朝时期的史料中，"比丘不在寺舍，游涉村落"，"动相连坐，一人犯吏，则一村废业"。对于"村"出现的原因，可能是由于这一时期国家更迭、战乱频繁，原本乡里制下的百姓为躲避战乱而背井离乡，在一个新地方逐渐居住下来，随着时间推移形成了新的聚落，被称为"村"。这可能与后期，尤其是宋朝时期中原人南迁，择地聚族而居形成新的村落相同。但此时的村落只是在局部地方出现，也没有上升为一级村庄建制单位。

总的来看，这一时期乡村建制基本上都在因循前朝，但同样的组织形式但范围大小不一，尤其是乡一级建制在不断缩小，乡和里被保留下来，逐渐成为了乡村社会中的重要治理架构。在职官的产生上，既有上级派任，又有民间依据德行和知识推选。同时，这一时期，"村""村落"概念产生，但只是在小范围内出现，并没有成为主流的建制，更多的是宗族内部的聚居而成的聚落。宗族在这一时期对乡村社会的治理具有较大的影响与话语权，也受到朝廷的依赖，但由于其在税赋征收过程中采取荫庇户口手段，截留了部分财政收入，王朝也试图通过更为严密的乡村建制打破宗族的"自留地"，加强对乡村社会的渗透。

3. 隋唐时期的乡里制度

隋唐时期，可以说是乡里制度的转折时期，这一时期乡里制度开始有乡官制向职役制转变。伴随着科举制度的推行，推举制与九品中正制的选官制度被废除，地方豪强势力在国家官员选任与建制推行中的影响力逐渐削弱。

据《隋书·食货志》记载，隋朝初期，乡村社会普遍实行族、闾、保三级建制，"颁新令，制人五家为保，保有长。保五为闾，闾四为族，皆有正。畿外置里正，比闾正，党长比族正，以相检察焉。"族取代了之前的党，闾取代了之前的里，保成为了乡村社会最低一级的建制。到了隋文帝开皇九年（589）时，《隋书·高祖纪下》中记载，"五百家为乡，正一人；百家为里，长一人"，隋朝初期的族、闾、保三级建制被改为乡、里两级建制，乡、里建制被重新启用。到了第二年，因"乡官判事，为其里闾亲识，剖断不平"，乡正的理词讼的职责被取消，专门负责户口查遍的职责，乡一级建制受到极大削弱。

唐朝时期，乡一级建制的功能被进一步削弱，"里"和"村"的作用开始突显出来，成为乡村社会的重要治理建制。《旧唐书·职官二》中载道："百户为里，五里为乡。两京及州县之郭内，分为坊，郊外为村。里及坊村皆有正，以司督察。四家为邻，五邻为保。保有长，以相禁约。""村"在唐朝时期正式成为一级建制，实行城乡有别的制度，城内为坊，郊外为村，乡村社会建立起了乡、里、村三级建制，里正为主、村正为辅的乡村社会管理体制。乡一级建制由于职能较少，逐渐被虚置。而这一时期，里正职责变得较为重要，每一里设置一名里正，"掌按比户口，课植农桑，检察非违，催驱赋役"，里正成为了乡村社会中最为重要的管理者，由县长官直接任命。北魏时期"村"只是一个聚居的自然村落，到了唐朝已经成为了一级建制。由于各地地势、百姓聚集等情况不同，对村的建制没有统一的规定，但根据村的大小不同，设置的职位不同："村居如（不）满十家者，隶属大村，不须别置村正"，当村居不足十家时，不单独建制，隶属于临近的大村管理；当超过十家不足百家时，设置一名村正；当超过百家时，可以增设一名村正。村建制的正式确立，可以说是长时期动荡之后的结果，这与秦汉时期村落的萌芽有相近之处，都是因为战乱与社会动荡导致百姓背井离乡，原有的居住状态被打破，在没有外力纷扰的地域长时间聚居形成了新的居住单位。

五代十国的乡里制度基本上沿袭了隋唐的制度，基本上依旧实行乡、里、村三级建制或乡、团、村三级建制，这里的团大致与里相当，《文献通考·职役一》载："周显德五年，诏诸道州府，令团并乡村。大率以百户为一团，每团选三大户为耆长。凡民家之有奸盗者，三大户察之，民田之有耗登者，三大户均之。"

这一时期的建制已经相对固定与成熟，乡、里、村三级建制成为了乡村社会建制的主流。从趋势上来看，乡的建制逐渐被削弱，村的建制逐渐成为王朝管理地方的重要依托。同时，这一时期的乡、里的首长已经开始由州县官吏任命，乡村社会的治理已经开始被纳入王朝的统一管理之下，乡里已经成为了政府组织的延伸，可以说是乡村社会中的一级政府组织。

4. 北宋至清中期的乡里制度

北宋初期，基本上延续了隋唐以来的乡、里建制，"诸乡置里正，主赋役。州县郭内旧置坊正，主科税。"依旧实行城乡有别的建制，但这一时期，村被取消，里下直接为户，"里正、户长掌课输，乡书手隶里正"。北宋开宝七年（974），废除"乡"建制，设立"管"建制，管设户长。宋太宗淳化五年（994），提出了以人丁和物力厚寡将乡村社会人口划分为九个等级，乡里的任职人员从这九个等级中选任，第一等户可以做里正，第二等户可以做户长，重视财力而不注重才德。宋仁宗至和元年（1054），废除了里正，增设了差户长。宋神宗熙宁五年（1072），废除了户长。① 直到宋中期王安石变法之前，乡村建制一直在变动调整。

随着北宋中期王安石变法的推行，保甲制度被正式实施，取代了乡里制度。宋神宗熙宁三年（1070），颁布了诏令："乃诏畿内之民，十家为一保，选主户有干力者一人为保长；五十家为一大保，选一人为大保长；十大保为一都保，选为众所服者为都保正，又以一人为之副。应主客户两丁以上，选一人为保丁。附保。两丁以上有余丁而壮勇者亦附之，内家赀最厚、材勇过人者亦充保丁。"与推举制的取消和科举制的实施相对应，这一时期保长的选拔任命标准也有所改变，更注重家产与材勇。保甲制度在宋神宗熙宁六年（1073）被正式在全国推行。宋神宗七年时，废除了户长与方正，设立了甲的建制，"令州县坊郭择相邻户三二十家排比成甲，迭为甲头，督输税赋苗役"。尽管这一时期保甲制度建立起来，但是制度的实施却受到地方实际情况的影响，一些地方保、甲废立不定，缺编

---

① 《中国乡里制度》，第25页。

少额现象多发。同时，原本的乡里制度在部分地区依旧存在，甚至出现了保甲组织与乡里组织并存的局面，原来的户长、里正、耆老、乡书手等职位仍旧存在。

南宋基本上承袭了北宋的制度，由于北宋时期南方社会的乡里制度留存较多，南宋初期较为倚重乡里制度，"复召募耆老法"，重视户长、里正以及耆老的作用。到了南宋中期开始倚重保甲制度，保甲制度在南宋逐渐实行开来，但有些地区依旧在实行乡里制度。

整个宋王朝来看，尽管在实施力度上的不同而导致地方上乡里与保甲制度的并存，但乡与里的建制已经从制度上被取代，建立起了保与甲主导的乡村社会管理体制。保甲制度重视"保"与"甲"两级最为基层的建制，通过保甲制度，王朝统治者实现了对乡村社会的最为直接的渗透。通过将人与人、户与户相互"连坐"的方式，将基层纳入国家治理之中。"凡十户为保一家犯事，一保皆坐不得徇，民以此少敢犯法。"乡村社会中相互监督、人人自危。尽管宋王朝试图通过一系列的制度设计实现对乡村社会的直接控制，但是由于能力限制，制度的实施受到一定限制，形成了乡村社会的半自治状态。这一时期还出现了较为有名的自治规约与组织形式，如"吕氏乡约"以及较具规模的依据保甲法运行的社仓。尽管乡村社会确立起了保甲制度，但是保甲制度并非作为一种正式政府组织架构来运行，这一时期县作为最基层的政府组织，保甲的长官并没有薪水，"保甲人员之保正、都保副正、大保长、小保正都不支薪水。"[①] 乡里的长官也由领取俸禄的乡官变成为具有强制性质的征尝徭役的职役。乡里组织尽管依旧存在，但地位已经明显下降，"故在是种情况下，里正乡书等之效用极微，且职权与待遇，亦率卑下毋高，此宋初地方行政之大概也"[②]。这一时期，宗族随着平民化进程的推进，在乡村社会治理中开始占据了重要位置。

金代的乡里制度先是继承宋朝的保甲制度，后又改为唐朝时期的乡里制度。元代在金代的基础上，实行了乡、里、社三级建制。里正主要承担

---

① 张哲郎：《乡遂遗规——村社的结构》，《吾土与吾民》，生活·读书·新知三联书店1992年版，第204页。

② 闻钧天：《中国保甲制度》，商务印书馆1935年版，第117页。

课税、杂役等国家事务，一旦无法完成税赋催征的任务，就要由其先行垫付，因此充当里正者，多数破产，富户争相逃避。元代后来"将乡改都，将里改图"，乡村社会建制呈现出了乡里与都图共存的状态。元朝初期，要求每个里都皆要设里正、主守，后来不再设里正，而是与前朝一样由田地达到一顷的富户充当。元朝时期的乡村建制一大特点是建立了社制，承担养民、教民的职责。"县邑所属村庄，凡五十家立一社，择高年晓事者一人为之长。增至百家者，特设长一员。不及五十家者，与近村合为一社。地远人稀，不能相合，各自为社者听。其合为社者，仍择数村之中，立社长官司长以教督农民为事。"

明朝的乡里制度受到前朝的影响，呈现出南北两种不同的建制形式。北方多受金元时期的影响，实行乡里制度和社制；南方则受到宋朝都保制的影响。由于明代初期迁民政策，在里甲制上也按照土著与迁民的不同而实行社与屯的不同建制。《明史·食货一·田制》中记载，朱元璋"仍元里甲制，河北诸州县土著者以社分里甲，迁民分屯之地以屯分里甲"。明朝的乡村建制大部分是乡都图或乡都里三级，里下分社或屯。明代的乡里制度深深烙上了前朝的烙印，层级负责，名称多样，乡、都、里、图、保、社、屯、村、甲等同时存在。明朝乡村社会的建制发展先后经历了两个阶段，先是明朝初期的里甲制度，明朝中后期开始建立起保甲制度。《明史·食货一·户口》中记载，"洪武十四年（1381）诏天下编赋役黄册，以一百十户为一里，推丁粮多者十户为长，余百户为十甲，甲凡十人。岁役里长一人，甲首一人，董一里一甲之事。先后以丁粮多寡为序，凡十年一周，曰排年。在城曰坊，近城曰厢，乡都曰里。里编为册，册首总为一图。"里甲组织设有里长和甲首，按照人丁与粮田的多少确定人选，负责摊派赋役，编制黄册。为了配合里甲制的推行，明朝统治者实行黄册制度，并丈量每户土地编制鱼鳞图册。清朝时期的王庆云曾指出，"官司所据以征敛者黄册与鱼鳞而已。黄册以户为主而田系焉（亦谓之粮户册）。鱼鳞册以田为主而户系焉。一经一纬，互为借用"[1]。由此可见，明朝初期的里甲制度与户口、土地挂钩，同时也与力役挂钩。成为里甲户

---

[1] （清）王庆云：《石渠余记》卷三《记赋册粮票》。

就意味着成为了官府承认的"好百姓",成为了国家中名正言顺的成员①。里长、甲首成为了乡村社会中的重要治理人员,承担了很多国家官职人员的功能。但后来由于各种差役缠身,还要承担税赋垫赔,农户争相逃避,里甲制逐渐衰落。明朝中后期由于人口频繁流动,里甲户锐减,地方流民增多于是推出乡约与保甲制度,《明会典·户口》颁布诏令,"各处有司委官、挨勘流民名籍、男妇大小丁口。排门粉壁、十家编为一甲。互相保识。分属当地里长带管。"明朝时期的乡里制度已经完全职役化了,据《德化县志》(嘉靖版)记载,"国朝役制:一里十甲,挨次轮差。有正役,谓之里甲;有杂泛,谓之均徭。正役凡十家为甲,别推有产者为之长。一里之地,为十甲者共一百十家。循环应役"。

清朝时期,其沿袭了明朝的乡村建制,乡里制度基本上没有多少创新,其乡里制度大致同明朝一样,也经历了从里甲制向保甲制的演变。顺治五年(1648)时,中央王朝在全国范围内推行里甲制,"凡里百有十户,推丁多者十人为长,余百户为十甲。岁除里长一,管摄一里事。城中曰坊,近城曰厢,乡里曰里。里长十人,轮流应征,催办钱粮,勾摄公事,十年一周,以丁数多寡为次,令催纳各户钱粮,不以差徭累之。编审之法,核实天下丁口,具载版籍。年六十以上开除,十六以上添注,丁增而赋随之。"清朝时期的里甲制与明朝时期一样,既是户口建制单位,又是田地建制单位,户口与土地被捆绑在了一起,成为了里甲制度赖以存在的基础。下表为顺德县东涌都大良堡"图(里)—(总户)—户(子户)"的行政编组表②:

图名	甲及甲首	所辖户数	图名	甲及甲首	所辖户数
4图	1甲罗思	26户	34图	1甲吴明灿	16户
	罗静斋	26户		另1甲吴燕梅	2户
	罗万	4户		梁三同	17户
	罗恒举	20户		李丛桂	2户

---

① 科大卫:《皇帝和祖宗——华南的国家与宗族》,卜永坚译,江苏人民出版社2010年版,第9—10页。
② 张研:《清代县以下行政区划》,《安徽史学》2009年第1期。

续表

图名	甲及甲首	所辖户数	图名	甲及甲首	所辖户数
4 图	2 甲罗嗣昌	39 户	34 图	另 4 甲何瑞兴	2 户
	3 甲罗廷敬	74 户		吴宗圣	13 户
	4 甲谈进昌	8 户		另 5 甲陈启安	1 户
	5 甲罗兴隆	47 户		梁敬	2 户
	6 甲游秀龙	68 户		另 7 甲宗崇庆	4 户
	7 甲龙凌汉	137 户		林乐善	36 户
	8 甲吴承彦	11 户		另 8 甲何国宝	2 户
	9 甲罗攸同	2 户		何荣贵	30 户
	10 甲罗永昌	62 户		罗文	31 户
35 图	罗洪	11 户	36 图	梁世昌	2 户
	另 1 甲刘钧卿	1 户		卢聚昌	9 户
	周寅性	11 户		罗同赋	2 户
	另 2 甲何复兴	1 户		卢庄祖	35 户
	罗成友	8 户		黎开运	14 户
	冯直贤	12 户		罗本秀	2 户
	龚复隆	31 户		杨永贵	11 户
	卿利进	6 户		梁展臣	4 户
	冯日兴	5 户		罗乾荣	3 户
	吴尼昆	3 户		罗复隆	8 户
	崔日昭	2 户		罗孝思	6 户
	吴永高	20 户			
	罗钧廷	3 户			
37 图	梁振祖	3 户	38 图	陈永昌	11 户
				何穗良	38 户
	何益君	23 户		陈兰堂	16 户
				谭泰	4 户
	罗布义	56 户		吴泰兴	1 户

续表

图名	甲及甲首	所辖户数	图名	甲及甲首	所辖户数
37 图	罗茂昌	36 户	38 图	舒伯选	2 户
	文承昌	7 户		陈元	1 户
	何富	5 户		罗佑昌	14 户
	李孔嘉	4 户		卢万笔	5 户
				陈秋圃	30 户
39 图	曾化余	11 户	40 图	罗文润	4 户
	谈庐祖	15 户		黄命世	1 户
	龙复升	36 户		展逢源	14 户
	杨世善	7 户		刘广	3 户
	蔡君联	19 户		罗志高	14 户
	何复兴	9 户		冯东圃	11 户
	谈应祖	19 户		胡禹跃	4 户
	李先登	77 户		李逢春	1 户
	陈启芳	9 户		冯古岗	2 户
	陈东山	30 户		何鼎贵	1 户
41 图	冯昭嗣	4 户	42 图	李万安	3 户
	冯创业	2 户		李大宗	6 户
	谈起隆	4 户		李恒修	9 户
	严挺	4 户		何业隆	2 户
	伍万隆	1 户		李际隆	1 户
	伍仕隆	6 户		李万同	1 户
	严庆	13 户		罗承芳	6 户
	陈绶	1 户		罗永琏	18 户
	罗仪	6 户		吴腾飞	15 户

续表

图名	甲及甲首	所辖户数	图名	甲及甲首	所辖户数
43 图	温大昌	5 户	44 图	郑恭绅	7 户
	罗文邵	2 户		吴有孙	9 户
	霍家植	1 户		陈众理	1 户
	罗敬万	11 户		另 4 甲何其昌	10 户
	何日扶	2 户		区彻昌	24 户
	古复振	1 户		梁有明	1 户
	冯中和	9 户		另 7 甲梁广善	4 户
	周悦怀	2 户		林曾举	3 户
	郑裕鳌	16 户		张日陇	3 户
	冯彝	10 户		梁祥	
45 图	梁建洪	1 户	47 图	叶葵生	2 户
	马传承	1 户		夏永昌	3 户
	黄尚礼	6 户		冯顺泉	1 户
	李美善	2 户		余贵兴	6 户
	杜宜宽	11 户		李益隆	19 户
46 图	李良受	1 户		文应学	12 户
	冯有盛	34 户		冯承祖	9 户
	梁兴隆	6 户		黎世隆	5 户
	卢信	6 户		吴裕进	10 户
	薛次公	16 户	48 图	程端	5 户
	梁腾文	9 户		罗惟孝	8 户
	李俊峰	4 户			
	苏嗣昌	6 户			

　　从表中可以看出，甲并没有统一的户数限制，每一图中姓氏比较杂乱，这就说明图甲/里甲制度主要依据居住情况划分，在一定程度上打破了以宗族为基础的乡里制度，试图通过新的建制实现国家对乡村社会的渗透。到了清中叶，随着土地兼并与商品经济的发展，人口大量流动，"因

田定赋，计丁授职"的赋役制度无法适应社会的变革，康熙五十一年（1712）提出"滋生人丁，永不加赋"，雍正二年（1724）"摊丁入亩"政策开始正式推行，里甲制度的存在基础被破坏，因此到了雍正四年（1726）开始推行保甲制，"保甲之法，十户立一牌头，十牌立一甲长，十甲立一保正"。保甲制在清代成为了全国普遍推行的乡村建制制度。清朝的保甲制比历代王朝都更为严格，将人牢牢束缚在一定的地域范围内，甚至对僧尼、道士、乞丐都要进行编甲。"一州一县城关各若干户，四乡村落各若干户，给印信纸牌一张，书写姓名、丁男、口数于上，出则注明所往，入则稽其所来。面生可疑之人，非盘诘的确，不许容留。""无事互相稽查，有事互相救应。客店立簿稽查，寺庙亦给纸牌。"[①] 关于甲长的职责与产生方式与明朝基本相同，"州县每年有轮值甲长，凡催征钱粮及衙门需要费用，皆甲长承办"，乡里组织已经完全虚化。同时，朝廷为了表示尊重乡村社会固有的权力格局，将宗族内部管理组织与保甲制度并列，赋予族正一定的权力："地方有堡子大村，聚族满百人以上，保甲不能编查，选族中有品望者立为族正，若有匪类令其举报，倘徇情容隐，照保甲一体治罪。"[②] 咸丰时期，再次明确了族正的职责："凡聚族而居，丁口众多者，准择族中有品望者一人为族正，该族良莠责令察举。"[③] 保甲制度在乡村社会的推行也普遍被嫁接在了宗族管理组织中。

自北宋以来，基本上呈现出了乡里制度与保甲制度并行的局面，由于历朝出现的土地兼并现象，每到王朝中后期，随着土地兼并的发展，人口流行性就会增强，原本的乡里制度就无法继续推行，保甲制度跨越自然区划的管理方式就受到了重视。到了清代，保甲制度被在全国普遍推广开来。保甲制度逐渐脱离经济功能，逐渐成为了国家控制乡村社会的一种行政建制，使民之间相互监督，相互牵制。随着乡里制度的不断弱化，乡一级建制不断虚化甚至被取代，官僚体制在这一时期退缩到了县一级，县成为了国家最基层的行政组织，在县以下则推行半自治形态的保甲制度，并依赖于宗族组织而存在，形成了以士绅为中介的乡村自治。里长与保正一

---

① 《皇朝文献通考》卷25《职役考》。
② 《大清律例·刑律·贼盗》。
③ 《户部则例》卷3《保甲》。

种供官府差遣的"职役"而存在，按照资产的多少而轮值，德行逐渐被忽视，在国家力量不断向乡村社会渗透的过程中，必定会导致地方士绅集团的分化，导致营利型乡绅的出现。随着国家力量的下沉，乡村社会的自治色彩日趋淡化，尤其是到了清朝末期，新政的推行中国家力量试图越过乡村自治组织直接实现对乡村社会的管理，民国时期现代国家的建构也试图在乡村社会建立起直接归属于国家的建制体系，但是却因为种种原因出现了"内卷化"现象。

（二）清末民国时期的乡村建制

鸦片战争以后，清王朝面临的内外部环境发生了急剧变化，随着洋务运动、戊戌变法、清末新政等系列运动的开展，乡村社会建制的内部传承被打断，在向西方学习基础上，推行的乡村社会政治改革明显有别于传统的乡里制度。

1. 清末团练与新政

清中期以来，社会动荡，政府疲于应付外忧内患，无暇管理乡村，乡村社会治安受到严重威胁。因此，朝廷开始在防卫事务中赋予地方一定的自主权，保甲制度被赋予了"自保"的职能。"保甲之意，所以使民相保相受，乃是百姓自保乡里，并非官为督责。自来行之不善，官民相违，胥役滋扰，往往反以病民。今惟责成本乡绅士，遵照条法实力举行，地方官止受绅士成报，时加劝导，不得令差役挨查，如有公事，止传总理面议。其董事值牌受法于总理"，主张"乡设一局，以绅衿一人总理，士夫数人辅之"[1]，同时对官府与保甲组织的关系进行重新界定：地方官吏无权指使保正、甲长办理交代事务，只能对其进行劝导，当有公事要处理时，只能传乡里中的管事进行面议，在很大程度上给予了地方士绅以自主权。由于时局动荡，贼盗滋扰，地方士绅出于防卫目的开始组织"团练"，也就是现代意义上的民兵组织。起初，团练只是为了保卫乡里，一般以宗族为单位进行组织，但随着后来由于时局动荡，一乡一族的团练无法有效起到防卫作用，各地的团练逐渐组织化、规模化，甚至军队化，最具代表性的就是曾国藩的湘军与左宗棠的淮军，其实都是由地方团练成长起来的。而

---

[1] 《皇朝经世文统编》卷42《弭盗》，转引自张惠言《论保甲事例书》。

华南地区，尤其是沿海地区，随着国外势力的不断入侵，地方团练也逐渐组织化建设，成为了地方抵抗力量中的义军。黄村地处广州湾沿岸，19世纪中期外部势力开始渗透，地方社会治安混乱，盗贼猖獗，尤其是19世纪末期法国入侵广州湾，派出军队在广州湾沿岸扩张势力范围，该地先后组织地方团练维持社会治安，抵御外敌入侵。黄村所属的遂溪县于光绪二十四年（1898）发布公告，组织地方团练：

县城开团练丁示

    为晓谕开练事：照得此次举办团练，系钦奉上谕要件，实为保卫闾阎之计。本邑盗贼猖獗，抢劫掳掠时有所闻，团练尤为紧要。从前历届举办，俱属团而不练，未免有名无实。此次先选团丁，凡自十六岁以上五十岁以下，除平日拜会为匪，及吸食洋烟者不选外，其余一律选为团工，造册送具。在团丁册内，挑选精壮朴实之人，作为练勇，特请教习训练。现在各乡已陆续造册送呈，查城厢为各乡表率，允宜先行开办。兹定于3月19日开练。所有简明章程，条列于后。合行出示晚验。为此，示仰城厢内外铺户居民知悉。凡已选入团丁者，准于是日巳刻，齐集县署，听候点验执选。慎毋观望违延，致干未便。切切，特示。

遂溪知县李钟珏
清光绪二十四年

清末开始推行新政，在中央层面推行君主立宪制度，在地方上实行"城镇乡地方自治"。光绪三十四年（1908），编订了《城镇乡地方自治章程》，对乡村地区的建制、自治程序、人员选任等都作出了详细的规定，并计划在宣统五年（1913）推行。清末新政将镇与乡视为同一级，作为地方自治的基本单元。改变了以户为单位进行编甲的制度，改为按照人口设置地方建制。5万人以上的称为"镇"，设"董事会""议事会"等日常管理机构；5万人以下的称为"乡"，设"议事会""乡董事会"等机构，人口过少时可不设议事会，仅设乡董，必要时可召开选民会议。议事会与董事办公场所被称为"自治公所"。镇议事会的议员定额为20名，按照人口多少最高可以增至60名;乡议事会的议员最低配额为6名,按照人口多少最高可以增至18名。议事会设有议长、副议长各1名,每季度召开一次会议。乡董事会中设有乡董、乡佐各1名,由议事会选举产生。清末的新政首次在制度上对乡村社会的自治进行了明确规定,主事人员的组成进行了规定,并出现了亲属回避制与限任制的要求。

清末时期,团练编制以保甲制度为基础,但是有地方宗族势力相结合,乡村社会形成了政权、族权与绅权相互作用、相互交织的局面。尽管后来提出了乡村自治,但由于时局动乱,政权更替,乡村自治的构想没能在乡村社会实现,只停留在设想之中。

2. 民国保甲制

民国成立初期,受西方政治观念的影响,想要直接建立现代性的政治体制,但受现实情况制约,没有成功,因此初期已经沿用清朝闾邻制度,并且在1930年的市、县组织法中提出了市县有别的建制形式,在市区中划分区、坊、闾、邻四级建制,"五户为邻,设邻长;五邻为闾,设闾长;二十闾为坊,设坊长;十坊为区,设区长。"县以下设置区、乡/镇两级建制,区设区公所;区下设置乡或镇,设置乡公所或镇公所;乡镇以下设闾、邻,同样是五户为邻,五邻为闾。国民革命失败后,国民政府为了加强对工农红军及革命根据地的围剿,开始局部推行保甲制,闾邻制逐渐式微。民国时期,村庄自治已经在地方推行起来,最早的当属河北定县的翟城村治,带有浓厚的绅治色彩。村内设村长一名、村佐两名,所有公职人员由公举产生,报县里备案。村内设有村公所,村公所下设庶务股与财务股,村公所成员由村长、村佐以及下设各股主任组成。

1928年10月的国民党第二届中常会议上将"保甲运动"列为了全国七项运动之一。为了配合对工农红军的围剿,1931年开始撤销江西修水等40余县原有的闾邻等组织,推行编组保甲。1932年国民党进一步在豫皖鄂根据地推行保甲制度,规定"十户为甲,十甲为保,联保连坐"①。1934年底,保甲制度开始在全国推广。民国时期的保甲制基本采用十进制,十户一甲,十甲一保,但在具体实施中可以根据各地情况进行调整,最低六户、最高十五户可以为一甲,最低六甲、最高十五甲为一保。每保

---

① 王云骏:《民国保甲制度兴起的历史考察》,《江海学刊》1997年第2期。

设保长、副保长各一名，兼任民兵队长，负责保内治安与政治警察的职责。"地方机关对于保甲之编制，应当选择本党（国民党）及思想纯正之青年，任保甲长并授以各种政治常识及防制异党活动之训练与指导。使每一保甲长均能兼政治警察之任务，并能域导所属人民，一致防制异党之活动。"① 任职者需在本地具有恒产，且行为"正派"与共产党无牵涉。1937年正式颁布了《保甲条例》。1939年颁布了《县各级组织纲要》，规定增设副保长一名，同时保长兼任保壮丁队队长及保国民学校校长，更进一步地强化了保甲制度。1940年，又颁布了《各县保甲整编办法》以及《警察保甲及国民兵联系办法》，通过保甲制度，国民政府对乡村社会的控制达到了新高度。随着1949年国民政府败退台湾，保甲制度在大陆地区被废止。

民国时期基本上处于地方割据之中，在全国范围内由自治转向保甲的过程中，一些地区也推行了富有区域特色的地方新政，比较有名的就是阎锡山主政下的山西村政改革。1917年开始，阎锡山在山西省大力推行"六政三事"，"六政"即水利、桑蚕、种树、禁烟、天足、剪发；"三事"即编定村制、调查户口、普及教育。1918年，山西颁布了《各县村制简章》，规定县所属的各村实行自治，百户以上设立编制村庄，"村民不足一百户者，得察度情形，或一村设一村长，或指定主村、联合邻村设一村长，但联合村之距离不可太远。"村庄设村长一名，村副一名，百户以上者可适当增加村副，但最多不超过四名。要求村长必须具备三个条件：朴实公正，粗通文艺；三十岁以上，无不良嗜好；不动产在千元以上。1927年开始取消了不动产的限制，将年龄限制降低为二十五岁。村长与村副的职责除了管理村中事务，还要承办地方政府交代的事项。1927年山西省颁布的《村民会议章程》要求各村设立村民会议，村内二十岁以上的居民都可以参加会议，或者按照户为单位，每户推出一人参加村民会议。对有劣迹的村民，拒绝其参与村民会议。②

总的来看，清末至民国这一时期乡村社会的保甲组织更多地为了摊派各

---

① 《防制异党办法》，参见林代昭等著《中国近代政治制度史》，重庆出版社1988年版，第476页。
② 周子良：《民初山西村自治机关运行的法制化》，《山西大学学报》（哲学社会科学版）2017年第3期。

种款项，其治安功能不断强化，由于时局动荡，构想中的乡村社会自治沦为了空谈，保甲制被重新运用。清末朝廷与民国政府试图通过保甲制度对乡村社会进行极端控制，但却没有能力建立正式的国家政权机构，只能依靠乡村社会越来越官僚化的的非正式机构。由于这些非正式机构的运行需要强大的经济支持，在无财政支持的情况下就必然会强化对乡村社会的榨取。为了更强大的榨取能力，又使得乡村社会的非正式机构不断向下延伸，引发了乡村社会政权"内卷化"现象[①]。同时，随着国家对乡村社会控制的强化，乡村社会精英分化为"营利型"经纪人与"保护型"经纪人，并且"营利型"经纪人群体不断扩大。在"营利"与"保护"之间的拉力之下，乡村社会原有权力格局已经出现了破痕，乡村社会逐渐衰败。

二 传统时期的地方自治

为了满足乡村社会发展中越来越多的要求以及秩序维护的需要，一个社会日益急需造就官吏治国制度。然而，由于传统时期国家治理能力与治理技术的限制，国家无法实现对乡村社会的直接治理，就必然依赖一个乡村社会可资利用的阶层，这就是乡村社会的乡绅阶层。传统时期的宗族则是乡绅阶层在乡村社会发挥作用的组织基础。不少研究者认为，区别于宋代以前的宗族，宋代以来的宗族"是在新的历史条件下形成的一种新的家族制度，它以祠堂、家谱、族田和族长族权为形态结构方面的主要特点。"[②]中国传统时期乡村社会的治理其实是包含了宗族因素在内的乡绅自治。[③]

华南地区乡村社会都是聚族而居的，农业社会人们是被束缚在土地之上的，活动也基本上都是限定在本宗族内部，一般民众与外界很少接触，基本上由族长、房头等宗族内部的精英人员与外界获得联系。一般情况下一个宗族至少建有一座祠堂，有些房头也会建有自己的分祠，宗族成员以祠堂为中心四散居住，宗族公馆活动也会在祠堂举办。郑村郑氏全族建有一座总祠，逢年过节就会在祠堂举办活动，而族内一些大家也会建有祖

---

① [美] 杜赞奇：《文化、权力与国家——1900—1942年华北的农村》，王福明译，江苏人民出版社1996年版，第66—67页。
② 徐杨杰：《家族制度与前期封建社会》，湖北人民出版社1999年版，第14页。
③ 肖唐镖：《宗族政治——村治权力网络的分析》，商务印书馆2010年版，第49页。

屋,占地面积比宗族祠堂要大,也比较豪华,但并不会称为祠堂,而是以祖屋的礼节作为一个大家庭中的公共活动场所。黄村则形成了"一总五分"的祠堂架构,一个总祠,六个房头中除了迁出去的二房外每房都有自己的分祠,大家大户也会建有自己的祖屋,但是基本上是那种占地10平米以内的小房屋,甚至有些仅能放下一张供桌。每个宗族还会有自己的族产,用来支持宗族祭祀及公共事务活动,并扶持村庄鳏寡孤独者,也会定期续修族谱。宗族祠堂除了祭拜祖先之外,凡是村中大事都要集合族众在祠堂公议,也是惩戒族人的"执法"场所。

据大沙塘村陈书记介绍,解放前的广东清远大沙塘,陈氏宗祠因为有人破坏了宗族的龙脉,后来家中不断遭受变故,直到现在家中也很贫困。大沙塘陈氏也会在宗祠内惩戒族众,解放前宗族内有人会吸食鸦片,一旦发现,宗族长老会将其及家人带到祠堂内,在其家人的监督下绑在柱子上进行鞭刑,直到其发誓戒掉鸦片,并让人每天送饭送菜至其彻底戒掉鸦片。如果再犯,会再次绑在柱子上进行鞭刑,实在管教不了,就会交给官府处置。

(一)传统地方治理的演变

最初,中央政权在华南只是控制若干有重要地位的"点"(有战略控制意义的州、县,如广、韶、肇),"线"(中唐以前东—西线,粤西人口多、文化较发展;中唐以后南—北线,改变了发展的大势,有利于珠江三角洲的开开发),"面"(开发较早的经济面,粤西、粤北早于珠江三角洲)。宋代以前的宗族更多地是一种政治化的宗族,宗族的政治地位决定了宗族内部成员的官阶与品级,地方宗族势大而取代王朝统治的现象时有发生。中央王族为了维护其统治地位和加强中央集权,持续性地对地方豪门望族进行打压。再加上南北朝以来,中原纷乱,兵乱战火使士族阶层损失严重,基于躲避天灾人祸、为官以及谋生的缘故,北方一些宗族或举族南迁,或部分南迁。在两个因素的作用之下,中央王朝在隋唐时期正式推出科举制,通过官员录用机制的改变而不断消解了宗族的政治性。尤其是九品中正制的打破与科举制度的推行,破除了门阀望族对官员身份的垄断,宗族组织的政治性不断消解,逐渐普遍化、大众化。

传统时期,尽管自上周时期就开始建立起了较为严密的乡里制度以及后期演化出的保甲制度，但是由于国家对乡村社会的渗透能力与治理能力有限，乡村社会基本上处于自治状态。尤其是自宋代以来，推行的保甲制度，将保与甲定性为乡村社会的自治组织，保正与里长成为役职，不再享受王朝薪俸，县成为了国家行政建制的最基层单位。但囿于国家治理能力的限制，国家权力的正式设置止于县一级，乡村社会则实行地方自治，形成了中央王朝认可、宗族主导的治理秩序，实际上是一种宗族与乡绅共同治理的格局。

到了明朝时期，起初中央采取打压地方宗族的政策，但是后来发现国家机器自身并无法有效实现对乡村社会的直接治理，于是到了明朝中叶开始，允许士大夫参与到宗族组织化建设的过程中。但与此同时，推行乡约制度与保甲制度，既依赖于宗族，将部分地方自治权力加以确认，又对地方宗族进行一定程度的限制。从嘉靖年间一直到万历时期，地方宗族族规家训的设立奏请政府批准成为了一种潮流，通过这种手段宗族获取了政府的支持，加强了对宗族成员的控制权与教化权。[①] 宗族长老的权威及宗族司法权得到不断强化，实现了宗族对乡村社会的有效控制。明朝开国后八十年，整个珠江三角洲只诞生了33名进士。而在之后的两个世纪内，珠江三角洲合共产生了390名进士，换言之，每三年一届的会试，平均产生6名进士。明初，科举功名的拥有者数目很少，因此，以里甲应役，或者获邀参加乡饮酒礼，就足以获得荣耀。从16世纪开始，族谱的编纂，不再以虚构的祖宗谱系和里甲登记为核心，而以成员考取科举功名为核心。拥有科举功名的成员，主持祠堂的祭祖活动，赞助宗族的其他活动。宗族也行动起来，培养成员考取科举功名。成功者吹嘘自己的成功，不成功者则尽量与科举功名的拥有者攀上关系，或者只有干羡慕的份，且深信自己地位卑贱，就是因为没有科举功名。这个变化不是一夜之间就完成的，从16世纪到18世纪，差不多用了三个世纪，社会各阶层才广泛感受到文人的力量。未来被称为"乡绅"的，拥有科举功名的宗族，是与地方政府的行政改革一同成长的。由于卫所制度的败坏，县衙门被迫承担更多行政职能，因此被迫强化起来，把自己改造成为收税机构。折色纳银，使地方政府能够招能自己的行政队伍，与地方社区打交道时，就可以采取强硬手

---

① 常建华：《宗族志》，上海人民出版社1998年版，第43—46页。

段。划一的礼仪,根据明初的设计是王朝国家与地方社会互动的平台,如今更加得到地方官员们切实的推行,不仅因为他们想要体现自己的权力,也因为他们真诚相信自己做得对。踏入16世纪,地方政府进行土地丈量,为正被逐步推行的一条鞭法赋役改革奠定了基础。所谓一条鞭法,是指把名目繁多的苛捐杂税归并为一笔总额,以白银征收。一条鞭法的改革,扩大了地方政府的统治圈。随着经济日益繁荣,随着政府统治风格改变,朝廷的礼仪逐渐扩散到社会各个阶层,而宗族这个制度,就成了士绅化的载体。文人受到重视,士绅阶层跟随着国家政权的建设同步成长起来,宗族的凝聚力在文人的荣誉带动下,也越来越强。①

清朝政权继承和发展了明朝时期的乡约教化体系和保甲制度。雍正四年(1726)推行保甲法,挑选宗族成员担任族正,但族正一般受制于宗族长老,并未达到控制宗族的目的。第二年又推行恶人为尊长族长致死免抵的条例,也就是说,宗族内部的恶人被宗族长老处死不用抵命。这就在一定程度上赋予了宗族长老司法权与审判权,承认了宗族对宗族成员的管理与控制,使得宗族权力得以迅速膨胀,宗族首领获得了治理乡村社会的权力确认。宗族制度由于国家的认可而进入了发展的膨胀期。道光年间,宗族及乡绅的权力进一步膨胀,被赋予了"捆送"族人的权力。晚清时期,清政府由于无力控制地方、维护地方治安,更是将地方社会的控制权及管理权交给了缙绅以及宗族组织,要求地方乡绅兴办团练,宗族内部护卫队也逐渐武装化,成为了地方团练的组成部分,乡村社会呈现出了"强族恣横"的局面,地方军队的家族化倾向也比较明显,如曾国藩的湘军、李鸿章的淮军,成为了家族军队。大型宗族基本上都建立了自己的防卫武装,既可以防止其他宗族的侵犯,也可以与其他宗族一起抵御外来势力的入侵。

19世纪末期,为抵抗法国入侵,黄王氏与周围宗族在县令李钟钰的号召下组织团练,发动乡绅父老捐钱,又从祖祠中拨出专款,购置标枪、弹药,自制大刀长矛等武器,又以"穷人不要命,富人不惜钱"为口号,发动青壮年参加抗法团练,将村里16—50岁男丁,除病残不便者,一律

---

① [英]科大卫:《皇帝和祖宗——华南的国家和宗族》,江苏人民出版社2009年版,第129—130页。

选为团丁，登记造册，从中挑选精勇者为练勇，组织抗法团练武装。仅一个多月就筹得款项六万余贯，四个月就组成了以黄为中心的一个团。冯绍琮为团练总指挥，团总部就设在"黄村潜移书院"。团练总部下辖黄、麻章、平石、文车、仲伙、志满六个营，每营250人枪，共1500人枪和火药炮数门。为奖励义勇和民众勇敢杀敌，李钟珏宣布："割得敌人首级一个，赏钱十千；割敌耳朵一对，赏钱五千。"黄村自行规定：作战受伤者，给钱治伤；阵亡者，给钱安葬，名列祖祠，全族吊唁，赡养家属。

尤其是到了清朝末期，宗族组织在朝廷的默许与支持下，以团练的形式建立起了跨宗族的地方武装，抗御大规模"流寇"的冲击与破坏。宗族内部依据血缘关系而建立了族正、约长、宗族长老会等组织架构，形成了国家与宗族、乡绅共治的局面，即费孝通先生所说的"双轨政治"，但族正与约长是在宗族控制之下。一方面是自上而下的政治轨道，它在乡村即由"差人"和"乡约"转达；另一方面是自下而上的政治轨道，即通过地方自治组织的"管事"（绅士），从一切社会关系把压力透到上层，一直可以到皇帝本人。①

清末至民国时期，可以说是宗族组织自身与国家政权建设双重变动时期。在国家上层架构进行现代化改造的同时，中央政府为了稳固自身的统治与加强国家建设，试图通过乡村建制，如设立乡政府、重建保甲制对乡村社会进行渗透。这一时期，社会经济结构不断变化，宗族已经在这个进程中展现出了衰落之象，尤其是鸦片战争之后，宗族赖以存在的经济、政治和法律基础都出现了"崩溃"②。民国时期保甲制与警管制的推行，"差人"、"乡约"与"管事"合而为一，不仅在治理区域上打破了原有的乡村社会治理单元，而且从政治结构层面打破了传统的专制安全瓣，将传统"双轨政治"变为"单轨政治"，压缩了乡村社会的自治空间，将基层民众逼入了政治死角。③民主革命时期，尤其是新民主革命时期，宗族制度被看作是封建制度的重要组成部分而成为了打击的对象，加速了宗族制度的衰落。

---

① 肖唐镖：《宗族政治——村治权力网络的分析》，商务印书馆2010年版，第52页。
② 高达观：《中国家族社会之变迁》，正中书局1946年版，第82页。
③ 费孝通：《乡土重建》，香港文学出版社，第49—53页。

到了 20 世纪上半叶，尽管宗族出现了一定程度的衰败迹象，中央政府也通过各种手段不断将国家权力延伸到乡村社会，以地域性行政组织取代宗族对乡村社会的主导，改变以宗族划分为基础的乡村治理状态，宗族在乡村社会中的地位和角色受到挑战，甚至其治理的合法性一度被限制或取消。中央政府试图穿透宗族组织建立起以户为单位的统治秩序，以削弱宗族权力及地位，但收效甚微。不仅宗族主导的原有状态没有改变，"事实上，不少下层组织只是改头换面的宗族组织而已。"① 根植于自然村庄中的宗族组织"在政府多次试图强加他种组织的压力之下，仍然顽固地存留着。"② 而且由于政府机构在基层的层层扩张，最终导致了地方政权的"内卷化"，乡村社会依旧是在宗族主导下的乡绅自治。尽管传统宗族和乡绅的角色与功能在国家政权建设中受到了严重打击，但依旧在 20 世纪上半叶乡村治理中发挥着重要作用。

传统时期，宗族中作为乡村社会的主导者，在乡村治理中具有举足轻重的地位和角色，可以说宗族构成了乡村社会治理体系的根本。尽管传统时期中央王朝在地方上建立了乡约、保甲等地方建制，但是仍然主要依托宗族来完成。宗族组织作为乡村社会的正式治理组织，被赋予了司法权、防卫权、教化权等多种权力，在乡村事务中宗族与乡约组织共同完成，甚至是取代乡约组织而独自实施管理。正如杜赞奇所讲的，"在华北的大多数村庄，宗族操纵着传统的政治机制。村务管理、公共活动以及构成村公会成员名额的分配，都是以宗族或亚宗族为划分的基础。"③ 这一时期族权作为乡村社会中最主要的权力而存在，国家权力相对居于次要地位。在无诉的熟人社会中，只要民众完成官定的赋税徭役便可以与国家不再产生瓜葛，宗族作为乡村社会的主导力量，承担着正式治理者的角色。因此，毛泽东将"族权"作为统治传统社会的四大封建权力之一，建国后也始终坚持对宗族的全方位改造。

总的来看，由于华南地区偏居于一方，中央王朝对华南地区的统治是

---

① [美]杜赞奇：《文化、权力与国家——1900—1942 年华北农村》，王福明译，江苏人民出版社 1994 年版，第 101 页。
② [美]黄宗智：《华北小农经济与社会变迁》，中华书局出版社 2000 年版，第 247 页。
③ [美]杜赞奇：《文化、权力与国家——1900—1942 年华北农村》，王福明译，江苏人民出版社 1994 年版，第 82 页。

在不断的国家政权建设中逐渐发展起来的，有一个从"点"到"线"再到"面"的过程。秦朝以前华南地区被称为百越，秦朝时在此设立象郡、南海郡开始将华南正式纳入到中原王朝的版图之中，北方文化也开始向此地渗透。但当时仅仅限定在一些具有重要战略地位的地点，如广、韶、肇，后来到了唐朝才打通了南北方向的线，通过韶关进入珠三角的驿道建立起来。传统时期的乡村社会是在宗族主导下的地方自治，随着国家统治力量的不断增强，中央王朝不断通过乡村建制、推广礼制、收编神明、改造宗法制等不同手段强化对乡村社会的治理，不断将宗族功能与职责吸纳进政府功能与职责之中，宗族主导下的乡村治理也逐渐被纳入到国家治理的体系之中。另外，由于社会的剧烈变革，尤其是民国时期社会动荡，资本主义探索发展，使原本附着于土地之上的宗族出现了不适性，自身功能在不断萎缩，个人逐渐开始脱离于宗族而外出寻求新的出路，宗族在乡村社会治理中的作用不断被侵蚀。

（二）宗族维护政权作用的体现

根本上来讲，宗族起着维护政权的作用。宗族的某些活动固然有碍于地方治安，但其所造成的事端多属于民事纠纷，而涉及政治、思想异端方面的则站在政权一边，协助政府惩治族人，起着维护政权的作用，是宗族同政权关系的主流方面。宗族对国家所起的作用，可以归纳为：

第一，宗族伦理教化族众。族内孝敬父母、尊敬长上、缴纳国课，宗族致力于纲常伦理教育，和睦宗族，讲忠讲孝，要求族人在家内、以至睦邻、信友，对皇应征服役，不准非议固政，著出仕，则要尽忠尽职，敢于承担责任，不可贪墨害民。这种伦常教育，在社会上形成强大的舆论，顺从的被看做人之带模，违犯的被视为阴私下贱。政府再根据舆论，对顺民的家庭、宗族予以表形，使它成为孝义之门，对个人可以封为孝子顺孙，光宗耀祖。苏轼在《远景楼记》中说他的家乡眉山："重氏族，尊吏而畏法，其农夫合祠以相助，盖有三代汉唐之遗风，而他那莫之及也。"古人讲求"修身齐家治国平天下"，只有家齐，而后方能有国治。古代用人，往往是看他的门风，看他的治家能力，若家都没有理好，官位也很难升上去。汉朝人已经认识到"求忠臣于孝子之门"的道理。

第二，家法辅助国法，有效治理百姓。宗族制定一套规约，动辄向族人施行经济、身体、人格的惩罚和羞辱，使族人安分守常，不敢违背家法。还要看到，执行宗法的族长，本身多是贵族、官僚、士族、绅衿，有力量控制族人。即是不在官位的绅衿，也可以结交官府，百姓怕官，更怕他们。他们让做什么，百姓不敢不听从。他们在族内实行家法，把族人间的一般性纠纷在内部化解了，给政府省却了许多麻烦，减少许多行政成本。谚语说"国法不如家法"，就反映了家法的力量及其在国家治理中的重要地位。

第三，宗族义产为国家解忧，从经济上维护社会政治稳定。社会上的贫富不均现象，引起一些穷人的不满情绪，成为社会的不安定因素，但是宗族义产给人以幻觉，能起一定的化解作用，能让人"相与劝于循礼勤力，而勿蹈于匪彝"。魏源曾经提到，如果有数百个义庄，分散在各个州县，"俾自教养守卫，则鳏寡孤独废疾者皆有所养，水旱凶荒有恃，谣俗有所稽查。余小姓附之，人心维系，盘固而不动，盗贼之患不作矣"，就是为地方官及皇上排忧解难。

第四，协助政府监控社会上的不稳定分子。在宗法盛行的地方，族人守法，不敢非为，社会上的不安定分子难于从中发展同类，也不易找到落脚的地方，势力发展不起来，就不能同政府较量。在清代官、私编撰的地方史志中，都指出宗法流行的地方社会稳定，不安定因素无法发展。如朱云锦的《皖省志略·徽州府志》说："聚族而居，各有保室家、长子孙之意，故无虑伏莽也。"

从历史演进的过程来看，中国乡村社会的治理呈现出了国家政权与宗族不断相互依赖、相互协作又相互竞争的局面。总的来讲，中国乡村治理的主导力量呈现出了国家力量不断增强、宗族力量不断萎缩的局面。直到建国后，宗族才随着土地改革、四清运动、文化大革命等经济政治运动的持续开展而被彻底打散，隐匿于乡村社会中。

第五章　新中国成立以来的乡村治理与宗族

民主主义革命中,宗族作为传统治理组织已经开始成为被革命的对象,但鉴于当时国际形势与国家需要,宗族依旧是国家政权所倚重的力量,二者保持了既相互斗争又相互合作的复杂关系。建国后,为了实现国家对乡村社会的有效控制,巩固新生的革命政权,一方面国家在乡村建制层面不断延伸国家治理的深度;另一方面又通过土地改革、文化改造等手段不断对宗族进行打压,并最终打破了宗族组织架构。包括神明信仰在内的传统地方文化,也被作为封建文化残余而处于被收编与打压的境地,乡村社会在这一时期建立起了政社一体的管理体制。

一　新中国成立以来的乡村建制

新中国成立以来的乡村建制,是在打破传统乡村宗族组织及神明体系的基础上进行的,大致可以分为三个阶段:

(一) 建国初期乡与行政村并行

建国初期,为了尽快实现国内局势的稳定,乡村地区通过建立农民协会等群众自治组织,开展土地改革、清匪反霸等活动,逐渐废除保甲制度,县以下建立起区、乡或行政村两级基层政权,形成了乡与村政权并存的局面。1950年政务院颁布的《乡(行政村)人民政府组织通则》中,推行"小乡制",乡与行政村的建制基本上等同,成为最基层的政权组织。乡与行政村的范围主要依据人口,户数一般在100—500户,人口一般在500—3000人不等,通常由一个大自然村或数个小自然村组成。后来提出,已经完成土地改革的地区逐渐缩小乡的建制,一些行政村也逐渐改为乡的建制。1954年,内务部颁布了《关于健全乡政权组织的指示》,调整了乡政权,按照分工设立生产合作、治安保卫、民政等各种委员会,行政村中按照自然村划分居民小组。1954年《宪法》也对乡村建制进行了规定,撤销了区公所建制,县下实行"乡、镇、民族乡"的建制,实行城乡有别的基层建制。随着国家基层政权的建设,乡一级政府工作人员由原来的半官半民转变为专职行政人员,由半脱产转变为全脱产,乡一级被正式纳入到国家体制内,打破了传统以来乡村自治局面。

(二) 人民公社时期的乡村建制

随着农业合作化的推进,小乡制无法适应规模化的农业发展需要,于是开始出现了乡镇合并工作。1958年中共中央出台《关于在农村建立人民公社问题的决议》,认为几十户、几百户的农业生产合作无法适应国家形势发展的需要,提出建立"政社合一"的人民公社制度。1958年12月中共八届六中全会通过《关于人民公社若干问题的决议》对人民公社制度进一步明确,规定人民公社实行统一领导、分级管理的制度。人民公社内部实行公社、生产大队、生产队三级管理制度,实行"三级所有、队为基础"的生产资料所有制。公社社员代表大会、生产大队社员代表大会与生产队社员代表大会是人民公社内部的权力机关。1962年党的八届十中全会通过了《农村人民公社工作条例修正草案》,规定农村人民公社作为政社合一的建制单位,既是生产组织单位,又是国家政权在乡村中的基层单位。1966年"文化大革命"在全国范围内爆发,公社管理委员会逐渐被革命委员会所取代,实行党政一元化领导,履行政府职能。1975年《宪法》对革命委员会的组织架构进行了规定,乡革命委员会作为乡人民代表大会的常设籍贯,履行地方政府职能。

(三) 20世纪70年代末以来的"乡政村治"

1978年十一届三中全会召开后,经济建设成为国家的中心任务,乡村地区则推行以家庭联产承包责任制为主要内容的农村经济体制改革,党政合一的人民公社建制无法适应乡村社会发展的需要。20世纪80年代初,随着乡村社会经济体制和政治体制改革,人民公社制度的解体,国家政权从村一级撤离出来,村民自治制度开始在全国范围内逐步推行,中国乡村的治理体制发生了根本性的转变，逐步形成了"乡政村治"的治理新格局。

1979 年，第五届全国人大二次会议通过了《关于修正〈中华人民共和国宪法〉若干规定的决议》，对乡村管理体制进行改革，将乡革命委员会重新改为乡人民政府，人民公社内部设立管理委员会和人民代表大会。这一时期，一些地方，如四川、吉林等省的县开始率先进行乡村建制的改革，将人民公社改称为乡人民政府。到了 1982 年，人民公社开始被改称为乡。1982 年修改的《宪法》第 95 条规定，"乡、民族乡、镇设立人民代表大会和人民政府。" 1982 年底全国人大对地方组织法进行修改，乡村地区开始实行政社分离的体制改革，在人民公社一级建立乡级政权，人民公社管理委员会改称为乡人民政府，人民公社依旧作为集体经济组织而存在。乡人民政府设乡长、副乡长及委员，实行乡长负责制和任期制。1983 年 10 月，随着中共中央、国务院发出《关于实行政社分开建立乡政府的通知》，全国范围内开始按照政社分离的原则，在人民公社基础上建立乡级人民政府，同时在乡一级建立乡党委。乡政府建制在全国范围内陆续恢复。1986 年 9 月，中共中央、国务院又联合发布了《关于加强农村基层政权建设工作的通知》，要求理顺党政关系、实行政企分开，进一步简政放权。1986 年修改的《地方组织法》提出在乡人民代表大会设置主席团，由主席团负责主持和召集人民代表大会会议，改变了由乡人民政府召集人民代表大会会议的程序。乡级人大主席团被赋予了一定的职权，设置主席一人、副主席一至两人，与人民代表一样任期三年。2004 年，十届全国人大二次会议审议通过了《宪法（修正案）》，乡人民代表大会任期改为五年。同年底，乡人民政府任期也改为五年。

在行政村层面，1983 年中共中央、国务院联合发布《关于实行政社分开建立乡政府的通知》，在提出建立乡政府的同时，也对"生产大队"与"生产队"的建制改革提出了要求。在尊重群众意愿的基础上，将人民公社体制下的"生产大队"与"生产队"改为"村民委员会"与"村民小组"，指出"村民委员会是基层群众性自治组织，……村民委员会要积极办理本村的公共事务和公益事业。协助乡人民政府搞好本村的行政工作和生产建设工作"。乡成为了乡村地区的基层政权组织，乡以下实行村民自治，初步确立了"乡政村治"的治理新格局。但村民自治制度的推行却异常艰难。1987年11月24日召开的第六届全国人大常委会第23次会议审议通过了《中华人民共和国村民委员会组织法（试行）》，提出自1988年6月1日起在全国范围内推行。各地在村民自治的运行机制、选举方式等方面进行了有益探索实践，丰富了村民自治制度的内容，但直到1998年11月才正式在第九届全国人大常委会第5次会议上通过了《中华人民共和国村民委员会组织法》，"乡政村治"的治理格局基本形成。

建国后蕉岭县乡村建制演变

1949年5月14日，蕉岭县解放，成立蕉岭县军事管制委员会。6月1日，蕉岭县人民民主政府成立，与军管会并存。与此同时，蕉岭县成立了工作队，在条件成熟地方建立各区人民民主政府，全县范围内先后建立了新铺区人民民主政府、三圳区人民民主政府、南北礤区人民民主政府、高蓝区人民民主政府以及兴福工作队、文福工作队、岩广工作队。1950年初，全县设立一、二、三、四区人民政府为区公所。其中：一区包括金丰乡、金沙乡、同福乡、蕉新镇；二区包括徐溪乡、兴福乡、招福乡、白马乡和蕉城镇；三区包括文福乡、广福乡；四区包括蓝坊乡、高思乡、南礤乡和北礤乡。全县共有13乡2个镇，86个行政村，213个自然村。区、乡均设人民政府，乡以下村或自然村不设立乡级政权，但都组织了农民协会或农会小组。1951年10月，为更好地开展土改，决定划小乡级行政区，把原来13个大乡划分为62个小乡。1952年5月，平远县并入蕉岭县，8月改称蕉平县。行政区划增至八个区，蕉岭范围一区至四区，平远范围五区至八区。1954年3月蕉岭、平远分设县，蕉岭县仍管辖原来一区至四区。1956年12月底撤区建乡，全县共设徐溪、金丰、金沙、同福、三圳、兴福、神岗、白马、文福、广福、南礤、北礤、高思、蓝坊等14个乡和蕉城、新铺2个镇，各乡镇均设人民委员会。1958年广福成立人民公社，与文福公社合并，1961年3月分开。"文革"开始后成立革命委员会，1978年县革委会解散后在乡镇重新成立了区公所。1985年底广福改为镇。

育村属于广福镇，解放初期并没有作为一个行政村而存在，分属于不同的村，包括大黄屋（坝里、岗背、老屋）、南坑、松坪、石角、以及曾坑（属文福镇）。1952年底蕉岭县土地改革运动全面铺开后，育村先后建立起了互助组，包括坝里、南坑、老屋、岗背、石松等五个初级农业社，1956年底至1957年时成立高级农业社，岗背与坝里合并称为岗坝高级农业社，曾坑并入石松称为曾石松高级农业社，原南坑、老屋初级社分别成立南坑、老屋高级农业社。1958年公社化，四个高级社基础上成立了四个生产队。1959年底老屋与大坝生产队合并成立大坝生产大队。1961年3月分开，与南坑、岗背合并为育生产大队，后又将曾石松大队并入。1963年3月育生产大队与大坝生产大队合并统称大坝生产大队。1964年，松坪、石角、曾坑分出单独成立曾石松生产大队。1966年育生产大队从大坝生产大队分出。1979年曾石松生产大队并入育生产大队，育村村域范围正式稳定下来。1983年体制改革中育生产大队改为育乡，1999年体制改革中改为行政村。育村现有村民小组20个，按照原来生产队的范围分为老屋、岗坝、南坑、松石曾四个片区。

新中国成立后，乡村治理模式基本上呈现出了政社合一到乡政村治的转变。建国初期，在土地改革的基础上，逐步建立起人民公社的管理体制，人民公社开始打破原有的村落生产生活格局，通过强制手段使土地与人集中到一个治理单元中，形成了"人民公社——生产大队——生产队"的"队为基础、三级所有"的土地所有制度与生产组织单元。人民公社解体之后，以原有的人民公社体制中的人民公社、生产大队、生产队为基础，分别成立了乡人民政府、行政村与村民小组，在此基础上略有微调，乡村社会"乡政村治"的治理格局基本形成，行政村成为了乡村社会治理的基本单元。同时，乡与行政村也相应地成立了党组织，指导乡村社会的发展。

通过以上梳理可以发现，国家政权通过在乡村社会的种种建制，不断向乡村社会渗透。秦汉至隋唐时期，乡村建制基本上是停留在规定层面，邻、里等设置更多地是一种地域单位，并不是国家的行政区域，乡村社会依旧按照其内部自生的治理格局在运行，国家权力更多地是依靠宗族组织并以职役制的乡绅为中介而实现对乡村社会的治理。到了宋朝时期，保甲制的推行，国家才真正在乡村社会出现，宗族与保甲组织相辅相成，甚至是合二为一，成为了国家统治的重要组成部分。直到明清时期，保甲制成为了乡村社会的主流建制，国家政权也随着保甲制的实施而渗透进乡村社会。到了清末民国时期，国家开始推行现代化的行政区划，原有乡村社会治理单元的划分被打乱，但后来由于时局变动，保甲制被民国政府重新启用，士绅阶层在国家与乡民之间摇摆，分化为"营利型经纪人"与"保护型经纪人"，成为控制乡村社会的工具，地方政权出现"内卷化"的现象。直到新中国成立后，通过土地改革，打破了原有的经济结构，士绅阶层被黑恶化，赖以生存的基础被打破，乡村社会在这一时期普遍建立起农民协会组织，成为了乡村社会中的主导力量。人民公社成立后，乡村社会被纳入政社一体的管理体制中，建立起人民公社、生产大队、生产队三级管理体制，乡村自治的空间被压缩。随着乡村社会经济体制的改革，人民公社逐渐解体，国家政权逐渐从村一级撤出，收缩到人民公社一级，相应地成立了乡人民政府；生产大队与生产队则成立行政村与村民小组，实行村民自治。近年来随着乡村社会的发展，流动性不断加大，行政村在一定程度上出现了行政化现象，于是自2014年开始，中央"一号文件"连续五年提出开展以村民小组或自然村为基本单元的村民自治试点工作，治理单元开始探索多元化。随着以村民小组或自然村为基本单元的村民自治试点的推行，学界研究也逐渐丰富起来。自然村是基于长期的共同生活与劳作而形成与发展起来的地缘与血缘的共同体，要讨论以宗族为纽带的自然村自治，自然离不开宗族。总的趋势上来看，国家在乡村社会的建制中逐渐下沉，国家权力也随之不断渗透进乡村社会。乡村社会中的正式组织与非正式组织呈现出了此消彼长的局面，两者的协调共治成为了乡村社会实现有效治理的重要组织基础。

二　新中国成立以来宗族的式微

1949年，中国共产党取得政权，建立了新中国，开始在全国进行政权建设，乡村社会中的宗族自然成为了革命性改造的对象。在冯尔康看来，建国后大陆地区的宗族发展经历了三个阶段：第一个阶段是20世纪50年代初期进行的土地改革，通过对地方士绅阶层与地主的"污名化"，破坏了宗族赖以生存的经济基础和群众威信，宗族组织受到严重冲击；第二个阶段是 50—80 年代初期，这一时期宗族基本上销声匿迹，宗族活动也被当作是封建活动而基本消失；第三阶段是 80 年代初随着人民公社的解体以及农村集体承包责任制的推行，一些地区的宗族活动开始重新出现，宗族组织开始了复兴趋势，尤其是在长江以南地区，受历史时期宗族传统文化浓厚的影响，复兴势头明显。总的来看，建国后的宗族发展可以明显分为两个阶段，一个是新中国成立后至 70 年代末宗族的逐渐式微乃至销声匿迹，一个 70 年代末国家权力收缩背景下宗族的复兴。

（一）建国后至 20 世纪 70 年代末的宗族

新中国成立之初，为了巩固国家政权，一方面，国家在吸收和借鉴传统乡村建制的基础上，根据国家发展需要先后建立起了建国初期的区、乡或行政村两级基层政权，人民公社时期政社合一的公社、生产大队、生产队三级建制单位，改革开放后的"乡政村治"模式；另一方面，国家权力随着建制单位的下沉，势必要对乡村社会中的传统力量进行改造，宗族作为其中最为重要的力量不可避免地成为了建国后国家政权建设改造的对象。

1. 土地改革的强制性改造

宗族组织的式微不是一朝一夕的，是经历了一系列的经济政治运动而达成的。新中国建立后，在全国政权初步稳定后便开始了土地改革。政府通过土地改革消除了宗族制度赖以生存的经济基础，族长与长老权威在打击"地富反坏右"五类分子运动中被消解，宗族组织成为了一个无人管理、无力维系的空架子。首先，土地改革通过重新分配生产资料，尤其是土地占有比例，没收了宗族公产，使得宗族活动所依托的经济基础丧失。同时一些宗族中有权势、经济实力雄厚的人也在土地改革中成为被改造的对象，他们小家庭内的财产也被重新分配，丧失了对宗族成员发号施令的物质基础。土地改革中对财产的重新分配打破了乡村社会的原有等级与秩序，使得宗族组织及乡绅阶层丧失了其凝聚力与号令宗族成员的能力。其次，土地改革中不仅重新分配土地，还重新分配了房屋，宗族祠堂作为封建象征，自然也就被没收、征用。祠堂作为宗族组织供奉和祭祀祖先、商讨宗族内部事务、惩戒族内不肖子弟、宣扬宗族法规的场所，既是祖宗神明的驻所，又是整个宗族聚集活动的地方，是一个宗族的精神象征和公共活动的中心。祠堂被没收作为公房或者分配给无房者居住，使得宗族失去了共同的精神依托场所和活动聚集场所。再次，土地改革中，部分宗族的族谱被焚毁、祖宗牌位被砸毁，使得宗族失去了治理地方、维护地方秩序的文本依据。族谱不仅记载了本宗族源流、世系发展的情况，还包括族产公田占有情况的簿籍以及族规家法，不仅是宗族维系血缘关系的纽带，还是确定宗族内部不同人员身份和地位的依据。族谱的规定是宗族长老的族权得以执行的重要依据，也是获取族内成员认同的重要依据。在宗族文化浓厚的地区，宗族成员历来把能否进入族谱看作获得宗族承认和能否在宗族内获得相应权利的象征，因此无法入谱和剔除祖籍被视为宗族内部最为重大的惩罚。族谱和祖宗牌位被焚毁后，宗族内部权力结构与族权执行依据被打破，宗族成员对于祖先的记忆也就慢慢消散，再也无法通过祖先神明事迹的追忆向祖先学习，进而实现自我本世修行的提升。宗族内部的血缘联系逐渐变得松散，宗族凝聚力丧失。在族产公田、祠堂、族谱等宗族象征被摧毁之后，宗族组织已经形同虚设，宗族活动也逐渐停止，族长族权也随着阶级成分划分及斗争而被肢解，宗族赖以存在的经济基础、文化基础、组织基础以及权力基础都被彻底根除。国家政权从经济、文化、组织系统、人员等多方面对宗族进行改造，摧毁了宗族存在的基础，由此直接穿透宗族组织进入到乡村社会，获得直接动员、组织、管理民众的权力。

单单消除宗族存在基础是无法彻底摧毁宗族的，有些地区在宗族被摧毁时出现了民众自发冒着被批斗的风险而藏匿族谱和祖宗牌位的现象。调研中发现了一个比较有意思的现象，越是宗族人口较少，宗族之间斗争激烈的地方，宗族成员越会挺身而出保护宗族财产。育村内的丘姓、钟姓都在祖宗牌位被焚毁之前将其藏匿起来，等风头过后就会重新拿出来供奉，现在依旧摆放在翻新之后的宗族祠堂之内。而黄村对于祖宗牌位则没有看的那么重，现在摆放的祖宗牌位都是后来重新篆刻的。

2. 合作化时期宗族势力的留而不散

土地改革完成后，基本上确立了乡村社会的土地占有关系与阶级关系，在乡村社会形成了贫下中农与"地富反坏右"的阶级裂痕，但是千百年来传承下来的宗族文化与血缘关系却深深埋藏在人们的心中。尽管土地改革废除了封建土地所有制，建立起了农民私有制，实现了"耕者有其田"的目标，但是并没有改变农户的生产方式。在当时农业生产力水平较为低下的情况下，农户间依旧需要合作，这就为宗族在其中斡旋并发挥作用提供了存在土壤，因为宗族功能中最为重要的一项就是组织本宗族成员进行农业生产。土地改革后，农户尽管获得了土地，但是依旧处于家庭分散经营的状态，单独依靠一个家庭的力量又无法面对和解决在生产和生活中遇到的问题，比如兴修水利、农忙时节家庭劳动力不足等问题，甚至小户家庭连最基本的耕作工具——牛或驴都无法实现单家独户的养殖，只能是几户合作养一头，农忙时共同使用。因此，农民在日常生产生活中有合作的需要，而最容易联合起来的就是有着血缘联系的宗族。所以在土地改革完成后，一些地方开始了自发的互助合作，但这都是小范围、浅层次的合作，土地与劳动工具都属于私人所有，只是劳动中的互帮互助或劳动工具的共同承担与使用。因此，尽管宗族在形式上被消灭了，但是农民日常生产生活的互帮互助依旧是按照地缘或血亲原则搭建起来的，从某种意义上来讲，此时的乡村社会是建立起了隐性宗族主导下的新的联合模式，只不过这种联合模式已经仅仅限定于日常的生产生活，且宗族活动已经被严格限制。同时，由于这一时期依旧是农业社会占据重要位置，人口流动性较低，人们依旧是生活在熟人圈子之中，因此婚姻、物品交易等行为也是在固定区域内进行，不免受到宗族因素的影响。总之，这一时期宗族组织的影响力受到严格限制，以一种隐形的方式影响着乡村社会的政治、经济以及婚姻与家庭生活。

随着农业合作的发展，先后经历了互助组、初级农业合作社、高级农业合作社等几个阶段，尽管合作的形式在不断升级变化，但是由于农业生产力的限制，高级社也依旧属于小农生产模式。后期由于城市就业压力的不断增大，人口流动被严格限制，农民在相对封闭、保守的社会环境中，依旧延续着之前的血缘关系与地缘关系，尽管宗族组织已经被消灭，但是传统宗法思想依旧影响着农民的日常生活。在日常生活中，市场经济依旧未在乡村社会建立起来，农民依旧要接受宗族的帮助才能完成日常活动，比如在操办红白喜事、修建房屋等，需通过宗族内部的人员协助才能完成。因此，在这一时期，尽管宗族组织在外形上已经被消灭，但是这一时期农业生产与日常生活的互帮互助，为宗族在乡村社会发挥作用提供了民众心理基础和客观环境需要。可以说这一时期宗族依旧在发挥着作用，只不过其作用的影响范围，被严格限定在了生产生活中，乡村社会的秩序维护、国家与农民中介等角色和功能已经无力发挥。

3. 公社化时期宗族的覆灭

1958年8月，人民公社体制开始在全国范围内建立起来，原来的农业合作社摇身一变成为了"一大二公"的人民公社。人民公社时期政权"一竿子捅到底"的管理模式压缩了宗族发挥作用的空间，再加上之后相继开展的四清运动、"文化大革命"等政治运动，不断地对人们的思维进行政治洗礼，人们对宗族的依赖与宗法思维逐步消减，这一时期宗族基本上在乡村社会销声匿迹。

首先，人民公社时期生产生活方式发生了翻天覆地的变化。在政社合一体制下，乡村社会建立起了公社、生产大队、生产小队"三级所有、队为基础"的管理模式。生产资料的家户所有在这一时期转变为了公社所有或者生产队所有，这就使得人们被束缚在人们公社体制之内，对集体组织的依存度陡然上升，达到了前所未有的高度。如果说合作社时期人们对集体的认同感主要存在于政治生活中的话，人民公社时期他们对集体组织的依赖则是全方位的，不管是政治生活，还是经济生活、日常生活中，遇到问题或者困难都首先求助于生产队或者是公社，宗族组织已经完全丧失了生产资料和处理问题的能力。人们对宗族组织的需要与依赖此时已经完全被集体组织——人民公社所取代了，宗族组织也完全丧失了为宗族成员提供生产生活协助和乡村社会秩序维护的能力了。

宗族能力的丧失不仅反映在生产资料的集体化上，而且在人民公社时期乡村社会实行准军事化管理机制，采取集体化、"大兵团"作战的模式，在生产劳动中采取集体劳动、记工分的方式，在生活中采取"大锅饭"方式，使得传统宗族血缘地缘凝聚起来的族民之间的关系变为了在行政强制之下凝聚起来的社员之间的关系。在行政管理之下，白天田间劳作，晚上政治学习，社员自由支配的时间极少，交往的方式与内容也发生了较大的变化。传统时期，人们在宗族的主导之下进行祖先祭拜、神明祭祀、节日庆祝等活动，为宗族成员之间的交流与沟通创造了较多的机会与时间，而人民公社时期，传统宗族活动被归为封建迷信。在移风易俗的政治运动的主导治下，传统宗族活动被取缔，个别活动尽管留存下来，也变得简单很多，如红白喜事，以前是在宗族的主导之下进行的，这一时期基本上由生产队直接派工协助操办。这一时期，宗族的功能已经无处发挥了。

此外，人民公社时期，尤其是"文化大革命"时期，"以阶级斗争为纲"的政治环境对传统宗族及传统文化带来了巨大的冲击，宗族活动以及与宗族有关的一切活动被视为封建糟粕而被彻底摧毁，如之前在土地改革中被划为地主和富农成分的宗族组织代表人物组长、房头等也在这一时期与反革命分子、坏分子、右派分子一起被残酷批斗；族谱被烧毁，庙宇被捣毁，甚至有些地方墓碑也被视为封建事物而被砸毁；一些祠堂要么被摧毁，砖、木等被分到各家各户，要么被没收充公，成为了人民公社的办公场所，祠堂内外都会被粉刷上革命象征。在一场场政治洗礼与政治运动中，宗族内部的人被划分为不同的阶级与派系，并进行了无情的政治斗争，血缘与地缘的亲情已经荡然无存。传统宗法思想接受了无产阶级的洗礼，农民的宗族观念与宗族依赖惯性被压制，宗族组织在政治高压之下丧失了立足之地。①

现在育村的丘姓老祠堂、钟姓祠堂仍可以看到"文化大革命"的痕迹。据村庄知情人介绍，自"文化大革命"开始，村庄的宣传员就在上级指示之下，开始在村庄中祠堂、庙宇外墙上涂画毛主席像和林彪像，基本上每个窗户或者门联之上都画有像章，在大面积的空白之处也会画有像章，有些像章之下配有"忠""公"等字样。据黄佛佑介绍，文革时期，上面（政府）发了模板，只需要把颜料刷上去，就会有图案了，后面被刷掉是在 20 世纪 70 年代末期，那个时代思想混乱，应该是被作为四人帮的遗毒被涂掉了。他在"文革"时期，因为是县一中毕业，文化水平高，是宣传队队长，每次上面下发了新的毛主席语录，他就要拿着大喇叭，带着一两个人挨家挨户的宣传，他们的工作比较轻松得到很多人的羡慕，他们加对应的工分。吃饭睡觉耕作都要背诵毛主席语录，晚上由政治队长集中学习，背不到毛主席语录他们就要被扣工分或者工分减半。

祠堂内部也被涂上了革命标语，如"伟大的导师、伟大的领袖"、"伟大的统帅、伟大的舵手"、"无产阶级大团结万岁"。标语下面则是"学习心得栏"、"革命时事栏"等工作公示栏。正是在这一时期，宗族底

---

① 刘世奎、陈永平：《建国以来我国农村宗族势力兴衰的历史考察》，《江汉论坛》1994 年第 7 期。

色浓厚的偏远山区才开始感受到了国家力量,但是由于民众受宗法观念及神明观念的影响,也做出了一些保护宗族族谱、祖宗牌位等行为,虽然在强大的国家力量面前显得有些微不足道。

涂有革命标语的丘姓祠堂

总的来看,在新中国成立后的 30 年里,宗族组织受到了前所未有的打击。在新政权建立之初,主要通过土地改革,没收族产公田彻底消除了宗族制度存在的经济基础与物质基础,没收祠堂消灭宗族的外在象征,焚毁族谱使得宗族血缘关系逐渐变得松弛。与此同时,国家还通过国家建制,摧毁封建宗族权力和沿袭而来的保甲制度,逐步在农村社会建立起了民主政权,通过阶级划分、政治运动打击乡村社会的宗族势力,以乡政府、行政村等建制取代了保甲、乡约和宗族的组织形式。60 年代初开始的四清运动,进一步对乡村社会的宗族组织及其活动进行打击。① 甚至在 1950 年新《婚姻法》的颁布,开始从法律层面对传统家庭内部权威进行打击,对传统特权色彩浓厚的家长制权威进行批判,"文革"时期鼓励青年人的自由与独立,甚至是通过平权化谴责家中长辈,家庭自身开始

---

① 徐扬杰:《中国家族制度史》,人民出版社 1992 年版,第 465—472 页。

"革命化"。① "文革"时期，一切与宗族、封建有关的东西都被摧毁，甚至在一些严重的地方，原来的宗族族长、长老被批斗致死，不管是有形的宗族组织，还是与宗族有关的外在的象征符号都被铲除，传统的乡村治理权威已经随着覆灭，取而代之的是国家政权主导下的新型治理权威。

尽管宗族组织及其象征符号被瓦解，但是深深烙在人们心中的宗族文化和宗族意识并没有随之一并消退。除了在人民公社鼎盛时期人们依附于公社与生产队之外，传统农业的生产方式下，宗族观念依旧停留在人们心中。在20世纪50年代末60年代初以及70年代，只要政权力量对农村的改造稍微弱化，翻修祠堂、接续族谱等宗族活动就会不时出现。尽管外在的宗族象征被取缔，但是由于宗法思想在人们心中已经根深蒂固，借助宗族组织、宗族法而确立起来的地方风俗习惯依旧支配着人们的行为，特别是在村庄土地继承、红白喜事中依旧要找宗族管事人操办，甚至一些宗族依旧保留着取名、入族等仪式，只不过过程已经简化了。可见传统宗族主导乡村治理时期的一些规则、礼俗依旧在约束着人们的行为方式。

新中国成立前育村黄、丘两姓不许通婚的誓言依旧缠绕在村民心中，尽管在政治洗礼之下，村庄干部带头打破婚姻藩篱，先后有两任村支书等迎娶丘姓女子，但都应了"通婚无后"的誓言。村中还有几对两姓通婚者，全都没有生出儿子，尽管村庄内有不少与其他姓结婚者也同样没有生出儿子，甚至是几倍于两姓通婚无后者，但是村民不会关心，不管这是一种巧合还是一种毒誓，村民对祖宗誓言是越发深信不疑。村民认为，既然已经发过誓言，已经被神化的祖宗就会时刻监督着子孙的行为，一旦违背誓言，祖宗就会将灾难降临到子孙身上。这种神化的监督如同一把悬在头顶的剑，使得即使作为以反封建为己任的乡村干部，也不敢越雷池半步。不管村干部在日常生活中与另一姓村民关系如何好，一旦遇到涉及宗族利益的事情，也只能束手无策。

宗族组织的覆灭并非代表宗族已经从乡村社会中消失，其宗法精神、宗法思想依旧在乡村社会、在人们精神世界中延续。人民公社体制解体后，宗族组织瞬间在华南社会复兴起来，成为了华南乡土社会治理中的一

---

① [美] 詹姆斯·R·汤森：《中国政治》，顾速、董方译，江苏人民出版社2003年版，第187页。

支重要力量。

与宗族组织遭受同样命运的还有地方神明。地方神明在人们心中的权威树立与祖先具有同样的原理，因为偶尔性的祈求或灾难的应验，在人们的口口相传之间不断被强化，神明的威望得到不断提升，最终成为了掌控一方民众的保护神。国家政权要想实现对乡村社会的直接治理，就必然要与之发生关系。传统时期国家政权通过毁淫祠、收编地方神明的方式，在乡村社会编制了一套类似于官僚体系的神明体系。新中国成立后的国家政权建设，同样需要对地方神明进行改造，随着新中国成立后一系列的反封建运动、土地改革、政治运动而遭到严重打击，地方神明所依存的寺田、庙宇等与族产、祠堂一样被摧毁。但是与宗法思维一样，神明意识也同样留存在了人们心中，与宗法思想一同延续下来。

（二）新中国成立后至 20 世纪 70 年代宗族式微中的乡村治理

新中国成立后的前 30 年中，宗族组织形态及其外在象征（祠堂、族谱）在国家政权建设中不断被摧毁，宗族组织被打散，先后建立起了乡政府与行政村、互助组、初级社、高级社、人民公社等乡村建制，宗族祠堂没收充公重新分配，但宗族观念及文化依旧影响着乡村社会的运行，在国家权力稍有放松之时，宗族势力就会出现反弹，重修祠堂、续接家谱。正如钱杭所指出的一样，尽管建国后政府采取一系列的手段措施"在一定时期内压制了农村宗族活动的发展"，但"宗法制度在社会结构与社会意识中的深厚基础却触动不够，因此尽管宗族与宗法关系的影响在将近三十年时间中近似于消失，但实际上，他们在农村中的根基却依然存在，并以隐蔽的形式长期发挥着作用"[①]。杨善华、刘小京认为，即使是在国家政权对乡村社会控制最为严格的六七十年代，宗族依旧作为一种重要治理力量构成了乡村社会的基础。[②]

尽管这一时期新政权全面控制着乡村社会，但是宗族组织的治理角色并没有因为其形态与外在象征的式微而消失。从土地改革到合作社前期这段时间是国家政权力量最为强大的时期，在这一时期，一系列政治运动中成长起来的乡村干部与村民对国家和党的认同度空前高涨，国家意识形态

[①] 钱杭：《关于宗法制度形成的条件问题》，《上海社会科学院学术季刊》1990 年第 1 期。
[②] 杨善华、刘小京：《近期家族研究的若干理论问题》，《中国社会科学》2000 年第 5 期。

在乡村社会中统摄着乡村社会。但是从20世纪50年代末开始的"三年自然灾害"与大跃进的失败导致了乡村社会出现了一些动荡，生存理性下的小农对党和国家的政策与意识形态的认同出现松动，国家政权对乡村社会的控制力度也随之出现裂痕。宗族组织与传统的宗族观念开始在乡村社会中重现，"文化大革命"时期，乡村社会中的不同政治力量也开始借助宗族势力与其他派别抗争。

总的来讲，这一时期国家为了打击封建宗族权力，在乡村各种组织负责人的选拔上主要从政治意识形态的角度出发，如出身家庭、个人品行、工作积极性等政治标准，也说"根红苗正"是选拔乡村干部的重要前提。与此同时，国家还从政权建设持久性的角度出发，重点抑制"强宗大族"，并且有目的性的扶持一些弱小宗族的干部和群众。在当时情况下，为了保持国家对乡村社会的控制，不得不依靠村庄中弱小宗族势力，而这些长期被欺压的弱小宗族为了改变长期被欺压的现状，也乐意依附于政权。在育村中，自建国后一直到村民选举之前，政府任命乡村干部时十分注重姓氏之间的平衡。

由三个自然村合并而来的育村，解放初期分属于不同的行政村，包括大黄屋（坝里、岗背、老屋）、南坑、松坪、石角、以及曾坑（属文福镇）。几个自然村之间分分合合，行政区划调整较为频繁。从姓氏构成上来讲，育村以黄姓、丘姓、杨姓、钟姓四个姓氏为主，黄姓人口最多，主要分布在老屋片、岗背片、坝里片，及松石曾片的石角；丘姓分布在南坑及松石曾片的曾坑；钟姓分布在南坑；杨姓分布在松石曾片的松坪。为了保证几个姓氏之间的平衡，育村村干部一直都是由几个姓氏共同组成，黄姓做书记、丘姓做大队长、杨姓做会计，钟姓也有人进入村庄管理组织中。正是在政府的主导之下，几个姓氏之间保持着一种微妙的平衡，村庄内部也相安无事。

这种既抑制宗族势力，又借助宗族势力实现从乡村治理的情况在多个地方出现，很多学者也关注到了这一现象。最早的是肖凤霞1989年在研究广东农村时就指出，政权与宗族的相互借用，形成了"阶级斗争"与"宗族斗争"互动的关系。杨善华和刘小京也同样指出，"很多地区党的基层组织（县和公社的领导）都有意无意地在安排生产大队这一级领导班子时注意到村中各个姓氏之间的平衡。"① 肖唐镖在研究中也发现了这样的案例，宗族与政府之间

---

① 杨善华、刘小京：《近期家族研究的若干理论问题》，《中国社会科学》2000年第5期。

相互借助，从而使得权力争斗内化到了宗族内部进行。① 建国后至20世纪70年代末，政府对宗族的严厉打击使得宗族组织及其外在象征符号被瓦解，其在传统乡村社会中的正式治理角色逐步被剥夺，其影响力与功能也逐渐萎缩，最终沦为乡村社会中的非正式治理者。通过这一时期对乡村社会的改造，宗族已经实现了由正式的传统治理者向非正式的影响者的转变，其在乡村社会中的合法性权力已经丧失，取而代之的是依据上级政府意志自上而下任命的新型治理精英，确切地来讲是政治精英。乡村社会内生性的权力结构被外来政治制度安排所冲击，宗族即丧失了直接管理乡村社会的权力，又无法左右乡村治理精英的选拔。宗族这一时期能够对乡村社会的影响基本局限于人们日常生活中，同时也会通过乡村社会非正式的权力争夺，如对乡村干部的支持与不支持、配合与不配合来影响上级政府对新型治理精英的任命，以及乡村干部的治理行为。这一时期，与传统乡村社会的主导者相比，这一时期宗族的"非正式影响者"的角色特征明显。②

这一时期，国家与农民的关系也发生了深刻的变化，原本要通过宗族这个中介与农民发生关系的国家，在政权建设中开始逐渐与农民直接发生关系。正是由于一系列的乡村社会改造，宗族在乡村社会的主导地位逐渐丧失，其中介作用也就无从发挥了。农民自发地或在国家的主导之下在乡村社会建立起农民协会、乡村政府以及社队组织等，通过这些组织与国家直接发生关系。出于国家治理能力的限制，传统时期宗族在国家的默许与认可之下承接了乡村正式治理者的合法性角色，而在新时期，在国家尝试与民众直接发生关系时，宗族便被丢在了一边，其合法性也随着国家的抛弃而丧失。应当指出的是，这里宗族丧失的是国家赋予的与国家职能有关的权力合法性，而通过祖宗和神明赋予的合法性权力依旧存留了下来，这也是在宗族式微之后仍然可以发挥作用的根源所在。正是由于国家、祖宗和神明三种权力共同赋予的合法性，使得宗族从组织形态到文化规则，再到各种宗族活动和仪式，都具备了比较完备的功能与权力。建国后国家赋权的消失，甚至对宗族组织、文化、活动和仪式的取缔，使得宗族自身功

---

① 肖唐镖：《宗族政治——村治权力网络的分析》，商务印书馆2010年版，第62页。
② 肖唐镖：《从正式治理者到非正式治理者——宗族在乡村治理中的角色变迁》，《东岳论丛》2008年第5期。

能的发挥受到极大的影响。同时,祖宗与神明赋予的权力与合法性又使得村民在涉及生老病死的日常问题时又不得不借助宗族力量,比如红白喜事操办、点灯、登记入族谱等,毕竟宗族管事人是乡村社会中明白祖宗和神明旨意的人。宗族族长与长老也会定期祭拜祖宗和神明,以显示自身管理的合法性。但是在建国后,国家将这类活动与仪式归结为封建迷信,经常性打压甚至取缔此类活动与仪式,再加上国家对宗族合法性的打击,使得宗族从乡村社会治理的正式主导者沦为了乡村社会的影响者。

(三) 70年代末以来宗族的复兴

1. 宗族组织的复兴

到了人民公社后期,高度集权化的政治经济体制的负面效应开始凸显,越来越成为了阻碍乡村社会发展的因素,尤其是随着"文化大革命"的冲击,全能主义的乡村治理组织开始涣散,人民公社体制逐渐解体,乡村社会经济、政治秩序开始变革,国家政权开始从村庄中抽离出来,为宗族的复兴及参与乡村社会的治理留出了相对的政治空间。同时,乡村经济体制也开始变革,家庭联产承包责任制开始在全国范围内推广开来,家户重新获得了生产经营自主权,家户经营下的能力差别为个体差异提供了可能性,宗族在生产生活的互帮互助的功能也重新被需要。曾经以政治正确性为主导的乡村干部权威塑造开始具有了其他途径,经济能力、文化能力也成为了获取乡村治理权威的重要途径,这就使得乡村社会治理精英出现了多元化。而宗族组织及其管理人员具有村民认可的民约习俗的强有力的话语权和解释权,在获取和塑造自身权威时具有得天独厚的条件。同时,建国后内地的宗族尽管被取缔或者消灭,但是港澳台及南洋地区的华人宗族依旧存在,对内地祖籍地依旧具有浓厚的感情,改革开放后为了获取外资,宗族的牵引成为了其中重要的一个因素。种种因素的交织,使得华南地区的宗族在20世纪70年代末期出现了复兴局面。

对于宗族的复兴,最早冯尔康给出了判断一个宗族是否复兴的标准和依据:第一看是否重修了家谱或具有家谱;第二看是否重修或维修了祠堂。[①] 肖唐镖也认为,如果一个宗族修了族谱或者维修了祠堂,就会有一

---

① 冯尔康:《中国宗族社会》,浙江人民出版社1994年版,第271页。

个牵头人，而且此类活动都要筹集资金，会举办宗族活动，因此也认可这两条标准。并且肖唐镖于2002年时对2001年宗族复兴情况进行摸底，总体情况来看，有超过两成的宗族既有族谱又有祠堂，仅有旧族谱的也近两成，只有新祠堂的不到一成。华南地区宗族复兴情况最为迅猛，有近四成既有族谱又有祠堂，有旧族谱的近三成，有近两成拥有新族谱，具体情况如下：

分区域农村宗族重建情况①：   单位：个，%

	有旧族谱		有新族谱		有族谱和祠堂		样本数	占比
	样本数	占比	样本数	占比	样本数	占比		
华南	81	28.42	52	18.25	107	37.54	285	84.21
华东	39	15.23	25	9.77	50	19.53	256	44.53
中原	25	12.95	4	2.07	27	13.99	193	29.01
西南	60	14.42	41	9.86	85	20.43	416	44.71
西北	1	2.17	0	0.00	1	2.17	46	4.35
东北	9	6.57	3	2.19	9	6.57	137	15.33
总计	215	16.13	125	9.38	279	20.93	1333	

20世纪70年代末至80年代中期这一时期，如果说宗族还是在试探着复兴的话，那么到了80年代中后期以来，宗族则开始了大规模的复兴，包含了宗族组织、重修族谱、翻修祠堂、开展宗族活动等多个方面。宗族组织方面，华南地区的宗族组织受港澳台及海外宗族组织影响比较大，在组建区域性宗族组织的同时，一些大型宗族加入了本姓氏的宗亲会。有些宗族组织也改称为宗族理事会、公共事务联合会等组织，如黄村于2006年成立了"黄村村民理事会"，在2017年注册之时受条款限制改成了"黄村公共事务联合会"。重续族谱、修建祠堂才是一个宗族真正复兴的重要标志，育村黄姓在1996对重修了族谱《大黄屋族谱》，郑村郑氏宗祠于1985年修建，并于2017年年底开始重新修建。

---

① 肖唐镖：《宗族政治——村治权力网络的分析》，商务印书馆2010年版，第69页。由于原本数据有误差，本表在肖唐镖2002年调查数据原表的基础上样本对占比进行了重新计算。

育村黄氏永泰公祠，供奉育黄氏开基祖永泰公，建于明崇祯十年（1637），距今已有三百余年历史。原系原镇平县（现蕉岭县）知县胡惠宾选点，为美女献花形，屋形为三堂出水，建在鹿湖（山塘）面上，古有鹿湖草堂之称，并由胡县令课日动工及进香火的日期。传说进香火的日期属犯三官的忌日，众乡绅因怕打官司而另择吉日（即提前进香火）。至胡县令所选的进香火的日期时，胡县令请三位官轿同来，意即三官镇煞，官轿至分水凹休息时，探知黄家祠堂已提前进香火，即命起轿回衙。在清嘉庆年间（1796—1820）道享先生加高围照两墙。后因族亲父老认为围照两墙高压旺气，于是请钟华仕先生于咸丰七年丁巳岁正五月二十八日未时兴工，将其围照两墙减至原式。清同治乙丑年（1865）上堂屋宇原式龛牌遭逆焚毁，于丁卯年重修屋宇，重修显龛牌式。

建国后永泰公祠先后经历了三次维修和重建，建国初期进行一次维修，具体年代不详。人民公社解体后于1989年六月大修屋宇，重新竖牌位，六月二十四日进香火。2015年9月29日（农历八月十七日）子时众裔孙集资动工修建，至2016年10月27日（农历九月二十七）竣工庆典，耗资接近百万，以修旧如旧保持原貌的原则，从屋顶到墙基全面拆除重新建造，全部用上钢筋水泥墙基，红砖砌墙，杆桷栋梁全部换新，并将中堂、上堂两侧私人住宅全部购买统一拆除，扩宽祖祠280多平方米面积，使之整齐划一，富丽堂皇，更显端庄雄伟。

宗族的复兴必然伴随着一系列的活动，祭祖则是一个宗族组织获取祖先认可的最为重要的途径，尤其是在政府对宗族采取消极态度之后，其合法性已经丧失了最为倚重的来源，祖先与神明的认可则显得格外重要。宗族祭祀活动在传统时期一年分为四次大型祭祀仪式，商周时期"春祭曰礿，夏祭曰禘，秋祭曰尝，冬祭曰烝"，宋代以后基本上保留下来了春、秋两次大型祭祀，同时各个宗族也会有自己特殊的祭祀，比如某一祖先的诞辰或忌日。育村黄氏祭祖最为壮观的是春分祭祀，每年都要在蕉岭县开基祖墓地祭祀，场面较为壮观，一般在数万人之众。每次祭祀只是都会有宗族管事人宣读族规家训，要求族人共勉。

2. 宗族复兴中的功能重塑

当宗族组织及其外在象征恢复以后，其功能便开始借助各种场合发挥出来。首先是实现生产生活的互助。家庭联产承包责任制实施初期，人民公社体制解体，生产中所依赖的集体组织不复存在，于是宗亲之间的互助合作成为了解决农业劳动力不足的重要途径。日常生活中，由于市场经济在乡村社会发展不充分，红白喜事、房屋修建等都需要需求宗族成员的帮助才能完成。红白事一般在祠堂举办，宗族管事人基本全都到场，由族长主持仪式、会计记录礼金名单等，每个宗族管事人都有明确的分工。当族内某家修建房屋时，如果自己无法请到足够的人手，也会请求族长的帮助。此外一些宗族也会举办一些奖学助学、慰问孤寡老人等公益性活动。黄村成立了教育基金会，每年都会对宗族内考学较好者给予一定的奖励；每逢年过节时还会向村庄中困难群众和老人发放慰问物资。除此之外，宗族也会经常参与到村庄公益活动之中，比如修桥补路、修建公共活动设施等。宗族依靠日常中的此类活动逐步获得宗族成员的认可，从而获得其威望，进而增强其对宗族成员的号召力和约束力。并且随着宗族组织的活动不断增多，其权威及处理乡村事务的能力甚至超过了村委会、基层政府。

2017年5月，黄村村民理事会（县民政局注册名称为黄村公共事务联合会）收到一份邻村的交涉函，其内容主要是讲述黄村某村民在该村坑岭土地上种树，此事经该村小组及该村村委会讨论多次，并先后与该村民、村委会、区国土局、镇司法所等部门沟通，但都无法解决此问题。因此，经该村村民小组和村委会一致讨论，将黄村村民在该村坑岭土地上种树的事情交由黄村村民理事会帮助处理。最后，黄村村民理事会出面做此工作，并顺利解决了问题。由此可见，宗族组织复兴后，其在乡村社会组织生产、处理纠纷等问题上发挥了较为重要的功能，甚至其能力与威望已经超过了地方政府部门和村委会。久而久之，在遇到问题时，村民就形成了非必要不去找村委会的习惯，国家正式建制之下的村委会权威被宗族组织不断消解。

宗族带来的并非都是积极作用，宗族组织的复兴必然带来宗族观念的重新强化，而宗族观念的重新强化则可能会激化宗族之间的矛盾，原本已经压制下的传统宗族矛盾被重新提及，甚至有些不同姓氏个人之间的矛盾甚至会在不断拉拢宗族成员壮势的基础上演化成宗族矛盾。尤其是华南社会，山地、丘陵、海田等较多，这些资源界限不清晰，极容易发生越界现象。

育村黄、丘两姓在梅子坑附近历史时期就有矛盾，旧社会时因为纠纷出过人命，后来此地就被搁置下来，两个宗族都不去触碰。但在1984年由于黄姓一人到该区域割芦箕，被当时丘姓庄长丘供义发现，当场损坏了该人割芦箕的勾索扛子和镰刀等工具。后来由于宗族荣誉感的不断强化，导致了黄、丘两姓的纠纷，有数人受伤。此后该地被育村村委会划为两姓公地，共同所有，但丘姓并不认同，并不断抗争，但也基本相安无事，没有再出现大的纠纷。在工商资本下乡背景下，2018年因为在梅子坑附近选址发展木耳基地的事情，两姓矛盾而再次被触发，并引发了丘姓的上访，导致工程流产。两姓之间的山林纠纷始终是埋在两姓之间的定时炸弹，没有人敢触及。

育村的宗族矛盾基本上控制在村庄内部之中，因为没有引发大的冲突而没有多大影响。黄村王氏有2.3万人，集中分布于四个行政村和两个行政村的自然村，由于族大人多，一旦发生宗族矛盾，影响就较为严重。正是在20世纪90年代宗族复兴的浪潮中，黄王氏与邻村杨氏，两个曾经同仇敌忾抗击法国侵略者的宗族之间，发生了一场惊动广东全省的械斗事件。

解放前，两个村落之间有大片海湾，分散两侧。由于海洋资源有限，土地、以及码头的争夺，两姓历史上就发生过多次纷争，不过那时要绕过港湾才能直接进行械斗。建国后，沿海地区开展了轰轰烈烈的造田运动，两个姓氏村落之间的海湾被"填海造田"，形成了平坦开阔的海田，中间一条2米的水沟既是灌溉水沟，又是两个村落的分界线。这片海田成为了1991年4月发生在两个宗族之间的械斗事件的主战场。

据多个黄村老人介绍，因为改革开放初期，粤西地区比较乱，当时两个宗族的一些族众为了承包工程及收取保护费，成立个别类似黑社会的组织，之间时常有一些摩擦发生。导致械斗的起因其实比较简单，一日王姓一人因为没有提前打招呼喝了杨姓一人的茶，杨姓该人觉得有失面子，就把王姓人给打了一顿。王姓人咽不下这口气，就叫了几个人带着武器去遂溪县城将那个杨姓人抓了起来，准备带到黄村。杨姓人那边叫了警察在回黄村的路上进行堵截，不知什么原因黄村的人在堵截中被打死了三个（有人说因为当时绑架了前来处理事情的警察，导致了悲剧的发生），彻底惹怒了王氏宗族，因为有警察的参与而将怒火引向了政府部门。于是王氏宗族组织人冲击了当时驻地在该村的镇政府及在黄村边的糖厂武装部，抢出了两挺高射机枪及一些其他武器，导致了镇政府长达一月没有上班，后来镇政府搬出了黄村。抢出机枪后在海田朝对面扫射，据说打死了几个在海田劳动的杨姓人，事态进一步扩大，两姓人在海田展开了械斗。县里紧急调动工作队进村，但是并没能有效制止，由于黄处于湛江机场航线上，高射机枪对航线造成了威胁，惊动了省里，最后武装部队围村，并在海田中间位置警戒。最终平息了械斗事件，收缴了武器，并处置了相关人员。但是在黄村这边，最初被警察打死三个人被埋在戍戍中学。戍戍中学中建有抗法纪念碑，当时抗法英雄也埋在此处，由此可见三人被当作了宗族英雄埋葬在此。

宗族斗争并非总在一个区域内进行，有时候是跨区域的。比如黄王氏的一个支脉居住在吴川的一个小村，大概300余人，处与其他宗族的包围之中，刚开始经常被周围宗族欺压。后来该小村宗族长老找到黄宗族，请求协助，黄王氏宗族便派人去过几次，帮助解决该村与周边宗族的斗争。由于有了黄王氏的撑腰，旁边宗族再也不敢轻易欺负。

黄村具有贺雪峰、仝志辉（2002）所描述的"以伦理或神性为基础建立起来的社会关联"的强社区记忆的特征，传统的"老爷"文化在其中被表现得淋漓尽致。改革开放后，黄村的私营经发达，而外出经商的人也很多，新观念在无形中被带进村庄。然而，现代化进程并没有冲淡黄村的传统社区记忆，反而具有反塑作用，使得其"有特色"地存在着。

20世纪70年代末期以来，宗族通过修谱、续谱、重新祠堂坟墓、宗族祭祀等活动增强族人对宗族的认同感，并通过日常互助逐渐增强了宗族的号召力与威望，最终开始向乡村社会政治生活进行渗透，在村庄选举、村庄发展等事务中发挥着越来越重要的作用。宗族的复兴以及人们公社的解体使得乡村社会的治理出现了松动，形成了国家正式建制与非正式治理组织共存的现象，70年代末期以来二者在竞争与合作中实现了共生。

第六章　宗族底色下的乡村治理样态

作为聚族而居的亲族，宗族成员之间不可避免地发生着联系，但宗族组织力量的强弱对宗族成员之间的联系有着极为重要的影响。在宗族组织被打散的建国以来的前30年中，在政治高压之下，宗族成员之间主要通过人民公社、生产队等集体组织发生联系。

20世纪70年代末期以来，人民公社解体，逐渐确立起了"乡政村治"的乡村建制。"乡政村治"作为目前我国农村治理结构的基本格局，虽然以"村民委员会"为组织载体的村民自治为培育乡村社会的社区精神和农民的民主能力提供了平台，但是却无法应对经济社会环境巨大变化带来的挑战，尤其是税费改革后国家政权悬浮于乡村社会之上，在悬浮型政权下，集体机构力量减弱，乡村社会缺少权威整合和动员资源。乡村建制经历了一系列的调整与规划，国家政权出现了建国后的第一次撤退，宗族在此期间得到了复兴机会，使得宗族组织也在这一时期得到重建。2006年农业税的全面取消，在一定程度上缓和了村庄内部的干群矛盾，但是以农业型村庄也随着村级税费提留的消失而使村委会失去了经济来源，部分村委会陷于瘫痪状态，村庄体制内精英出现了第二次撤退。随着两次体制内精英的撤离，这就为宗族组织参与村庄事务提供了空间，宗族组织出现了较强的复兴势头，乘着改革开放东风而首先发展起来的宗族成员开始按照记忆中的宗族样式重新组织宗族。这一时期，宗族组织的复兴及宗族活动的增多，使得宗族在乡村社会治理中开始以一个非正式治理者的角色出现，成立宗族理事会、乡贤理事会、公益理事会等实体机构，逐渐在乡村社会中发挥着重要的作用，并受到地方政府的积极扶持和依赖。从而在乡村社会形成了正式与非正式、传统与现代两种组织与力量并存的局面，二者既竞争又合作，影响着乡村社会的治理样态。

一 "乡政村治"下的宗族

尽管宗族得到了复兴,但是并非完全回到传统时期,已经经历了政治洗礼的宗族也无法再造传统宗族的主导地位,只能作为一个非正式的参与者出现。但各地宗族复兴的程度又不相同,导致了宗族参与地方治理的角色也不尽相同。从国家与社会关系视角来看,宗族依旧是作为乡村经纪人而存在的,只不过随着时代转变,其经纪人角色也在不断转变。

(一) 宗族乡村经纪人角色的转变

从人类社会关系演进来看,与生俱来的血缘关系是人类最初始和本源的关系。马克思、恩格斯认为,"家庭起初是唯一的社会关系。"正是在血缘关系基础上生成氏族社会。国家是按照地区来划分国民的,两种不同的划分与管理方式使得二者必然产生竞争,但国家取代血缘社会是一个漫长的过程,在国家"能够代替按血族来组织的旧办法以前,曾经需要进行多么顽强而长久的斗争"。[①] 氏族社会解体后,宗族作为血缘关系的纽带,必然成为了国家试图控制的对象。国家通过礼制、宗族法等影响力逐步渗透进宗族组织内部。到了20世纪前半叶的晚清民国时期,乡村社会的宗族精英在国家与族众两种力量的牵引之下已经开始分化,演化成了杜赞奇口中所说的"经纪人"。按照与国家和族众关系的不同,将乡村社会与地方政府之间的中介划分为"保护型经纪人"和"盈利型经纪人",乡村治理体制也相应划分为保护型经纪和盈利型经纪。

保护型经纪:作为"传统士绅"的经纪机制。封建制国家统治下,国家官僚机构的管理并没有渗入到乡村一级,士绅和宗族成为乡村社会的权力载体,构成了传统乡村社会秩序得以维系与再生产的组织基础。黄宗智认为士绅和宗族构成了"第三领域",为国家和乡村互动提供了一个有效场域,国家通过动员乡村社会的"经纪"(传统士绅),采用半正式行政的方式实现传统社会集权体制下的简约治理。在这种简约主义导向的治

---

① 徐勇:《历史政治学视角下的血缘道德王国——以周王朝的政治理想与悖论为例》,《云南社会科学》2019年第4期。

理下，地缘保甲与血亲家族高度重合，表现为一种"政统"与"血统"相辅相成的、高度稳定的乡村治理秩序结构。作为沟通国家与乡村的经纪，传统士绅通过其所处的"社会文化网络"的整套机制，织造出社会网络和乡村社会的地方规则，以意识形态共同性和建基于此的道德感来维持国家与社会间的平衡。作为传统士绅的经纪机制，本质上是一种现代化进程中的保守力量，通过传统文化和伦理精神，形塑社会结构免遭外来侵袭的一种保护型经纪。

盈利型经纪：作为"地方精英"的经纪机制。随着中国现代化转型的深入，传统国家的正式机制和思想基础破坏殆尽，传统士绅产生机制"科举制度"的废除极大削弱了经纪的权威，士绅阶层急剧衰落。士绅的衰落伴随着乡村治理秩序结构的虚空和无组织化，保甲制度成为维护地方统治秩序的主要工具。"政统"不再与"血统"表现为重合状态，保甲制度与血亲家族之间高度稳定的秩序结构出现分离，以土地财富和土地控制权为基础的"胥吏豪强"（盈利型经纪）侵蚀僭夺了乡村主导权。在这一过程中，以传统文化和伦理精神构建的社会文化网络无法有效适应国家治理的合法化建构，基层资源的支配权和汲取能力成为了盈利型经纪的权威来源。然而，新的经纪并未获得乡村社会治理的合法性，国家政权建设陷入内卷化困境。

"经纪人体制"作为国家与基层社会的中介机制，是一个地区民众与国家对话与信息交互的桥梁，借助这种"血统"与"正统"的关联机制，乡村社会形成了自己的权威群体，血缘与地缘则是这个群体条件与基础。随着现代国家的构建，乡村社会的权威结构也发生了较大的变化，尤其是建国后，随着国家政权的下沉，传统治理权威发生了转变，已经不能用传统的"经纪人体制"来解释。以国家力量主导的权威群体打破传统的权威结构，形成了国家主导下的乡村治理，也塑造了新的权威群体及"经纪体制"。

新中国建立后，中国共产党通过"政党下乡"和自下而上的底层革命治理乡村社会。保甲制度与血亲家族之间稳定的秩序结构被彻底打破，"血统"与"政统"间关系进行了组织重塑。经济方面，乡土社会中家庭作为经济活动基本单位的细胞被集体组织取代，实现了国家权力对乡村社会的再整合；政治方面，土地革命重构了村庄权力结构，乡村宗族势力被摧毁，国家政权打击传统地方经纪的同时，又在不断塑造新经纪，形成了包括互助组、农业合作社、人民公社等制度化的"权力的组织网络"。这一时期，乡村治理的基本单元是通过国家政权构建的"公社——生产大队——生产小队"的标准化、科层化的组织体系，将传统社会中封闭的农村社会和独立的农民个体直接纳入了国家的政权体系。

20世纪80年代后期，"乡政村治"成为了国家与乡村社会关系的基本格局。村委会成为农民与国家之间的联结纽带，拥有对乡村资源支配权和村民权利实际界定权的村干部扮演着国家代理人和村民当家人的双重角色。21世纪初，税费改革标志着国家依托于乡村集体进行的间接治理模式的终结，以个体权利为核心的直接治理模式逐渐兴起。乡村治理中出现了体制内精英、经济能人、项目代理人等多元地方经纪，形成了以"行政单元"为主导、多元地方经纪并存的经纪体制。[①]

（二）宗族传统治理权威的消解与转型

复兴后的宗族，试图想要全面复制传统宗族的功能及地位，但是社会发展的大环境已经发生翻天覆地地变化，宗族的传统治理权威必然也要随着社会大环境的变化而变化。

1. 宗族组织面临的困境

一直以来，获取政府的承认与支持都是宗族权威得以在乡村社会树立的重要影响因素。正是由于政府的加持，使得宗族在乡村治理中发挥了极其重要的作用。但是新中国成立后，新的国家政权转变了对宗族的态度，开始对传统宗族进行现代化改造，甚至一段时期内出现了取缔宗族组织的现象。其实这种态度转变自清末民国时期就已经开始出现，但是由于国家力量的不足，其政策无法有效推行和实施，通过乡村机构设置导致地方机构冗杂，但治理效力却不见增长，引发了地方政权的"内卷化"；通过对地方精英收编的收编，使士绅阶层的分化，产生了"保护型经纪人"与"盈利型经纪人"。

尽管人民公社解体之后，宗族尽管出现了两次复兴势头，但是在国家

---

① 原超：《新"经纪机制"：中国乡村治理结构的新变化》，《公共管理学报》2019年第2期。

政策的大环境之下,宗族组织始终无法得到国家政权的承认与认可。与此同时,受过各种运动洗礼的族民,与国家的关系越来越近,也逐渐开始通过国家建制单位与国家直接发生关系,不再单纯依靠传统的中介组织。国家与民众的直接对话与交互,使作为中介的宗族存在着被抛弃的可能。在新时期,宗族在国家权力不认可、非农经济发展、人口流动性增强的三重压力下,面临着政治、经济、文化三个层面的困境。

从政治层面来讲,传统时期,尽管乡村社会在宗族组织的主导下运行,但这种自治也是在国家政权的认可与支持之下的治理。如明王朝时期,国家通过里甲制度将影响力渗透进宗族,将国家意志渗透进宗族法规及宗族的礼仪与规制中。明王朝的里甲行政安排,使宗族礼仪规则,如子孙继承规则,具备了法理的意味。因此,编户登记就成为了分配田产的手段。"户"一旦被赋予法律定义,则子孙继承也将受到影响,因为法律容许人们操纵过继来控制田产。但是,子孙继承附带有祭祀祖先的义务,因此,有关田产控制权的法律细节,是能够、并且也经常是通过礼仪条文而表达出来的。关敏庙的例子让我们明白,对一个宗族成员进行定期祭祀,再把这定期祭祀安置于宗族的脉络里,对于王朝——乡村关系,有着重大的意义,远非单纯符号这么简单。① 但是新中国成立后,国家政权对宗族的态度发生了180°大转弯,宗族不仅丧失了国家政权的支持和认可,还在土地改革、人民公社、文化大革命等一系列政治运动和国家政权建设浪潮中被打压,并在人们公社时期销声匿迹。20世纪70年代末以来尽管由于国家力量从乡村的撤退,宗族出现了一定程度的复兴,但宗族始终属于未被国家政权认可的力量。尤其是当国家在乡村地区的正式建制取代传统宗族管理机制之后,国家意志的传达及政策的推行都可以依靠基层政府和村委会来完成,宗族便失去了利用的价值,中介作用便消失了。但是宗族、宗族组织及其运行规则作为千百年来乡村社会运行的主要组织载体和文化载体,又在乡村治理中占据着重要的位置。

从经济层面来讲,与传统农业时期小农经济不同,随着农业生产与服务的现代化发展,小农之间的互帮互助已经逐渐被市场化购买服务来取

---

① [英]科大卫:《皇帝和祖宗——华南的国家与宗族》,卜永坚译,江苏人民出版社2010年版,第89—90页。

代。属于劳动密集型的传统农业生产，将人们直接束缚在土地之上，单家独户的小农生产无法应对天灾人祸，也没有能力抵抗外部的侵扰，传统时期，由于国家能力的限制，其在农业生产的基础设施供应上明显不足，在提供农业减灾、救灾方面严重不足，这就使得家庭有了联合的必要。因此以地缘与血缘关系构建起来的宗族组织就成为乡村社会组织农业生产的重要组织载体，宗族主导下的农业生产互助成为了乡村社会经济发展的常态，甚至出现了一些如青苗会、水利会等的联宗组织。而在农业生产现代化的背景之下，农业生产服务体系逐渐建立起来，从耕地到播种，从田间日常管理到收割，都可以通过购买服务来实现；另一方面国家对农业的投入与扶持不断增强，农田水利、田间道路等基础设施基本实现了国家的直接供给，宗族在其中所能发挥作用的空间被不断压缩。

同时，这一时期，非农经济不断增长，农业经济占农民收入的比重不断下降，外出农民把土地出租或免费给亲戚和邻居耕种，甚至在一些地方，土地撂荒现象严重。原本束缚在土地上的农民流动性日益增强，乡村社会不再是一个"生于斯、长于斯"的场所，流动性增强的乡村社会成为了村民的驿站、码头，流动性增强的村民则成为了乡村社会的候鸟群体。随着宗族成员之间的利益联系日渐疏远，他们之间进行联结的必要性也在逐步下降。

从文化层面来讲，宗族不仅是作为一种组织而存在，它还是人一生最终极的追求，出生进入族谱，死后进入祠堂，是个人依附于宗族组织最直接的体现，祖宗的德性也是宗族成员学习的榜样。"不孝有三，无后为大"，为宗族传宗接代是最大的孝顺。有了后人才能保证本宗族、房支血脉不断传承，才能保证自己死后能够享受后人的香火。同时很多宗族通过开办私塾或者定期的宗族祭拜，使宗族观念与伦理精神不断延续，承担起了教化功能。而当下宗族的教育、教化功能在不断降低，众多原本由宗族来承担的教化任务回归到国家层面。随着学前教育的推行，即使是在村留守儿童，基本上从三岁开始就被纳入到了现代化的教育体系之中，通过就学、就业，建立起了新型的现代化关系，打破了宗族的血缘地缘界限，逐渐树立起以地缘、业缘为主的关系模式，传统宗族认知与宗族观念逐渐淡薄。与此同时，乡村地区丧葬制度的改革，使得宗族集体坟墓群逐渐消失，取而代之的是公墓，祖先祭拜的优先权逐渐让渡于近亲属的祭拜，尤其是在单位工作后比原本农业耕作时的空闲时间压缩,在外工作的宗族成员参与宗族集体祭拜的时间与次数越来越少,与祖先的距离逐渐疏远,宗族成员之间关系也因为缺少必要的走动而变得越来越疏远。郑村紧邻潮汕地区,该村居民大部分前往潮汕地区务工、经商,流动性较强。该村的郑氏祠堂自1985年修建后便再也没有改修过,而村庄内的祖屋却越修越漂亮,奢华程度远远超过了宗族祠堂,每年过年过节时也比较热闹,往往是一个大家庭聚在一起谈笑风生,宗族活动则很少关心。同时,在地方运行规则层面来讲,传统宗族法是地方社会运行的基本规则,但是随着现代化的推进,包括现代法律、法规在内的国家规则不断进入乡村,并逐渐成为了主导乡村社会运行的规则,宗族规则对个人的束缚越来越微弱。随着宗族经济能力的下降,其所能够组织的文化活动也越来越少,与此同时,国家的文化供给不断增强,文化活动中心、非物质文化遗产保护等力度越来越大。

宗族内部,辈分是最重要的,因为在"祖赋人权"的传统时期,人一出生就在某个家庭与家族内部赋予了相应的权力,嫡长子继承制、忠孝思想等制度性约束又在不断强化着这种权力的赋予。随着村庄的流动以及经济结构的变化,村庄内的权威体系被重塑。传统时期,甚至到改革开放初期,村民获取生产、生活经验主要通过老人的传授、自我生活中的体会,因此有了"我吃过的盐比你吃过的面都多""我走过的桥比你走过的路都多"的说法,这就说明亲身体验是获取生活经验的主要途径,这就需要长时间的积累,老年人就自然有了更多的话语权,进而获得了更多的认同与权威。随着现代农业技术下乡、信息下乡、法律下乡等,分别从生产、生活与规则三个方面不断消解着村庄权威塑造的路径,传统权威也在这种消解中不断衰落。

从宗族功能来看,宗族组织的外在形式其实是与其活动范围与职能是相对应的,二者是外在与内核的关系,宗族组织的转型背后必然是宗族承担的功能发生了变化。前面已经讲到宗族组织的功能大致可以划分为政治、经济和社会三大类。政治功能主要包括协助政府管理户籍、征收赋税、兵役,宣扬王朝意识形态,随着国家正式权力的下沉,宗族的政治功能不断被消解,之前依托于宗族而存在的乡绅也分化为保护型乡绅与营利型乡绅,乡村经纪人由此分化为政府的下延组织和村民的自治组织;经济功能主要包括组织农业生产、管理宗族田地房产等祖业，随着土地改革等一系列的产权制度变革而丧失，部分宗族通过建立现代经营制度而宗族企业、家族企业，实现了宗族经济职能的现代化转型；社会功能则包括教化族众、生产生活互助等，政治与经济支撑丧失后的宗族，其社会功能也陷入了消迹期，随着改革开放后宗族的复兴，诸如祭祖、日常互助等社会功能首先得到复兴，并不断通过影响村委会选举，甚至进入村委会、乡镇政府部门而获取基层的政治权力，但这种对政治权力的介入通常是以个人身份进入的，即使带有一定的宗族色彩，也很容易对其实现现代性的政治驯化。

随着国家政权建设的深入推进，尤其是2006年农业税取消之后，村委会由原来的征税和计生干部转变为乡村公共服务干部，再加上国家对乡村社会的持续投入，村委会权威逐渐提升。而随着农业生产水平持续徘徊不前，宗族获取资金捐助的渠道主要转向了在外经商、从政等群体，而由于这些人长期在外，当村庄中直系亲属都不在后，他们与村庄的关系也就慢慢变淡。郑村宗祠自1985年修建以后，已经破败不堪，如果不是趁着乡村振兴建设，将祠堂扩建为宗族文化展示中心，这个祠堂的重修估计还是依旧无法完成。在2015年时，村委会就将宗族内的各个房头及村民小组长召集起来，提出过重修郑氏宗祠，但是由于宗族事务一直由两个长期在村、召集能力欠缺的人管理，宗族组织的内在核心凝聚力已经消散。

总的来看，20世纪70年代末复兴以来的宗族基本上是作为一个被排除在正式体制之外的乡村治理组织，其经济与政治功能发挥有效，作用主要局限在社会功能层面，并且呈现出一个功能范围不断缩减的过程。作为地方治理中的重要力量，宗族承担的功能功能涵盖了从祖先祭祀到村民互助的多个层面，但是随着国家对乡村社会的的治理能力不断提升，国家以及社会组织逐渐承担起了医疗、养老、助学等功能时，宗族的功能及发挥作用的空间便不断在被迫收缩。直到前几年，育村黄姓内部还有一些具有农业生产、医疗合作、丧葬帮扶等功能的社会组织，但是随着宗族组织获取资源的途径越来越少，获取资源的数量越来越少，宗族不断剥离着边缘功能，呈现出一种不断"甩包袱"的过程，将部分功能让渡给国家和村委会。

2. 宗族内部的分化

一个组织紧密的联结主要是依靠利益整合与目标导向，当利益联系与目标导向不在了，组织的涣散也就随之而来。宗族作为一个集血缘、地缘、经济文化利益在内的共同体，血缘和地缘之所以可以凝聚起来，只不过是具有得天独厚的条件，但这种条件并非永久存在的，通过内部生产生活的联合以及对外竞争与防卫形成的内部利益关系才是其存在的最为根本的条件。宗族意识的存在有赖于宗族之间的竞争，正式与其他宗族不断的竞争中才不断强化着宗族成员的身份意识。当宗族内部联合的必要性降低以及与外部的界限与竞争弱化之后，宗族意识便会逐渐变弱，宗族内部的分化也就顺利成长了。

在育村中，有三个关系较为复杂的姓氏——黄姓、丘姓及钟姓。从整个育村来讲，黄姓是强势姓氏，丘姓是弱势姓氏，但从南坑片区来看，丘姓又成为了强势姓氏，钟姓则成为了弱势姓氏，但从蕉岭整个县来讲，钟姓又成为了最大的姓氏，有着"钟半县"之说。范围不同，宗族的强弱对比关系也就变得微妙了。在育村内，黄姓的优势地位主要体现在四个层面：一是人口众多，育黄姓有1200多人，占据了全村人口的三分之二；二是占有的生产资源较多，全村20个生产队中有13个生产队都是黄姓的，也拥有较多的山林面积、鱼塘；三是育村与外界联系的三条主要干道，都有黄姓把手，占据了更加便利的位置；四是黄姓一直掌握着育村内的行政权，这也是黄姓最大的优势所在。尤其是在村民选举之后，在现有选举制度安排之下，丘姓及其他姓氏就很难进入村委会了，再也无法与黄姓相抗衡。在村委会逐渐掌握村庄发展主导权之后，占据村庄行政权的黄姓不断扩大着与其他小姓的差距。但黄姓也并非铁板一块，其内部由于居住片区及房支划分为了三块，黄氏老屋、岗背、坝里三个自然片，坝里主要以三房为主，老屋、岗背则主要由二房为主，四房人数较少，主要分布在老屋。三个片区由于房支、居住地的分割，导致了当遇到宗族内部遇到竞争时，片区就成为了人们最主要的身份区分。甚至在1984年黄姓与丘姓因为梅子坑而产生斗争的，也主要是岗背片和坝里片，因为梅子坑位于岗背片与丘姓南坑之间，而坝里片则在另一方位与南坑接壤，因此在与南坑斗争的岁月里，两个片区形成了互帮互助的传统，而老屋片则会因为同宗同族排出部分人员助威。实际上黄姓与丘姓之争也主要是岗背、坝里黄姓与南坑丘姓之争。

在南坑内部，又有丘姓和钟姓之分，宗族强弱又有了新的转换，在南坑片区事务上，丘姓处于绝对优势地位，钟姓则处于依附地位，甚至在丘姓修建祠堂等极具宗族色彩的事务中，钟姓也都有捐款。当处于南坑来讲时，丘姓内部也并非铁板一块，也有三房和二房之争。二房在人口上占有优势，三房则长期持续主导南坑事务。三房的丘寿昌在目前南坑丘姓事务中分量较足，原本是镇中学老师，退休后在家，由于有文化、文笔较好，在近年来历次丘、黄两姓矛盾时都起到了带头作用，并书写诉状由族民带往乡镇上访。其子现在为南三组组长，并且为南坑片的片长，原来片长为南坑丘姓媳妇钟丽平，也是在其帮助下当选的，目前成为了育村党委委员。南坑丘姓也正是在与黄姓的竞争中彰显出了较强的凝聚力，黄姓在一定程度上成为了丘姓的假想敌而存在，为了避免遭受欺负，丘姓在面对黄姓时只能紧紧团结在一起。在一些村庄事务上，为了突显丘姓的存在感，甚至采取一些非常规手段，包括不认同村委会、不认可纠纷山林裁决、不配合木耳基地建设、上访告状，通过对上级政府施压来达成限制黄姓的目的。南坑钟氏从三公里外的叶田村迁移下来的，主要是住在在南坑，由于人数较少，基本上是依附于丘氏。据介绍钟氏和丘氏渊源深厚，钟氏现在的居住地是钟氏祖先用五斗谷向丘氏换的，钟氏来村开基，现有400多年历史。钟氏始祖去世后，后人建祠一座，占地150平方米左右，取名"颍川堂"，1866年重修，现仍使用，现存祠堂老旧。钟姓尽管建有祠堂，但人数越来越少，目前户籍人口仅50余人，在村常住人口仅7户，20来人，每年举办宗族活动时由在村各户轮流主持。

在育村，尽管宗族色彩浓厚，但体现出了一种行政主导的趋势。尤其是农业税费改革以来，国家对乡村社会的投入逐年增长，而资源的投入主要通过村委会来实现，因此，村委会在村庄事务中占据着越来越重要的位置。而传统宗族内部，由于宗族成员鲜有大富大贵之人，并且年轻人员常年在外，捐款数目已经无法与村委会资源相提并论，村民对村委会、对行政权力的配合与依赖已经达到了较深的层次，村干部的话语权与威望逐渐增长。从片权逐渐取代宗族成为管理村庄事务的重要权力也可以看出，"治权"的重要性越来越强，而传统血缘、地缘亲情已经变得越来越淡。

育村片权的产生源于20世纪90年代，其实也是不得以而为之。由于行政区划的调整，原行政村进行合并，老屋、岗背、坝里、南坑、松石曾几个村庄合并，成为了现在的育村。尽管合并成为一个行政村，但是各自然村用于土地、山林所有权,村委并无法直接掌管自然村中的建设及开发,因此,为了方便管理,时任村书记黄佛佑提出,按照原有自然村分布,分片管理。每个片区在几个村民小组长中选举出自己的片长,即传统意义上的自然村村长。各片地位平等,独立运行,建立了自己的管理制度和财务制度,各片拥有片内资产处置的权力,村委会基本上负责盖章确认。各片之间少有财务上地支援和往来,片内基础设施建设基本由各片自行筹资建设,最终形成了"片级所有、片内共建共享共治"的局面。育村内不仅行政村内出现了片的分化,而且宗族内部也出现了片的分化。黄氏宗族内部有老屋、岗背、坝里三个片,片与片之间的独立核算制度使得宗族内部的联结并不强。因此,即使是宗族内部,片区之间的利益也一般高于宗族之间的利益。每个片基本上都有组织片内建设和活动的能力,可以做到协调内部村民利益,因此,当村委会想要在片内使用土地或者开展建设时,必须首先征得片内的统一。与其说育村的治权是建立在宗族之上的,倒不如说是建立在片区之上的。宗族确实可以在一定程度上左右村民的认同与自豪感,但宗族活动基本上就是在特定宗族人员主导下的自愿捐款的传统祭祀活动,在当下农业经济弱势、现代文化冲击之下,宗族筹集款项的能力与空间已经受到严重挤压。反观片区内,土地、林地属于片区,片区内部资产独立核算,公共设施片区主导,片区才是真正涉及村民切身利益的场域,村民也就理所当然地被收聚到了片区内部。因此,在育村内部形成了认同度的差序格局:片区——宗族——行政村,先是片区,再是宗族,最后才是行政村,片区治权是村庄治权的核心。

不管治权在哪一层级,最为根本的核心是村民的利益需求。原本农业生产及防卫互助等利益基础上的宗族,具有联结的先天地缘和血缘的优势,但是当这种根本利益需求不再存在时,个人利益、片区利益也就不再需要为了宗族整体利益而做出让渡。村民的利益需求不断多元化,整个宗族范围内的联结已经变得越来越难,但宗族因素仍旧影响着华南地区乡村社会治理。从育村外来农业公司选址一事就可以看出,宗族在其中扮演着较为重要的角色,但这只是在涉及与其他宗族利益纷争的时候。其实在第一次黄、丘两姓之间土地破产之后,选址纷争基本上就成为了黄姓内部片区之间的竞争。以黄关生为主的人想将基地选定在岗背片的原矿场,以黄新民、黄忠铎为主的人想将基地确定在老屋片石场附近的炉下。当宗族内部的核心利益丧失后，宗族的分化就成为了必然。

宗族的分与合、联与破，可以说都是根据利益聚合程度来实现的。当宗族组织无力独自承担该功能时，便会寻求其他宗族的协助，在"唇亡齿寒"的心理预期下，宗族的联合便得以实现。当外部威胁消失时，宗族之间的竞争便成为重点。推而及之，当宗族与其他宗族的竞争弱化时，宗族内部的房支竞争、片区竞争便变得更为明显。因此可以看出，宗族的竞争与合作是随着外部环境的变化而变化的，并没有明确的敌我之分，更多的是利益之争。不过，大部分的时间里，如果没有外部的介入，宗族之间也基本上相安无事。

3. 宗族组织的现代转型

随着宗族核心利益的丧失，宗族存在的必要性越来越受到宗族成员的质疑，尽管显性层面依旧会支持或参与宗族事务，但是内心对宗族的认同已经逐渐在消解。宗族要想重新整合族众，就必然要通过对自身的改革来实现宗族组织的维系。宗族的转型其实在清朝末期就已经开始，最为典型的应当属于香港地区宗族的转变。

（1）香港宗族组织的转型

香港地区原本为疍、傜等土著居民聚集之地，后来随着北方居民相继南迁，逐渐在此开村立业。一些宗族，如锦田、屏山的邓氏，新田文氏，粉岭彭氏，上水廖氏等在宋元时期已经陆续从广东、江西移居新界开村立业，到了明清以后，迁入的宗族则更多。各姓氏宗族在此开基后陆续建立宗祠、分祠以及家祠，作为团结族人、维系乡村秩序的中心。宗族作为一个政治共同体而实现着对乡村社会的有效治理。[1]

作为政治组织而存在的宗族

自英国占领之后，新界村落的宗族组织受到了严重的冲击。但为了保障族民利益，抵制英国的殖民统治，以宗族为组织基础，"各村代表在元朗旧墟大王古庙东平学社内开会决议成立了抵抗斗争的统一领导机构——

---

[1] 陆绯云：《宗族、民族——国家与现代性：宗族作为政治共同体在现代社会存在的空间与张力》，载黄宗智主编《中国乡村研究》（第四辑），社会科学文献出版社2006年版，第125—154页。

太平公局。作为领导抗英的指挥中心,并决定每村至少出银一百两,充作抗英费用。除此之外,各个姓氏家族的族众都积极参加抗英活动,其中以新界邓、廖、彭、侯、文五大家族的参加者为众,成为了抵抗英军入侵的主力,也成为了地方势力的代表。"① 新界的宗族组织作为政治共同体而存在,既抵制了英殖民政府的强制接管,又在一定程度上保障了宗族的利益,当一族一姓无力承担此功能时,宗族之间的联合就有了必要。

正是在宗族组织的抵制之下,港英殖民政府与清王朝重新签订了新的协议:租借地之坟墓永远不得迁移,当地之风俗习惯按照居民愿望不得更改。1899年4月7日,港英殖民政府贴出新的告示:"凡却属尔等自置田产,仍归尔等自行管业,尔等善美风俗利于民者仍其旧,毋庸更改。"1910年制定出台的《新界条例》更是将新界原住民这一系列的权益规范化、法律化。宗族通过组织起来维护自己的权益,并影响着港英殖民政府的统治。1923年,针对港英殖民政府拟实施的建房补偿政策,以宗族组织中的乡绅为代表发起成立了新界农工商研究总会,由于这一宗族联合组织的强烈反对,该项政策被迫终止。在新界农工商研究总会的基础上,新界于1926年成立了乡议局,作为法定的新界最高民意咨询机构,直到1959年,确定乡议局为香港政府咨询新界民意的唯一法定组织,并搭建起乡议局的组织框架:新界乡议局领导新界27个乡事会,27个乡事会领导600多个村庄的三级管理架构。

以宗族为底色的新界乡议局作为新界民意咨询的正式机构被确定下来,但其并非是一级政府机构,而是作为法定的咨询机构而存在。政府有什么关于新界的政策都要先去乡议局去咨询征求意见,乡议局则召集成员聆听政府官员的政策报告,然后回到自己所属的乡事会和村庄讨论,征求村民的意见,最后将乡事会的意见汇总,由乡议局将意见共同呈交给政府部门。在港英时期,乡议局很好地维护了本地居民的利益,使得港英政府不敢贸然在新界地区推行殖民统治,在政治上很好地维护了新界居民的政治权利及利益,在经济上维护了以宗族为基础的土地所有权,在社会文化上使传统乡村文化及社会价值观牢牢根植于新界,与港英政府形成了既斗

---

① 陆绯云:《从祖坟看宗族传统的维系》,载郑赤琰、张志楷主编《原居民传统及其权益》,香港新华出版社2000年版,第99—110页。

争又妥协的关系。

香港回归后,《基本法》第四十条保留了对新界原住民合法传统权利的确认;"新界原居民的合法传统权益受香港特别行政区的保护"。按照传统习俗,新界原住民地区村长一般由宗族中的组长担任,职责主要是维护本宗族利益,并协调与政府和其他社会组织的关系。但随着新界地区的发展,大量外来人员不断迁入新界,原本乡议局治理模式下的村长职权则不断扩大,除了维护本宗族的各种利益及组织宗族事务之外,还要兼顾一些涉及外来人员利益的公共事务。但按照传统习俗,外来人员无法享有村落选举权,便无法进入乡事会和乡议局。为增强代表性,一些宗族色彩淡化地区的乡议局,不断吸纳原住民以外的社会贤达和各界人士参与乡议局的运作,其关注点也逐渐从原住民的宗族利益扩展到新界的一些其他公共事务。随着时代的变迁,原本极具宗族色彩的乡议局逐渐成为吸纳和包容新界其他社会贤达和各界人士参与的机构。而在聚族而居的地区,乡议局依旧排斥外来人员。外来人员为了获取相应权利上诉至法院,并获得了法院的支持,提出推行双村长制,但遭到了新界原住民,尤其是新界元朗地区强宗大族的强烈抵制,并威胁为了维护宗族传统利益,退出现有新界乡议局建制,回到传统乡村自治的状态之中。① 在香港宗族色彩浓厚的地区,宗族主导与政府主导,传统治理与现代治理在不断博弈合作中延续。

现代宗族组织架构

20 世纪 60 年代以前,宗族组织的转变发展不太明显,但宗族活动在香港也比较活跃,如东莞袁氏迁居香港的族人,于 1913—1914 年间召集数十人组织成立了"汝南别墅",作为俱乐部式的宗亲团体,向港英政府申请立案,因为此前无此类宗族组织申请而拖延数年后才正式告以成立。到了 1925 年省港工人大罢工时,成员纷纷逃离香港,会务停顿,后来重新恢复会务后,改称为"袁汝南别墅惇亲会"。后来在 30 年代时由于经费紧张濒于解体,后来在热心人士组织互惠互助会,得以渡过难关,但在

---

① 陆绯云:《宗族、民族——国家与现代性:宗族作为政治共同体在现代社会存在的空间与张力》,载黄宗智主编《中国乡村研究》(第四辑),社会科学文献出版社 2006 年版,第 125—154 页。

1941年日本侵占香港后会务停顿。在光复后，1947年重新整顿会务，改名为"袁汝南别墅宗亲总会"，采取理事会制度，会员逐渐增多。1957年注册为有限公司，同时改名为"袁汝南堂宗亲总会"。袁氏宗亲总会的曲折转变也代表了大部分香港宗族组织的转变，为顺应变化了的社会形势，逐渐以经济联合会的形式出现。在台湾、南洋地区，宗族也依旧是华人社会中最为常见的组织形式。到了七八十年代，整个华人社会的宗族组织得到了较快的发展，逐渐在原本地域性宗族组织的基础上联合成立了全球性的姓氏联合体——宗亲会，比如1980年成立的总部设在香港的"世界伍氏宗亲总会"，其分布区域除了中国香港、台湾地区以外还包括美国、加拿大、马来西亚、菲律宾、缅甸等区域。据台湾宗亲谱系学会1985年编制的《谱系与宗亲组织》显示，台湾省级的宗亲团体就有6个，台北市多大106个，高雄市则有26个。在南洋一些国家，宗亲组织则更多，马来西亚有4000个以上的华人宗祠、会馆，菲律宾则有110多个宗亲会，新加坡也有200多个宗亲公会。①

名称层面。在香港地区，宗族组织出现了多种称呼，如恳亲会、宗亲会、宗亲总会等，成为了宗族的典型名称，也有地方称为公所、宗族董事会、宗亲联络中心等。传统宗族一般以祠堂为中心，成员具有血缘关系，地位平等，在族谱中基本上可以找到关系，或者相信具有一定的宗亲关系；而宗亲会则更多地是因为同姓、联宗或者传说而集合在一起，组织更为庞大，如1960年成立的总部位于香港的"世界龙岗亲义总会"，包含了刘、张、关、赵4个姓氏，成员除了香港还分布于泰国、日本、新加坡、美国、加拿大、墨西哥、古巴、秘鲁、澳大利亚、韩国、马来西亚、南非、欧洲等地。现代宗族的组织架构基本上（某姓）世界宗亲总会——宗亲会——宗亲分会/支会三级组织架构，地方性的宗亲分会则与传统意义上的宗族基本一致，内部也会分为房支，或按照传统宗族模式管理，或按照现代宗族理事会模式管理。

成员资格层面。传统宗族组织强调成员的同姓同宗，要求有直接的血缘关系，宗亲会成员则更为广泛，联宗组织甚至不要求同姓。袁汝南堂宗亲总会1959年通过的章程专门列明了会员资格获取："凡属宗亲，不论籍

---

① 《谱系与宗亲组织》（第1册），台湾宗亲谱系学会1985年编印，第352—360页。

贯、性别及男会员之直属亲属（即母、妻），均可申请入会，但须填具志愿书，并由会员一人介绍，经理事会审查通过为有效。"世界许氏宗亲总会章程则规定："世界各地凡属许姓裔孙，年满20岁，不分性别，愿遵守本会章程及决议者，得申请加入为个人会员。"世界至德宗亲总会章程则规定："凡宗亲年满20岁以上之吴、洪、江、汪、翁、方、龚、苏、周、连、辛、曹等12姓宗亲"，皆可申请入会。由此可见，现代宗族成员的接纳不仅超越了性别、姓氏，甚至入会需要自行申请，不再是出生开始便自动具有宗族成员身份。

作为宗亲性的宗族组织，必定还是以血缘关系为基础，但是已经不再追寻这种有据可查的血亲关系，对始祖的推崇已经追溯至上古名人和传说人物。对于宗亲会而言，不管分布在哪里，只要认同一个族人都可以接受的祖先，即使是传说中的人物，便可以被接纳为族人。现代性的宗族尽管放宽了血缘关系的认定，但还是秉持着血缘关系的宗族特性，血缘仍旧是现代宗族组织内获取成员资格的基本准则。

经费层面：传统宗族的活动经费主要来源于祖宗遗产、族人捐献的田、房、银钱，或向族人进行摊派，现在宗族组织成员则需要交纳固定会费，还有一些特别捐款和荣誉会员费等。一些宗亲会在章程中也规定会员有"交纳各项例费及临时性之公益乐捐"的义务。但入会费、常年会费数额有限，主要还是依靠会员特别捐款和宗亲会经营企业。一般宗亲会设立有基金会，设股经营公司，获取利润，然后以一定比例上交宗亲会。如香港袁氏宗亲会以"袁汝南堂宗亲会"名义注册有限公司，全名为袁汝南堂宗亲会有限公司，对外承办业务。1984年建成的袁氏大宗祠，由"袁汝南堂宗亲会有限公司"管理，共获得股东捐款港币409464元。由此可见，现代宗族组织已经不同于传统宗族组织靠族人捐献田业，而是主要依靠宗族承办的公司性经营业务，为宗亲活动提供经费支持。

管理组织架构层面：传统宗族实行族长制，按照家规祖训代替祖宗在宗族内部的实行伦理规制，辈分与血缘在其中扮演着重要角色；宗亲会则基本上实行会员大会和理事会、监事会制度，现代规制成为主导，会员之间的地位平等。随着宗族组织形式的转变，宗族内部权力也发生了演变，主要体现在三个层面：第一是以理事会和会员大会代替了族长制；第二是以公司经理宗亲会财产代替了祠堂田产的族长分配管理；第三是以不区分性别的会员自愿入会代替了以传统血缘关系为渠道的天然身份。三个层面的转变，表明宗族逐渐由传统父家长制管理模式向现代组织管理演变。

组织功能：随着宗族组织的演变、成员资格的变动，宗亲会承担的功能也发生了变化。工业化的香港地区，与农业时代相比人口流动性不断增强，社会资本运作模式也发生了较大变化。宗族面对社会现实，为了继续保持宗族的凝聚力和生命力，在保持原有核心功能的同时，也顺应时代变化而演变出新的社会功能。同时宗亲会也受自身资源多寡的影响，不同宗亲会承担的功能有所差异。世界许氏宗亲会章程第二条规定："本会以阐扬祖德，敦亲睦族，团结互助，增进福利，并发扬中华文化为宗旨。"袁汝南堂宗亲会承担的功能也更为多样，其章程第三条规定："设立不谋利义学及举办奖学金"；"设立医务所，办理医药福利事务"；"办理体育事业，促进会员健康"；"招待过往海外宗亲，尽力指导及协助其所需要者"；"介绍失业会员职业"；"调解宗亲间纠纷，并救济贫苦宗亲及其家属"；"设立阅书楼，以增进会员之知识"；"得赞助及捐助本港其他慈善事业及公益，捐赠外界人士或外界团体"；"禁止一切政治活动"等。① 从现代宗族的功能来看，其既保留了一些传统宗族最为基本的功能，比如祭祖、互济、助学等社会功能，还拓展了一些新型社会功能，如开班娱乐活动、传播中华文化等，其追溯祖先、联系互助的本质并未改变。

（2）广东宗族组织的现代化转型

与香港地区一样，随着华南地区经济与社会的发展，20世纪70年代末复兴的广东地区的宗族也出现了一个现代化的过程。这个过程基本上与前面所述的香港地区宗族的现代化转型一致，通过联宗、理事会等方式实现了宗族的现代化转型，但是广东的宗族组织在复兴初期基本上是通过联系港澳台宗亲，模仿港澳台的宗亲组织建立起自己的宗族体系。近年来，尤其是党的十八大以来，随着乡村治理体系的不断建设，宗族的现代化改造越来越是在政府主导下的改造，通过在政府主导下对宗族进行改造，发挥其余热，助推乡村治理体系建设。

广东清远、云浮、梅州等地在地方政府的主导下，陆续开展了对宗族组织的改造。在村、自然村或村民小组一级成立了村民理事会，基本延续

---

① 《袁汝南堂宗亲会有限公司注册章程》。

原来的宗族组织架构或行政村、村民小组的组织架构，试图通过建立村民理事会调动村民参与乡村治理与发展的积极性、参与度。在选取的三个调研村庄中，都建立起了村民理事会组织。蕉岭县作为国家农村改革试点县，在乡村治理上开始先行先试，村庄传统宗族组织在地方政府的主导之下开始转变，县域内最早在2008年就已经成立村民理事会。育村内按照之前自然村为界限，分别成立了老屋理事会、岗背理事会、坝里理事会、南坑理事会、松石曾理事会。育村内理事会以宗族组织为基础，村委会成员分别在所属片区的村民理事会中担任职务。

郑村成立村民理事会的时间较晚，于2015年在镇政府的指导下成立了郑村村民理事会，区别于原来的宗族组织——展思堂理事会，主要由村干部组成、村民小组长组成，将原本属于展思堂理事会的宗族事务包揽过来，做为宗族组织的展思堂理事会基本上已经名存实亡。尽管村民理事会建立起来，但基本上没有运转。直到2017年10月，随着广东省定新农村建设示范区——"五村连片示范区"建设，又重新成立了以村委会为主导的村民理事会，成员基本是村两委干部和村民小组长。村民理事会分为两个片区，由村支书与村主任分别担任两个片区的理事长，形成了独特的"双理事长"格局。下围片区理事会包括腊塘村、东坑村、草田村、下围村、上陶村等自然村，理事长：郑小懿（村主任）；成员：郑建文、郑俊娜、郑旭增、郑叠成、郑昭榜、郑潮古、郑春进、郑成彪、郑宪强、郑友贤、郑春援、郑春奕、郑春呈。黄华片区理事会包括黄麻埔村、石梅村、鸡丰村、南岭村、下寮村、山科村等自然村，理事长：郑银彬（村书记）；成员：郑伟业、郑培添、郑国奇、郑建林、郑建丰、郑春树、郑迪虎、郑元永。除了政府主导下的理事会，郑村也有以宗族为基础的理事会，建设的较好的自然村有上陶村，由村民理事会、乡贤倡议，村两委配合，村民让地，乡贤捐资，政府扶持，建成了一个集休闲文化，运动为一体的公共场所。黄麻埔自然村，由村委会建立项目，村民配合，政府资金扶持，建设成为社会主义新农村亮点。各自然村的路灯电费等自然村内的开支由各村理事会自筹资金解决。

（3）黄村村民理事会

黄村村民理事会，前身是解放后就一直存在的黄村公共事务管理会（村民称为"老人会"），主要由村内德高望重的老人组成，包括一些离退休干部，一般有20名左右成员，主要负责整个村内的宗族及公益事务，包括祭祖、庆典、年例、与外迁王氏族人联系、调解村民之间矛盾等。尤其是20世纪90年代中后期以来，老人会为黄村的稳定和谐发挥了重要作用，先后参与化解了90年代初期与邻村的械斗等矛盾、协助政府缉毒，并与遍及高雷地区的王氏宗亲建立紧密联系，组织大型祭祖、年例等民俗活动。但随着时代的发展，社会的变迁，老人会原有制度不够健全，人员代表性不够广泛，不能完全适应黄村飞速发展形势的问题也逐步凸显，尤其是在面对大黄村的事务时，缺乏一个强有力的组织去协调。面对新情况、新问题，黄村逐渐建立健全村落自治组织。2005年12月，在遂溪县黄镇党委、政府的指导下，黄村举行了第一届村民理事会的选举。黄村六个行政村的全体党员干部、村民小组长、村民代表、外出乡贤代表等300余人代表黄村2万多名村民选举产生了40余名理事会成员，任期为五年，其中理事会会长1人，理事会副会长4人，分别来自各个自然村。从中国农业银行黄营业所主任退休下来的王景波当选第一届理事会会长，理事会副会长则分别由北合、高碧、南新、九东等四个主村的村委会党支部书记兼任。同时，分散于各村的奖学奖教活动也被收归到了理事会的管理之下，基金募捐与发放由理事会负责。

在黄村的日常事务中基本上形成了理事会与村两委协作开展的局面，但是随着活动的开展，由于四个行政村书记掌握各自行政村内部的权力，同时又担任理事会副会长，就导致了四个行政村书记各管一方的现象，理事会会长无法对黄村进行有效整合。同时，理事会内部管理混乱，没有专门的会计和出纳，会长与副会长都可以进行财务收支，出现了账目混乱现象，理事会逐渐陷入瘫痪状态，黄村也陷入了各村自治的状态。后来被整合起来的在黄村范围内进行的奖学奖教活动也重新回归到了各村自行组织的地步。随着黄村村庄事务及教育基金管理重新回归到各行政村自治的状态，由宗族和村干部双主导的黄村村民理事会宣告失败，原本约定五年一届的理事会到期后也没有再进行换届选举。

为了重新整合黄村，同时又保证理事会的独立性，在2016年重新成立黄村村民理事会时，明确了现任村干部不能兼任理事会成员，以防止像上一届理事会一样被村委会干部架空。但为了平衡理事会和村委会的关系，同时也是为了增强理事会的可信度，选举产生了新一届的理事会，村委会的副主任担任理事会的监账员。黄村村民理事会改变了宗族与村干部双重主导的性质，成为了宗族主导下村庄非正式自治组织，同时又在一定程度上吸纳了村干部。

黄村村民理事会的选举程序甚至比村委会选举更为严苛，由主村所在的北合、高碧、南新、九东4个行政村的党支部联合成立换届领导小组，负责理事会选举事宜。理事会共16个名额，4个行政村每村2个固定名额，另外3个自然村（塘口行政村陈村田自然村、庞村坎自然村，新村行政村华封自然村）每个村1个固定名额，4个行政村中及3个自然村分别召开村民代表大会，确定本村理事会成员候选人，其他候选人由参会代表十人以上联名推荐。确定候选人后有选举换届领导小组召集召开选举大会，选举大会出席人数在应出席人数2/3以上方可进行，选举代表也由各村内部讨论决定。2016年在镇政府召开的黄村村民理事会选举大会，参会代表达到了300余人，包括村内所有村两委干部、村民小组长、自然村村长、村民代表。每村名额确定后，其他名额按照票数多少依次确定，选举票数占出席代表半数以上方可当选。并在不是候选人的代表中推送3名当总监员、监票员、计票员，由大会代表表决通过后执行职责，最终选举产生了新一届的理事会成员。据理事会成员介绍，当时在选举过程中出现了另一波势力阻挠选举的情况，说是另一波怕新当选的理事会检查上一届的账目。在保证将剩余款项交给新一届理事会后不再清查遗留账目的保证之后，选举得以顺利进行，而王海洲则作为另一方势力的代表，被聘请为理事会秘书长，但在一年后逐步淡出理事会事务，并最终辞职。

与其他理事会不同的是，在课题组驻村博士（笔者）的帮助下，黄村村民理事会于2017年开始在县民政局进行登记注册。但在此过程中也遇到了一些问题，比如宗族性组织无法登记注册、村民理事会名称无法通过系统注册等问题。针对宗族组织无法注册的问题，理事会特意找到几个外姓人员补充进来，作为挂名会员，不参与宗族事务，仅仅借用身份证明；针对村民理事会无法通过系统注册，理事会将注册等级名称改为"黄村公共事务联合会"，对内仍以"黄村村民理事会"的名义行事，对外则以"黄村公共事务联合会"的名义开展业务。根据登记注册的要求，理事会在镇农村信用社设立对公账户，实行专款专用，负责接收捐款和会务活动支出，并聘请有专业会计定期来审核账目。理事会注册前后持续了将近一年时间，直到2018年4月才正式完成注册，成为了遂溪县首个完成民政局登记注册的宗族组织。

村民理事会注册，可以说是获取政府认可的一种方式，主要源于黄村村民理事会会长想要得到政府的承认与支持。县水利局长退休下来的黄村村民理事会会长，一直想着将理事会纳入到正式治理架构之中，认为村庄组织的运行离不开政府的认可与支持，只有成为政府认可的组织，在后期活动中才不会受到政府的阻挠，于是力挺宗族理事会的注册事宜。在县民政局注册的同时，也开始频繁到县有关部门以及镇政府找相关领导商讨在理事会内部成立党组织的事宜。为此，后来笔者也曾与理事会会长一起到县组织部找负责的副部长，讨论在黄村村民理事会设立党总支的可能性。座谈时该副部长指出，以前黄村作为一个乱村，一直是县里，甚至是市里的最为头疼的事情，在20世纪90年代震惊省里的械斗发生之后，黄村被划分为了4个行政村，对黄村采取分而治之的策略。同时，在黄镇专门成立了一个公安分局，下设3个派出所，其中一个就设在黄村村口位置。黄村好不容易被分开，现在又要合起来，万一出现什么事情很难控制。并且现在关于黄村的事情都要经过市里的同意才能施行，现在县里没有决定权，也不可能同意的。于是黄村村民理事会内设立党组织的事项便被搁置下来。

在黄村开展活动时，理事会经常会邀请市、县、镇干部参与，同时也会邀请一些媒体、学者、乡贤参与到其中，以传统文化复兴、红色文化弘扬为抓手，重新树立黄村在该地区的形象。在黄村日常事务管理中，第二届村民理事会吸收第一届的教训，形成了以理事会为主导、行政村干部为辅助的治理格局。村务理事会与各村党支部、村委会以及村民小组分工合作，互相支持，使黄村的改革发展在正确的轨道上稳步前进。村两委主要负责计生、扶贫、户籍、教育、医疗、社保等行政事务，村内公共建设、治安、村容村貌、民俗、宗族等事务则由理事会负责。遇到村内如修建宗祠、道路等重大事务时，由理事会和村"两委"充分沟通，开会讨论，协力推进。理事会成员全部为义务工作，不领取任何工资，日常运作经费主要依赖乡贤捐资。

中国素有官吏治国、贤人治乡的传统。乡贤作为一个地域精神：文化的标记，是连接故土、维系乡情的精神纽带。黄村王氏子孙素有行善积德的优良传统,从开基祖瑜公为黄村王氏子孙免费开设私塾,授人以学,到改革开放之后,乡贤心系家乡,大力支持家乡建设,黄村子孙重视公益的传统一脉相承。

清末,黄村子孙、爱国归侨王如春积德施善,曾出资在福建村前赤坎溪上建了一座石拱桥,方便村民出行,免受赤足徒水之苦,人们称为"如春桥"。王如春孙子王玉明曾任香港钻石进口商会主席,现任任丰钻石公司董事长,也继承王氏的优良传统,是一名热心公益、爱国爱乡、尊师重教、造福桑梓的大善人。他曾为重修王氏宗祠捐资10万元,竣工庆典时又捐出2万多元,为黄小学、黄中学、戊戌中学捐款超过150万元,为遂溪县赈灾助残等公益小业捐款累计达上百万元。

深圳知名商人王军也是黄村乡贤,一直关心家乡建设,先后为遂溪县教育基金会捐资500万元,为遂溪县孔庙捐资428万元,为黄村亚修王氏宗祠捐资60万元,为黄村修缮五房宗祠捐资100万元,为北合村道建设捐资50万元。据不完全统计,王军为黄村和遂溪县公益事业先后捐资超过1138万元,是名动一方的热心乡贤。拉多美集团(中国)有限公司董事长王晓春,也是黄村的知名乡贤之一。他一直热心遂溪县和黄村公益事业,先后为黄村道路建设捐资50万元,为黄村修纳五房宗祠捐资12万元,黄村教育基金会捐资20万元,文化楼捐资50万元,为遂溪县教育基金会捐资累计超过20万元。黄村乡贤王秋文重视教育与慈善,历年来为黄村教育捐资助学贡献超100万元,他很关心村内五保户和孤儿,逢年过节都会给他们送来和油,2012年起逢年过节赠予每人500元过节费,每年花费超过30万元。

除此之外,黄村子弟对村内公益都非常热心,如王溪历年来为村内教育捐资超过20万元,王光和捐资超过20万元。2006年修建开基祖公祠,村内乡贤合计捐资290多万元,数百人参与捐款。修建北山文化广场,2016年村内乡贤合计捐资超过80万元,其中逾万的超过5人,500元以上的逾百人。2014年,村中的帝王帅宫重建时,乡贤捐资接近180万元,其中王晓春捐资10万元,捐款超过百元的达数百人。2016年7月启动的黄村千年村庆活动,村内乡贤先后捐资超过500万元,其中王军捐资100万元,王晓春捐资50万元,捐款过万元的超70人。

黄村在实践中逐步完善治理体系,在既有村党支部和村委会的基础

黄村教育基金会2017年度捐款仪式及奖学助学大会现场

上，成立了村民自治组织——村务理事会，作为村"两委"之外的重要补充。理事会在上级党委的领导下，与各村党支部、村委会紧密配合，在共同维护黄村的稳定繁荣和谐中发挥了重要的作用。

在宗族意识比较浓厚的华南地区，一些乡贤依旧积极参与村庄事务，包括参与村庄事务、捐资助学、扶助鳏寡等。但随着时代的变迁，农业生产水平持续徘徊，工商金融逐渐占据了时代主流，当前乡村人员流失严重、社会流动性日益增强，宗族组织也受到了时代变迁的冲击。宗族获取资金捐助的渠道主要转向了在外经商、从政等群体，而由于这些人长期在外，当村庄中直系亲属都离开村庄或去世以后，他们与村庄的关系也就慢慢变淡。郑村宗祠自1985年修建以后，已经破败不堪，如果不是趁着乡村振兴建设，将祠堂扩建为宗族文化展示中心，这个祠堂的重修估计还是依旧无法完成。在2015年时，村委会就将宗族内的各个房头及村民小组长召集起来，提出过重修郑氏宗祠，但是由于宗族事务一直由两个长期在村、召集能力欠缺的人管理，宗族其实已经呈现出分崩离析之象。

宗族组织在社会发展的冲击之下，也开始进行自我调整，一些有条件的宗族组织也开始重拾过去的部分职能，甚至一些与村委会重复的职能，试图重新在乡土社会树立起原有的权威地位，这就使得宗族与村委会在一些村庄事务中出现了协作的空间。但这也是一把双刃剑，职能的重复、权威的争夺这些治理难题如果处理不好，就可能会是导致二者的爆发冲突的潜在因素。村委会与宗族之间的关系如何调适，不同的宗族型村庄又表现出了什么样的治理样态，这就成为了大型宗族村庄治理研究的重要内容。

（三）宗族主事人的产生及构成

宗族组织的复兴，前提是有热衷于宗族事务的管理人员的出现，只有当宗族主事人出现之后，才有能力和资本将宗族重新组织起来。按照"盈利型经纪"与"保护型经纪"的划分，宗族主事人的权威来源也主要可以分为两种，一种国家政权赋予，另一种是族众赋予。前者是国家为了完成某种事项赋予其一定权限，通过完成国家的任务而获得国家的认可；后者则是在日常生活中积极参与宗族事务，在日常累积中获得宗族成员的认可，从而获得一定的权威。但是宗族主事人既然作为国家与个人的中介，其权威来源就无法单纯用二分法来解释，国家对乡村社会的管理也离不开"保护型经纪"的配合，在乡村治理中，"营利型"与"保护型"可能同时出现在一个人身上。

对于宗族主事人而言，尽管政府认可是其权威的重要来源之一，但是政府的认可仅仅是对其权威的加持而非塑造。"在通常情况下……富有和个人威望亦是影响权力分配的一个重要因素，它表明血缘和经济状况在中国社会中互相混合，共同作用。"[1] 宗族内部精英的塑造要通过血缘、日常行为、生产生活经验获得，细致来看主要可以分为以下几种：首先是血缘。宗族聚族而居，其生产和生活方式具有典型的家长制公社的特点[2]。宗族内部讲求血缘关系，按照血亲关系组织形成了血缘性秩序，以血缘关系分配权力与地位，由此衍生出血缘秩序上的宗法制度，辈分则成为了父家长制规则下的宗族的伦理规则。既然是血缘关系，就会随着世代更替而

---

[1] 杜赞奇：《文化、权利与国家》，第91页。
[2] 徐勇：《历史政治学视角下的血缘道德王国——以周王朝的政治理想与悖论为例》，《云南社会科学》2019年第4期

产生亲疏远近。从人的生命周期看，多至五世同在，便有了我们所说的"五服"。五服是高祖父、曾祖父、祖父、父亲、自身五代，称之五服，往下数又有自身、儿子、孙子、曾孙、玄孙五代。五服的血缘范围包括了自高祖以下的男系后裔及其配偶，即自高祖至玄孙的九个世代，通常称为本宗九族。五服又指五种孝服，本宗九族内有亲人去世，族人就要穿着不同样式的校服，以此区别血缘亲疏关系，五服之外的人则不需要着孝服，意味着没有了血缘关系，也就可以通婚了。辈分高一级就代表了与祖宗更为亲近，也就更有权力代表祖宗发号施令，即使辈分高的老人不在宗族管理成员中，但也会经常被邀请参与到宗族会议中。

本宗九族五服正服之图

同时，宗法关系中也对血缘亲属关系进行了区别，嫡长子是继承血缘关系的正统，其他子孙则无法享受与嫡长子同样的权力和地位。"别子为祖，继别为宗，继祢者为小宗，有五世而迁之宗，在继高祖者也。"① 即别子为其后裔之始祖，继承别子的嫡长子是大宗，继承别子之庶子的是小宗。有百世不迁之宗，即大宗；有五世则迁之宗，即小宗。出于土地承载能力或世系存续的需要，小宗在本宗繁衍几个世系之后就要外迁。黄王氏在宗族现代化重建（即建立宗族理事会）之初，就遵循大宗治族的惯例，选取本宗长房的人作为理事会会长。族众及理事会成员也多次表示，会长出自长房，符合嫡长子继承制的的传统，在宗族中主持事务时具有天然的合理性。

传统农业社会中，农业生产是人们生存和获得财富的根本途径。由于国家与社会中没有普及性的农业生产教育，农业生产知识的获取主要通过自身的生产经验或族中老人的传授。因此，谁掌握了农业知识谁就理所当然地获得宗族成员的支持，在宗族中也就获得了较高的威望，更容易参与到宗族管理事务中。传统农业社会中，老人作为农业生产的老手，在乡村社会中借由生产经验的日常累积而获取了较高的威望。但随着专业性农业生产知识的普及，使得乡村社会中的农业技术拥有者的身份发生了变化。在育村中，不同的时期出现了不同的村庄权威人物。在人民公社直到改革开放初期，在国家大战略中，粮食生产事关温饱问题的解决。农民外出务工刚刚开始，农业收入依旧是农民收入的主要来源，农业生产与农田水利技术便成为了村民解决温饱和发家致富的最主要途径，因此，这一时期谁掌握了农业技术谁就可能在村中获得较高的威望。

育村的老书记黄永华，刚开始作为农业技术员，通过农业生产逐步在村民中树立了威望，然后逐渐进入到村委会的管理队伍中，在1999年第一届村委会选举中成为村委会副主任，并担任副书记，最终在2002年第二届村委会选举中成为了村委会主任，并兼任村支部书记，一直做到2008年换届选举。

拥有血缘和掌握农业技术只不过是占据了天然的优势条件，最主要的还是宗族日常事务的参与以及宗族成员事务的帮衬。日常宗族事务基本上就是宗族祭祀、祠堂管理、宗族公益事业等，宗族成员事务则包括婚丧嫁娶、农业生产、日常帮扶等。正如前文所讲，宗族活动，尤其是祭祀活动

---

① 《礼记·丧服小记》。

是一个全族子孙共同面对祖先的时刻，跪拜祖先时，会反省自己自上次祭祀以来的所作所为，并在意念中对照祖先的教诲与嘱托，不断修正自己的行为。同时也会向祖先神灵祈求庇佑，保佑自己平安、子孙昌盛。通过组织、主持宗族祭祀，可以强化宗族管理人员为祖宗代言、代祖宗管理宗族的特殊地位，这也是他们在全族人面前表现的最好机会。通过祭祀活动，又进一步彰显了自己的能力权威，提升自己在全族的地位。在广东乡村治理体系改革的浪潮中，近年来基本上每个村庄的宗族组织都在乡镇政府的指导下成立了宗族理事会，宗族祭祀一般由各姓的宗族理事会会长负责，会长的选择则由村民选举产生。除了宗族祭祀这种等级森严的活动，日常宗族成员个人事务的参与也是获得权威认可的重要途径。比如在宗族成员婚丧嫁娶活动中主持事务，召集族众参与；在农业生产中主动讲授生产知识与经验，在房屋建设等缺少劳动力的情况下对其进行帮工；在宗族成员遇到困难时主动帮扶等，种种活动都会获取宗族成员的认可，而有助于其在宗族组织的选举中脱颖而出。

但随着市场经济向乡村社会的渗透，以及农业生产在农民收入中比重的下降，乡村社会中的权威获取发生了一定的变化。血缘关系由近到远，经历了五代之后，亲情便由浓到淡。人与人依靠亲情联结的纽带也会松弛，从而产生人情的分离，宗法制度解决了血缘疏远之后宗族的维系。在宗法制度逐渐丧失的当下，老人权威随着农业技术获取的专业性教育而受到冲击，血缘辈分因为流动性在宗族权威获取中的作用越来越小。由于乡村社会各种活动的市场化运行，农业生产、房屋建设、婚丧嫁娶等活动越来越依靠市场化行为运行，个人帮工行为发生越来越小，也越来越限定于五服之内或者朋友之间。调研中发现，宗族组织主事人的身份非富即贵，或是退休干部，或是经济能手。有些宗族真正有威望的人，也并非不一定直接参与宗族事务的管理，或是通过捐款，或是通过扶持代理人进入理事会中影响宗族活动的开展。主持了育村黄姓春分祭祖活动的育村新任宗族理事会会长黄红增，是一个敢说话敢做事的人，虽然文化水平不高，甚至在一些时候身上会透露着一些痞气，但在外做木材生意多年，积累了一定的财富，同时又在村中兼任着村副书记和村委会副主任，执掌着村庄的印章，在育村中拥有着较高的威望。

为了实现对整个宗族的收拢，宗族理事会的成员一般会按照房支进行分配。首先由各房支内部进行选举，选举出本房内部的房头及其他管事人，这个选举并不一定会进行，有时就是房支中召集比较有威望的人聚在一起推出几个人负责房支事务。待各房支选定完人选后，所有房支派出代表人员聚在一起开会，选举出整个宗族的代表人，即宗族理事会会长，然后每个房支都会产生当然理事会会员，即每个房支的代表人，然后再空出一定的名额由各房支人员进行竞选。其实从过程来看，有点间接选举的意思，表面上看上去比较简单，但有时会涉及宗族内部房支之间的斗争，在选举时，也会使宗族内部的斗争明面化，为了本房支在宗族活动中占据主导位置，明争暗斗便显得十分正常了。

黄村自2006年就成立了黄村村民理事会，会长由中国农业银行黄营业所主任退休下来的王景波担任，副会长由主村所在的北合、高碧、南新、九东4个行政村的党支部书记兼任，4个书记分别掌管财务。刚开始理事会运行的比较顺利，但是由于多头管理，运行两年后开始出现账目混乱、四个行政村书记各管一方的现象，理事会逐渐陷入瘫痪状态，黄村也陷入了各村自治的状态。为了重新整合黄村，黄村乡贤及村干部找到长房的县水利局局长退休下来的王光绍，请其出面做会长，重新整合黄王氏，并为2016黄王氏千年开基大典做准备，于是瘫痪了几年之后的黄村村民理事会开始了新一届的成员选拔。

黄村村民理事会的选举程序甚至比村委会选举更为严苛，由主村所在的北合、高碧、南新、九东4个行政村的党支部联合成立换届领导小组，负责理事会选举事宜。理事会共16个名额，4个行政村每村2个固定名额，另外三个自然村（塘口行政村陈村田自然村、庞村坎自然村，新村行政村华封自然村）每个村1个固定名额，4个行政村中及3个自然村分别召开村民代表大会，确定本村理事会成员候选人，其他候选人由参会代表10人以上联名推荐。确定候选人后有选举换届领导小组召集召开选举大会，选举大会出席人数在应出席人数2/3以上方可进行，选举代表也由各村内部讨论决定，2016年在镇政府召开的黄村村民理事会选举大会，参会代表达到了300余人，包括村内所有两委干部、村民小组长、自然村村长、村民代表。每村名额确定后，其他名额按照票数多少依次确定，选举票数占出席代表半数以上方可当选。并在不是候选人的代表中推送3名当总监员、监票员、计票员，由大会代表表决通过后执行职责。最终选举产生了新一届的理事会成员。

为了保证理事会的独立性,理事会在选举之前明确了现任村干部不能兼任理事会成员的原则,以防止像上一届理事会一样被村委会干部架空。为了平衡理事会和村委会的关系,同时也是为了增强理事会的可信度,村委会的副主任担任理事会的监账员。同时将宗族中影响力较大的人员列为名誉会长,近年来捐款较多的人员也被列为名誉会长,甚至包括一些外姓人员。最终,在多方斗争及考量之下形成了黄村村民理事会成员名单:

名誉会长:王军　王晓春　王德　王志强　王敬党　王志巧　王海仁　王侨　王景章　王伟华　王湛如　王光保　王桂　王和乐　王俊兴　王华引　王小波　王秋奇　王胜德　王景波　王和　王梓丞　彭国仁　黄金　罗军　陈恩玉　陈春雷　陈四　全健　吴参　容伟良

会　　长:王光绍

副会长:王朋　王广如　王军　王平

委　　员:王丽君　王连　王秋东　王朝婵　王理　王建民　王田辉　王华景　王子龙　王国成　王就

外事联系人:王汉洲(秘书长)

会　　计:王朝婵(外聘会计师:赖燕红)

出　　纳:王丽君

监账员:王小平　王景光　王秋木　王国琼

顾　　问:王仁豪

正是由于宗族管理人员的权威是在日常宗族生产生活及公共活动中积累起来的,因此,为了保证其绝对的权威,在日常生产生活及公共活动中,都要严格遵照等级秩序而行,不能越雷池半步。否则就有可能出现宗族内部对长老权威的挑战,就可能引发宗族内部的斗争,使宗族内部出现损耗。宗族内部的分裂是宗族持续发展的大忌,一旦内耗就可能导致宗族的彻底分裂,或陷于瘫痪状态,各自为政,或举房搬迁,很容易被其他宗族所欺压。随着乡村流动性的加剧,乡村社会非正式权威的获取与丧失也变得更为剧烈,获得的快,丧失的也快。一旦一个人不再主持宗族事务,或不再持续为宗族活动捐款,这个人也就瞬间被族众遗忘了。但一个宗族中拥有一个这样的权威则是宗族凝聚力续存的根本，一旦缺少一个这样的核心，宗族组织的分崩离析也就不远了。

（四）捐款中的江湖

与官僚体系一样，宗族内部有着极为严格的等级秩序，论资排辈、外姓关系、私人能量等是维持宗族管事人权威的重要基础。也正如政府部门中官阶的高低决定了其话语权的大小，宗族内部管理人员在宗族管理中的地位与其话语权也是成正比的。不管是在日常事务的管理中还是在日常公共活动捐款中，宗族事务中的每一件事都反映着宗族内部的等级秩序。祭祀作为一个举族同庆的活动，但活动中宗族内部各方力量的衡量难以把握。捐款活动则是发现宗族内部等级秩序的一个极为重要的窗口，通过捐款数额的大小变化，可以以数字的形式展现出宗族内部各方力量竞争与秩序维持的最为全面的江湖。

1. 黄教育基金会概况

黄村教育基金在2006年黄村村民理事会成立之初就已经成立，将之前分属于各行政村和自然村的奖励本宗族学生的活动收归到整个宗族层面进行。但是由于当时理事会的瘫痪，教育基金会也重新恢复到了各行政村和自然村分别举办的状态。2016年12月黄王氏千年庆典举办之后，一年一度的奖学奖教活动则成为了除祭祀之外最重要的活动，也是可以邀请政府官员站台的重要机会。因此，新一届黄村村民理事会在与各村委会、自然村及辖区内中小学校负责人多次协商之后，决定遵循先祖"延师教子"遗训，传承"诗书传家"家风，于2017年重新组建黄村教育基金会，制定《黄村教育基金会实行条例》，构建黄村奖教、奖学、助学的教育管理体系。基金会会长由理事会会长兼任，基金会成员则由理事会主要成员、各村委会书记、辖区内各学校负责人组成，一届任期五年：

会　　长：王光绍

副会长：王光和、王华昌、王悦祥、王江、王军、王广如、王平、王朋、彭国仁

委　　员：王田喜、王文平、王汉、王华强、王就、王庆、王汉洲、王丽君、王朝婵

秘书组：王文平（秘书长）、王汉、王华强、王汉洲、王就
会　　计：王朝禅（外聘会计师赖燕红）
出　　纳：王丽君

　　从基金会成员来看，会长是理事会会长，副会长则是四个行政村的书记和理事会四个副会长，外加一个彭国仁，其在每次王氏宗族活动中都捐款比较积极。彭国仁属于陈村田村，是该村中王姓之外唯一的外姓，也只有其一家人，据村中人介绍说，之前该自然村中有不少彭姓，但是自从王姓在此居住之后（陈村田属于王氏宗族的外围村，随着王姓的繁衍发展，逐渐向四周发展，于是王姓在此村的人口越来越多），彭姓就逐渐没落，家户中子嗣逐渐减少，于是为了发展彭姓逐渐外迁，现在只有彭国仁一家在此居住了。于是，为了免于被欺负以及增加在村庄内部的话语权，彭国仁一直热心参与王氏宗族的公益事业中。委员中王田喜为华封自然村村长，王文平为黄中心小学校长，王汉为戊戌中学校长，王庆则为黄中心校校长，王华强为黄中学校长，其余几人则为村民理事会成员。从成员来看，基金会基本上就是村民理事会、村干部、学校干部三方势力组建起来的一个公益性组织。

　　教育基金会班子搭建完之后，最迫切的任务就是号召乡贤捐款。表面看来，宗族活动的捐款不过是宗族内部的一个简单事务，是各位热心人士对宗族活动的支持，但从深层次来看，每个人的捐款数额并非随意而定，而是遵循着一定的等级秩序，活动捐款的发起也有着一定的程序。活动前，要先按照活动中各项目的花费情况进行一个大致的预算，然后圈定涉及捐款的主要宗族大佬，预估所需要的每个大佬的捐款数额，最后再去拜访主要几个大佬捐款最终敲定捐款数额。当几个主要大佬的意向捐款数额确定后，在全族发出公告，通知宗族成员发起该项活动并号召大家捐款。普通宗族成员则按照自身经济实力自愿捐款，一般数额较小，每年变动也不大。

　　黄村教育基金会成立后，辖区内原各类教育资金进行移交，高碧村委会教育基金移交22200元，南新村委会教育基金移交17000元，陈村田村捐助10000元，华封村捐助10000元，庞村坎村捐助3000元，共计移交62200元。同时，基金会多方奔走，寻求爱心人士及热心单位的支持，乡

贤宗亲、热心单位及社会各界人士也积极响应，慷慨解囊，以王军、王晓春、王德、王俊兴、黄金等为代表的一批乡贤宗亲承诺十年善行、分年捐赠，目前基金会筹集善款达90余万元。

2017年黄村教育基金捐款2000元以上芳名

北合长安境　王军：200000元

广州市遂溪商会会长　王晓春：100000元

雷州市杨家镇王排村　王德：80000元

雷州市杨家镇安榄村　王俊兴：60000元

赤坎区文保南村　黄金：50000元

湛江市红日稀土有限公司总经理　郑义：50000元

隆兴境　彭国仁：30000元

深圳商会会长　陈恩玉：30000元

广州市遂溪商会执行会长　罗军：30000元

高碧村委会转交2016年度教育基金：22200元

南新村委会转交2016年度教育基金：17000元

黄镇人民政府：12000元

遂城镇政府：10000元

陈村田村：10000元

华封村：10000元

王敬党：10000元

王湛如：10000元

王光和：10000元

王志巧：10000元

湛江冠能电力投资有限公司总经理　陈冠良：10000元

王丽君：8000元

王胜海：8000元

王永龙：6000元

王　丰：6000元

王云飞：6000元

王永升：6000元

王光绍：5000元

王 平：5000元

王 军：5000元

王广如：5000元

王国成：5000元

王子龙：5000元

王 桂：5000元

广州立诚保险代理总公司湛江分公司　总经理　王锦燕：5000元

王光桥：5000元

王伟华：5000元

王光保：5000元

黄锦标幼儿园：5000元

王永华：3600元

陈土旺：3399元

王秋东：3000元

碧山境　王景章：3000元

庞村坎村：3000元

王玉和：3000元

王继明：3000元

王 理：3000元

王锦堂：2055元

王悦祥：2000元

王汉州：2000元

王杨平：2000元

王卫仁：2000元

王国金：2000元

王 强：2000元

王志坚：2000元

王华江：2000元

王东飚：2000元

王华昌：2000 元

雷州市杨家镇安榄村　王秀梅：2000 元

2. 捐款中的江湖

在产生重新整合黄村教育基金会想法之时，黄村村民理事会会长王光绍首先与王晓春、王德两位乡贤进行沟通，认为在村民理事会运转正常之后有必要启动宗族性的公益事业，以巩固王氏宗族的凝聚力。达成一致意见后，王光绍问他们两位能捐多少钱，王晓春表示，现在"老大"（王军）还没有开口定价，这个我们也不好说，但我肯定全力支持这个事情，如果"老大"捐10万元，他自己就捐8万元，王德表示自己可以捐5万元。但如果每年都为了这点小钱去烦扰这些重要捐款人的话又不太合适，因此想出了10年捐款意向、每年定期捐款的办法。在获得两位重要人士的支持之后，王光绍邀请两人一起启程前往深圳拜访王军，邀请其对教育基金会给予支持。在王军同意给与大力支持之后，黄村教育基金会才正式启动重组。从深圳返回之后，王光绍会长情不自禁地向我表述着高兴劲儿。据其介绍，原本没想到王军会捐这么多，一听说要搞教育基金会，王军对此表示大力支持，最后敲定每年捐款20万元。在"老大"确定20万元之后，王晓春和王德也增加了其捐款意向金额，分别增加到10万元和8万元。宗族内部有一套论资排辈的非成文规范，一旦这个地位确立之后，每个人都会按照其各自的地位和能量参与宗族活动。比如在确定捐款金额时，捐款人的数额是要在几位关键人物确定之后才能正式确定下来的，这个捐款数额也必须按照其地位确定，不可有丝毫僭越，一旦破坏了规矩，就是对其他人的大不敬，就会被视为想要挑战既有宗族秩序。在后来的捐款中，有些人捐款也会询问基金会的人捐多少合适，基金会的人也就会按照其在宗族内部的地位向其建议捐款数额。在有人捐款过多或者过低时，收款人就会向其表明捐这个数额不太合适，然后本人也会参考意见后对数额进行调整。

在宗族内主要几个大佬确定支持之后，教育基金会的重组工作才正式提升日程。先是召集村民理事会开会，内部现行商讨出一个意见，然后又召集辖区内几个行政村和自然村干部、各学校领导共同开会商讨重组教育基金会事宜。为了创造一个轻松的环境，初次商讨定在了一个饭庄内，先是喝茶闲谈，引出话题，最后大家基本达成意向之后又在村民理事会办公室、黄中学会议室等召开了几次会议。其中讨论最为激烈的则属于之前分散在各行政村举行的奖学基金剩余款项移交问题。

在四个行政村书记之中，南新村书记王悦祥一般很少表态，都是顺着理事会的意思说事，最后移交了上年度教育基金款项17000元，自己捐款2000元；九东村书记王江平时也比较低调，很少发言，以前村内没有搞教育基金，自己捐款1000元；高碧村书记王光和则比较爱出风头，每次开会都是想到什么说什么，有事又要争得面红耳赤，虽然说话嗓门大，但其自己办有砂石、运输企业，也比较热心公益事业，嘴上说以前奖学基金没有留下钱，但是移交了上年度的教育基金22200元，自己也捐款10000元；北合村书记王华昌则极力反对将原有教育基金款项上交，说本村没有结余，最终没有移交之前剩余款项，自己也在临近捐款结束时才捐了2000元，他也是四个行政村中唯一一位在2017年换届选举时没有选上村主任的书记。尽管四个行政村答应将教育基金会收拢到整个宗族中统一进行，但是他们在这个活动中也在与理事会不断提出意见，不断表达着自己的声音。

在捐款数额较大的人员中，还有几位外姓人士，这就纯属是教育基金会和村民理事会成员的私人关系。其中黄金、罗军都是与王光绍、王晓春私交甚好，王晓春是广州市遂溪商会会长，罗军则是广州市遂溪商会执行会长，在他们所在的宗族举办活动时，黄村村民理事会也会向其捐款或是祝贺。陈恩玉是深圳市遂溪商会会长，则与王军关系较近。这种私下的关系也是一个宗族活动获取捐款的重要资金来源渠道，谁拥有了这样的关系，能够为宗族活动拉来更多的资金支持，也就可以在该项活动中获取更多的话语权，这种话语权可以随着活动不断地进行而转化为个人在宗族中的威望，其权威和地位也就逐渐的树立起来了。

彭国仁，前面已经提到，居住在陈村田自然村的他作为在黄王氏居住的小姓，只有十几人的家庭为了在宗族底色浓厚的地区生存而不被欺负，则要通过不断地对村庄、对主姓宗族做出回馈才能实现。据陈村田村村长介绍，目前彭国仁已经捐款一千万左右支持陈村田村的新村建设，位于陈村田村、供奉康王的帝王帅宫及其前面广场也是彭国仁捐资重建。在长期的驻村中，也曾随多为理事会和基金会人员前往其家中筹集款项，基本上是有求必应，显得十分大方。甚至距离其居住地域较远的北山广场的建设中，企业捐助了10000元。也正是积极参与村庄建设和王氏宗族公益事务，在不断地捐款过程中，使得王氏宗族对其另眼相看，其在村中也树立起了较高的威望，陈村田村村长也不断到其家中商讨村庄发展事宜。

在捐款数额较大的人员中还有一位刚开始让人摸不清头脑的人物，那就是湛江市红日稀土有限公司总经理郑义。教育基金会的奖学与奖教活动是分开的，奖学活动一般在八月中下旬学生开学之前进行，奖教活动则在新学期开学之后教师节前后进行。捐款芳名一般会在奖学活动开展的前一日最终确定，在村中多处张贴公示，并于奖学现场宣读，一般捐款人都想要让自己的名字出现在捐款公示栏上，以使村中和族众村民崇拜。但在奖学活动之后，郑义突然通过教育基金会成员王就找到了出纳王丽君，讲明想要捐款5万元，由于事发突然，并且捐款数额较大，便向会长王光绍做了汇报。会长让中介人询问情况，但没有问出什么，后来会长觉得5万元应该不是什么大事情，就将捐款收下。过了10天左右，举办完黄村奖教活动之后，理事会突然收到了郑义请求协助解决工厂用地问题的事情。在后续的跟进处理过程中，会长始终没有露面，主要由理事会成员王丽君、王就、治安队队长王华新等几人协助处理，笔者也曾多次跟随他们一起前往郑义在黄村边的工厂。原来在捐款前两个多月的时候，郑义所开办的工厂的用地出现了问题。土地原来是属于黄村所有的，后来被县政府征收，并出租给了郑义使用，签订有长期使用合同，郑义便在此开办了金属筛洗工厂。但在今年，郑义突然收到了第三方公司的通知，说政府将包括该工厂用地的周边土地进行了出租，而郑义工厂所租用土地的费用则直接由第三方公司收取。但该第三方公司认为租金过低，便要求郑义限期内搬迁工厂，而郑义则认为，原先签订的用地合同还未到期，现在搬离会使工厂产生较大的损失，便仍旧开工生产。过了要求搬离的期限之后，门口经常出现一些人滋扰工厂正常的生产活动，并不断警告、威胁让其搬离，而经常在门口出现的人便是黄村的人（在县城及周边市区一些地方，有不少黄村人在KTV、酒吧等看场子）。郑义正好听说黄村教育基金会在筹集善款，因此便趁着这个机会捐款，希望理事会能够出面帮忙摆平此事。了解了郑义的需求之后，打听到在工厂门口出现的人是黄王氏二房的，因此理事会便让同样出自二房的王丽君与捐款中介人王就一同处理此事。通过宗族内部对双方的协调，由于土地租用期限未到期，郑义工厂继续使用该土地，但又为了照顾后来承租的第三方公司的利益，由郑义将租金进行调整，增加租赁费用，延续之前合同剩余期限，到期后再行协商搬离还是继续租赁。而黄村村民理事会则保证该工厂的生产不会受到滋扰，最终事情得到了圆满的解决。

捐款事情看似简单，其实其中表现出来的如论资排辈、私人关系维持、大姓欺压、私人算盘等处处都显示出了宗族内部既相互协作又相互斗争的江湖气息。宗族成员通过捐款不断显示着自身的地位与权威，并通过一次次的重复来塑造着自身的权威。其实看似团结的宗族也并非铁板一块，有的宗族精英通过理事会无法塑造并显示自身权威时，便会通过其他途径，甚至会脱离于体制化的宗族活动来实现。黄村每年的奖励学生活动除了宗族组织之外，村内的另外一个老板——王秋文也会组织奖励活动。在得知今年教育基金会将奖励标准提高之后，王秋文在教育基金会开展奖学活动的第三天，也在村内的工厂中举办了奖学金发放活动，并按照教育基金会的标准对奖励标准进行提高，对获得教育基金会奖励的学生再一次进行了奖金发放。

宗族组织正是通过举办此类公益性事业活动，包括帮扶村中鳏寡孤独等弱势群体、捐资帮助村中生病人员等，不断刷新着在村民心中的存在感。宗族组织中的精英则通过组织活动而不断获取权威，成为了宗族的内部的治理权威，影响着乡村社会的发展。

二 宗族底色下的村委

20世纪80年代初开始，随着一系列的乡村社会经济体制和政治体制改革，人民公社制度的解体，国家正式权力机构撤回到乡镇一级，村域内部实行以村委会为代表的自治，村民自治制度开始在全国范围内逐步推行，"乡政村治"逐渐成为了乡村社会治理的主要形式。"乡政村治"制度架构下的村委会，成为了村庄治理的正式组织，并随着时代的不断演进而进行着内部结构与功能的自我调节。

（一）村委会发展阶段

"村民自治是中国自治制度中的一种特殊的自治形式，是在农村基层政权建设长期实践中产生的"[①]，40余年来的村民自治实践，不过是对乡村政治、经济与社会发展状况的具体反映，村委会作为村民自治制度的主要践行者，其职能与角色也随着国家政权建设与经济建设大形势的变化而发生转变。自村民自治制度产生以来，学界就对其进行了较为丰富的研究。徐勇认为，自村民自治制度实施以来，村民自治的实现形式先后经历了三个阶段："第一阶段是以自然村为基础自生自发的村民自治，主要贡献是'三个自我'；第二阶段是以建制村为基础规范的村民自治，主要贡献是'四个民主'；第三阶段是建制村以下内生外动的村民自治，主要贡献是有效实现形式"[②]。刘义强则从村民自治制度的发展历程出发，将村民自治制度产生以来的30年划分为起源阶段（1980—1987年）、试行阶段（1987—1998年）、全面推行阶段（1998—2003年）和深化发展阶段（2003年之后）四个阶段。[③] 在已有研究的基础上，笔者认为，从村委会的职能与发展演变来看，村民自治制度产生40年来可以划分为四个阶段：改革开放前10年的探索发展阶段（1980—1987年）；农村税费改革前的快速发展阶段（1988—2002年）；农村税费改革后至党的十八大之前的"空转"阶段（2003—2012年）；十八大以来的党建引领下的丰富完善阶段（2013年以后）。

1. 第一阶段：组织搭建，探索前行

第一阶段的历史跨度自1978年至1987年《村民委员会组织法（试行）》颁布，主要是村民自治制度正式确立之前的探索发展阶段。1980年2月，为解决分产到户后村庄事务管理松散的局面，广西宜州合寨村产生了首个由村民自发选举出来的村委会，实行村民的自我管理、自我服务和自我教育，这一举措迅速得到中央认可与支持，并在1982年《宪法》中

[①] 崔智友：《中国村民自治的法学思考》，《中国社会科学》2001年第3期。
[②] 徐勇、赵德健：《找回自治：对村民自治有效实现形式的探索》，《华中师范大学学报》（人文社会科学版）2014年第4期。
[③] 刘义强：《村民自治发展的历程、经验与机制探讨》，《华中师范大学学报》（人文社会科学版）2008年第6期。

对村民委员会作为基层群众性自治组织的地位予以确认。1983年中共中央、国务院发出《关于实行政社分开、建立乡政府的通知》，明确要求在农村建立由村民选举产生的村委会，并对村民委员会的设立、职能、产生方式进行了初步规定。1984年，《村组法（试行）》起草开始，先后经历了30多次修改、3次全国人大常委会会议、1次全国人大代表会议之后，《村组法（试行）》于1987年底正式通过。这一时期，全国范围内开始普遍撤消了生产大队，设立了村民委员会。根据相关部门的统计，全国范围内建立的村民委员会数量分别为：1983年31万多个，1984年92.6万多个，1985年94万多个，1986年86万多个。村委会的设立工作在全国范围内基本结束，村民自治的组织载体和制度初步形成。这一时期，尽管法律上对村委会的具体职责与功能没有进行细致的界定，但是村委会作为村庄自治的重要组织已经有效运行起来。这一时期，由于以村委会为中心的自治处于摸索阶段，从制度到组织层面都没有正式的制度安排与法律保障，因此面临着较大的不确定性，这也就导致了在宗族型村庄中村委会组织架构建立的比较晚。徐勇教授指出的："村民自治兴起前缺乏足够的理论准备，兴起后缺乏足够的理论支持，由此造成了村民自治理论与实践严重脱节和滞后的状况。"[①] 在广东省育村，直到1983年时还是以乡的建制存在，直到1999年时才改为建制村，基本建成了目前育村的组织管理架构。

2. 第二阶段：制度建构，快速发展

这一阶段主要是从1988年《村民组织法（试行）》颁布后到2002年全国农村税费制度改革前。在前期试点的基础上，村委会为中心的村民自治的具体形式与内容得到不断丰富。1987年《中华人民共和国村民委员会组织法（试行）》正式颁布，1998年6月1日，《村民委员会组织法》开始正式试行。村委会正式在法律层面成为了农村社会治理的主要载体，这也标志着村委会为中心的村民自治逐渐由区域性的群众自发探索进入了法制化建设轨道。尽管在制度层面上对村委会的地位进行了规定，但组织的建立以及微观意义上组织运行规则的确立却并非一朝一夕的事。为了使政府行政机制与村委会民主自治两者之间有效协调，1988年开始，民政

---

① 徐勇：《中国农村村民自治》，华中师范大学出版社1997年版，第15页。

部部署在全国范围内 1093 个县级行政单位内试点实施《村民委员会组织法（试行）》，20 多个试点省份也按照《村民委员会组织法（试行）》制定颁布了本省域的实施条例。1990 年，由中央组织部、民政部等多个部门牵头在山东省莱西市组织召开了全国村级组织建设工作座谈会，在总结莱西经验的同时初步明确了村委会的运行细则，有效推动了村委会的运行。1991 年开始，为推动村民自治在全国范围内的开展，民政部在全国范围内深入开展了村民自治示范工程，至 1994 年，全国大多数省份都制定实施了本省的村委会实施办法。在各地的不断摸索过程中，村委会制度也逐渐从抽象转向具体，从宽泛性的规章制度逐渐形成了体系化、可操作化的制度，村委会制度的内容不断丰富：如山西河曲两票制、吉林梨树海选等村委会成员产生办法，山东章丘《村民自治章程》，山东招远村民代表会议等。随着村委会制度的不断发展与完善，1998 年 11 月 4 日，第九届全国人民代表大会常务委员会第五次会议修订通过了《村民委员会组织法》，并正式颁布实施。与《村组法（试行）》相比，《村组法》在体式结构上更加完善；村民自治的内容进一步得以完整陈述；村委会组织的建制和职责也有了新的规定；对村委会选举进一步强调民主化、程序化和规范化；同时增加了村民代表会议的内容，赋予其合法性；对村务公开制度也作了具体规定。[①]

1998 年 11 月 27 日，广东省在第九届人民代表大会常务委员会第六次会议上通过了《广东省实施〈中华人民共和国村民委员会组织法〉办法》，广东省范围内开始全面铺开村委会制度。1999 年，育村正式由乡改制为行政村，下辖 20 个村民小组，同时按照传统管理划分为老屋、岗坝、南坑、松石曾四个片区。新成立后育村也开始了第一次村民委员会选举。村委会建立后，依旧采用"大包干"时期的税费制度，按照"交够国家的，留足集体的，剩下的全是自己的"分配方式，除了农业税外，还有三提五统（"三提"指村一级收取的"公积金、公益金、管理费"；"五统"指乡一级收取的"五项统筹"，包括教育附加费、计划生育费、民兵训练费、民政优抚费、民办交通费）。村委会组织运转经费主要依靠村庄税费提留、摊派和杂费。这一时期，全国各地都开始了大规模、制度化、

---

① 赵秀玲：《村民自治通论》，中国社会科学出版社 2004 年版，第 288—290 页。

规范化的换届选举工作。随着村民委员会选举在全国拉开帷幕，地方上为了保障村委会工作的开展和村民自治制度的有效落地，专门制定了一系列如《村务公开办法》《村委会选举办法》等专门的地方法规和实施细则，为村委会的运行提供了制度保障和组织保障，同时也标志着村民自治工作正式进入一个依法建章立制、全面提高村民自治水平的新时期。1993年，"四个民主"的提法，首次在民政部关于开展村民自治规范活动的通知中出现，民主选举、民主决策、民主管理、民主监督成为了村民自治建设的主要内容。这一阶段伴随着制度建构，以村委会为中心的村民自治在依法治国的原则下，呈现出行政推动和法律制度建构双强推动的格局，村民自治的制度体系逐步完善，自治组织逐步健全，自治程序日益完备，自治形式更加多样，自治理念逐渐深化，村民自治实现从基本普及到全面展开。①

3. 第三阶段：经济空心，运转无力

为加强对村庄事务的监督，2003年，由中央纪委、中组部、中央农村工作领导小组办公室、民政部、财政部、农业部等多部门组成了全国村务公开协调小组，全国范围内也逐渐建立起以村务公开栏为主阵地的村务公开形式。与此同时，为加强村民参与村庄事务决策的渠道，全国范围内组建立了村民代表会议制度，参与村庄重大事务决策和对村庄事务的定期监督审核。2007年，党的十七大史无前例地把基层群众自治制度确立为我国社会主义民主政治的四项制度之一和中国特色社会主义政治发展道路的重要内容，以村委会为主体的村民自治地位得到重大提升。

任何组织的运行都是需要成本的，农村家庭联产承包责任制推行后，尽管分田到户的村民积极性得到了极大地激发与释放，其获得了经济上的自主性，迅速实现了温饱和富裕，但失去土地和资产的村集体却陷入了集体经济发展停滞的局面，村委会的运行主要依靠农业税提留、摊派和杂费。农村税费制度改革前，农村延续了"大包干"时期形成的"交够国家的，留足集体的，剩下的全是自己的"分配方式，但是对"交够"、"留足""剩下"的标准没有清晰的认定，导致了国家、集体与个人三者

---

① 刘义强：《村民自治发展的历程、经验与机制探讨》，《华中师范大学学报》（人文社会科学版）2008年第6期。

之间的利益关系边界模糊，存在对农民征收税费的主体乱、项目乱、标准乱、程序乱、监督乱等问题。为适应家庭联产承包责任制改革，规范农村分配制度，遏制面向农民的乱收费、乱集资、乱罚款和各种摊派，从根本上解决农民负担过重问题，理顺和规范国家、集体、农民三者之间利益关系，按照中央农村税费制度改革的安排，2001年开始逐步在部分省市进行试点；2003年在进一步总结经验、完善政策的基础上，全面推进农村税费改革试点工作。主要内容可以概括为："三取消、两调整、一改革"。"三取消"，是指取消乡统筹和农村教育集资等专门向农民征收的行政事业性收费和政府性基金、集资；取消屠宰税；取消统一规定的劳动积累工和义务工。"两调整"，是指调整现行农业税政策和调整农业特产税政策。"一改革"，是指改革现行村提留征收使用办法。2006年，在税费改革的基础上，全国范围内取消了农业税，"三提五统"也一同取消。

由于多数村庄集体经济较薄弱，税费制度改革后，村集体收入急剧减少，村委会运行经费主要依赖政府转移支付。税费减少之后，乡镇对村庄转移支付也随之变少，村委会成员陷入了工资补助无保障的尴尬境地，导致村干部思想波动，村委会带动村庄发展、为村庄服务的动力不足，村委会组织空壳化现象严重。迫于财政压力，全国不少地方开始推行合村并组，村组规模的调整与扩大打破了原有的治理格局，对基层治理提出了更大的挑战。[①] 育村也是在三个行政村的基础上合并而来，合并后的村庄直到现在还在磨合中。与此同时，这一时期基层党组织的核心引领作用不强、党组织涣散，存在诸多问题，主要体现在思想上"错位"，基层党建的政治领导"弱化"；工作上"让位"，基层党组织在社会治理中"边缘化"；机制上"缺位"，基层党的有关制度执行"虚化"[②]。税费改革之后，村两委活动经费短缺，村两委陷入了"空转"局面，由此也引发了村两委关系不顺畅、乡村黑恶势力兴起，村庄凝聚力下降等诸多治理难题。

[①] 余孝东：《村民自治三十年：从基层实践到政治制度的发展之路》，《社会科学报》2018年2月22日第002版。

[②] 常俊：《关于新中国成立以来基层党建的功能作用和现实问题的思考》，《毛泽东邓小平理论研究》2019年第8期。

4. 第四阶段：自治内生，激发活力

税费改革后，为整治乡村治理中出现了的一系列乱象，进一步规范村委会运行，2012年11月5日，中纪委、中组部和民政部等12个部委联合印发了《关于进一步加强村级民主监督工作的意见》，预示着村民自治迎来了一个新的阶段。《意见》要求，除村"两委"外，村庄内部还将增设村务监督委员会，依规对村庄事务、村集体财产处置、重大事项决策以及村干部进行监督。其实蕉岭县自2006年开始，先后在芳心村、育村试点村务监督，并形成了有益经验，与浙江村务监督委员会的经验共同上升为全国经验推广开来，全国范围内的行政村统一建立了村务监督委员会。

由于村庄内生经济发展能力不足，尤其是税费改革后村庄失去了原来的税费返还和提留收入，村干部工资基本依靠财政支付，导致乡镇行政事务转移到村庄，大量乡镇层面的行政事务也逐渐转移到村庄，依靠村委会落实，村委会呈现出了行政化趋势。为了减轻财政负担、破解村委会空转困局，一些地方推行合村并组，使得以行政村为基本单元的村民自治地域半径过大，村庄人口过多，同时村庄内部缺乏利益联结，带来了村庄内部整合以及村民参与度降低的问题。在原有治理格局被打破后，村庄着眼于现实需要，开始寻求自治突破，全国多地探索以自然村和村民小组为基本单元的村民自治。

广东清远市开始推行"三个重心下移"，推动基层党组织重心、村民自治和行政村重心下移，以完善村民小组（自然村）基层组织、强化自治能力为突破重点，推动村民自治重心下移，将自治沉到村落。多地依托原宗族理事会为根基，通过对其进行规范，建立健全村民理事会组织，通过运用农村内部力量参与社会治理，提高村民自治水平；在村民小组建立健全经济合作社，把发展经济重心从原来的行政村下沉到村民小组，引导村集体经济组织统筹利用本村资源，发展壮大集体经济，从而提高村集体组织的凝聚力和办事能力。由于行政村下移面临着村庄人口流失后管理人员减少、财政负担过重等问题，推行难度较大，后来经过调整完善，"三个重心下移"中行政村下移改为公共服务重心下移，推动基层党组织重心、村民自治和公共服务重心的下移。2014年、2015年中央"一号文件"提出了"开展以村民小组为基本单元的村民自治试点"，2016年10月中央"两办"专门印发了《关于以村民小组或自然村为基本单元的村

民自治试点方案》，鼓励地方开展多种形式的以村民小组或自然村为基本单元的自治试点。2016—2018 年中央"一号文件"又连续三年提出"开展以村民小组、自然村为基本单元的村民自治试点工作"，破解行政村人口多、地域广、村民自治难以有效开展导致的村委会空转局面。自治下沉到村民利益关联性更强的自然村和村民小组，缩小自治规模，在自然村和村民小组层面开展村民自治，取得了显著的成效。地方自治实践也引起了学界的关注，从村民小组与自然村的历史演变、治理功能与治理资源、治理方式等多个角度展开了研究。

基层党组织和党员队伍是党的执政之基、力量之源。着眼于基层治理难题，党的十八大以来，按照党中央全面从严治党重要战略部署，以基层党建为抓手，以基层党组织战斗堡垒作用发挥与核心引领能力提升为目标，落实基层党建责任制，建立了省、市、县、乡党委书记抓基层党建述职评议考核机制，通过一级一级传导动力，一级一级压实责任，基层党建责任落实更加有力，抓基层党建的导向更加鲜明。同时对党管农村工作进行战略部署，健全党委全面统一领导、政府负责、党委农村工作部门统筹协调的农村工作领导体制。2014 年 10 月 8 日，习近平总书记在党的群众路线教育实践活动总结大会上强调"把抓好党建作为最大的政绩"，向全党发出了落实管党治党责任的"动员令"。为避免"人情党员""近亲繁殖""带病入党"等问题，2014 年，修订实施了《中国共产党发展党员工作细则》，进一步严格党员发展，尤其是基层党员发展标准和程序。2017 年 10 月 24 日，中国共产党第十九次全国代表大会通过了《中国共产党章程（修正案）》，规定"党的基层委员会、总支部委员会、支部委员会每届任期三年至五年。"为贯彻落实党章规定，严肃党内政治生活，严格党的组织制度，完善党的基层组织任期，2018 年 7 月，中共中央办公厅印发了《关于党的基层组织任期的意见》，提出"党的基层委员会每届任期一般为 5 年，党的总支部委员会、支部委员会每届任期一般为 3 年，其中，村和社区党的委员会、总支部委员会、支部委员会每届任期为 5 年。""党的基层组织应严格执行任期制度，任期届满按期进行换届选举。如需延期或提前进行换届选举，应报上级党的委员会批准，延长或提前期限一般不超过 1 年。"

为落实党管农村精神，贯彻党管农村、书记主任"一肩挑"工作机制，2018年12月29日，第十三届全国人民代表大会常务委员会第七次会议通过全国人民代表大会常务委员会关于修改《中华人民共和国村民委员会组织法》的决定，"村民委员会每届任期五年，届满应当及时举行换届选举。村民委员会成员可以连选连任。"广东省按照中央有关文件规定精神，为了更有效地落实《村民委员会组织法》，依法有序完善基层群众自治制度，统筹推进村（社区）党组织书记和村（居）民委员会主任"一肩挑"，加强村（社区）干部队伍建设，2019年11月29日，广东省省十三届人大常委会第十五次会议表决通过《关于调整全省村民委员会和居民委员会换届选举时间的决定》，将全省下一届村民委员会和城市居民委员会选举时间调整至2021年，与全省县、乡人民代表大会换届选举同步进行。乡村治理建设正按照党的十九大精神指示，开始了新时代自治、法治、德治相融合的治理体系和治理能力现代化的进程。

（二）村委会选举中的江湖

村委会选举是村民参与村庄事务的重要途径与表现形式，在一定时期内，村委会选举甚至被等同于村民自治，足见其重要程度。在华南宗族社会来看，村委会选举不仅是个人行为，也常常被看作宗族在地域话语权上的争夺，一旦某一宗族掌控了村委会，也就掌握了村庄话语权，因此，在选举时不免会有宗族因素掺杂其中。本部分通过对宗族影响下的村委会选举的还原，以小见大，展现宗族与村委会的互动。尽管同属于宗族地区，但不同的村庄与宗族组合类型，在村委会选举中会出现不同的样态。

1. 宗族主导下的黄村选举

在一宗多村的黄村，由于宗族能量较大，外出乡贤较多，在村庄公益事业中捐款较为活跃，宗族在村庄公益事业建设中发挥作用较大，具有较高的威望和话语权，村民遇到困难也会主动联系村民理事会，甚至外姓村民与本姓有矛盾时也会找理事会协调。比如前面所讲到的黄村收到关于该村村民在别村土地上种树木的交涉函，最终在多个部门和两个村委会无法解决的情况下，最终由理事会出面解决。由此可见，以宗族为底色的理事会在村民中的威信较高，宗族依旧是对外联系、协调事务的代言人。宗族在村庄公益事业、建设发展中发挥着较为重要的作用，但从另一个层面来讲，也正是由于宗族的威信较高，在一定程度上限制了村委会职能的发挥。于是在黄村王氏所在的六个行政村中，有其他姓氏存在的三个村庄中，选举竞争程度相对较高，村民参与选举的积极性比较高。而在另外全部由王氏组成的南新、高碧、北合三个行政村中，由于村委会在村民心目中的地位较低，分量不足，选举时也很少有村民参与。在2017年村委会选举时，笔者在三个选举点蹲守观察了一天，基本上都是几个村民小组长在现场投票，中间零星有人过去。村民之所以对村委会选举如此冷漠，最重要的原因就是村民理事会承担了村庄大部分事务，包括了公园道路修建、卫生维护、村内市场管理、奖学奖教、弱势群体帮扶、特殊群体节日慰问、邻里纠纷协调以及对外交往等。村委会承担的事务基本上限定于公共服务一类。

黄村村委会选举

黄村村务理事会与各村党支部、村委会以及村民小组分工合作，互相支持，治理形成了以理事会为主导、行政村干部为辅助的治理格局。村两委主要负责计生、扶贫、户籍、教育、医疗、社保等行政事务，村内公共建设、治安、村容村貌、民俗、宗族、公益事业等事务则由理事会负责。遇到村内如修建宗祠、道路等重大事务时，由理事会和村"两委"充分沟通，开会讨论，协力推进。理事会成员全部为义务工作，不领取任何工资，日常运作经费主要依赖乡贤捐资。

宗族影响力之所以依旧强大，有诸多原因：首先是外出乡贤较多，有资金源源不断地支持村庄建设，村民理事会掌握了较为自由的资金支配权力。传统时期宗族作用以及地域影响力主要跟人口多寡有关系，但当下宗族发挥作用大小是与宗族凝聚力以及经济实力有较紧密关系的。黄村王氏老板较多，据粗略统计，黄村王氏两万余人中，资产千万元以上的在200人左右，资产上亿的有20余人。这些老板经常支持村庄公益事业，为理事会的有效运行提供了资金和人力支持。

仅2016年7月黄村开基千年庆典活动中，村内乡贤先后捐资超过500万元，其中王军捐资100万元，王晓春捐资50万元，捐款过万元的超70人。在2017年举办的黄村教育基金会奖学奖教活动中，捐款金额在3万元以上的有王军20万元，王晓春10万元，王德8万元，王俊兴6万元，黄金5万元，郑义5万元，彭国仁3万元，陈恩玉3万元，罗军3万元，几人合计捐款金额达63万元。其中王军分10年认捐200万元，王晓春分10年认捐100万元，王德分10年认捐80万元，意味着这几人此后十年每年都会捐款近40万元，这就为此后十年奖学奖教活动持续开展奠定了资金基础。

正是有了乡贤的长期捐款，理事会在参与村庄公共事务时，才有了话语权和分量，宗族组织的相对强势也导致了村民对村委会选举漠视。不管谁进入到村委会，还是要在理事会的主导下开展村庄工作。理事会为了增强代表性和说服力，其在自身选举时也遵循严格的程序。由主村所在的北合、高碧、南新、九东4个行政村的党支部联合成立换届领导小组，负责理事会选举事宜。理事会共16个名额，4个行政村每村2个固定名额，另外3个自然村（塘口行政村陈村田自然村、庞村坎自然村，新村行政村华封自然村）每个村1个固定名额，4个行政村中及3个自然村分别召开村民代表大会，确定本村理事会成员候选人，其他候选人由参会代表10人以上联名推荐。确定候选人后有选举换届领导小组召集召开选举大会，选举大会出席人数在应出席人数2/3以上方可进行，选举代表也由各村内部讨论决定，2016年在镇政府召开的黄村村民理事会选举大会，参会代表达到了300余人，包括村内所有村两委干部、村民小组长、自然村村长、村民代表。每村名额确定后，其他名额按照票数多少依次确定，选举票数占出席代表半数以上方可当选。在非候选人代表中推选3名总监员、监票员、计票员，由大会代表表决通过后执行职责。

在黄村，不管谁成为村委会成员，村庄主要的公益事业都是由宗族来主导，村委会基本上是承接与政府相关的事项，导致了行政村一级选举时出现村民参与度低的现象。而在村小组或自然村选举时，村民又表现出了较强的参与意愿。因为小组长本身大部分是以血缘、地缘为基础产生的，带有较强的自治意味，同时小组长在选举宗族理事会时拥有投票权，在小组内的权威与宗族内的投票权，导致了村民小组长的选举时村民表达意愿的动机较大。村民在村民选举中的冷漠与在宗族组织成员选举中的热情形成了鲜明对比。

2. 宗族竞争下的育村选举

前面村庄概况中已经讲到，黄姓占村庄人口的60%以上。尽管在育村村委会实行选举制度之前，村庄辖区不断调整变化，但基本上保证了村干部中涵盖了黄、丘、杨三个姓氏，干部来源也涵盖了村内的4个片区。育村村委会选举自1999年实施以来，前期选举较为平稳，基本上都是原来选举前的村干部担任村两委成员。1999年合并后的育村开始了首届换届选举，由27名村民代表选举产生了6名村委会成员，当选人员基本上是原来村庄干部。按照育村划分的4个片区（老屋片、岗坝片、南坑片、松石曾片），6个村委会干部中基本上照顾到了每个片区，除岗坝片有3名干部外，老屋片、南坑片、松石曾片各有一名，保证了每个片区的都有本片村干部。

育村第一届（1999—2002年）村委会成员

职务	人员	性别	年龄/岁	党内职务	所属片区	得票数/张
主任	黄佛佑	男	52	支部书记	岗坝片	26
副主任	黄永华	男	47	副书记	老屋片	25
委员	丘荣坤	男	48	支委	南坑片	27
委员	黄德洪	男	48	支委	岗坝片	25
委员	黄彩香	女	48	—	岗坝片	27
委员	杨昌海	男	48	—	松石曾片	22

自第二届村委会选举开始由符合选举资格的全体村民进行投票选举

时，村委会的人员构成就开始发生了变化，黄姓干部就逐渐主导了村委会。据当时资料记载，育村当时共有村民1687人，符合资格的选民1241人，村民代表29人。在推选村主任人选时，老屋的黄永华与南坑的丘寿昌都成为了候选人，黄永华最终获得了1081票，当选为村委会主任。上一届委员黄德洪当选为副主任，获得了968票，分管农、林、水和国土工作。在委员选举中，南坑片的邱荣坤获得了1032票，松石曾片的杨昌海获得了1035票，岗坝片的黄彩香获得了938票，新进入的老屋片的黄坤荣获得994票，可见宗族人数多寡并没有影响到老村委干部的选票。另外村里又聘任了岗坝片的黄明浩作为村聘干部。

育村第二届（2002—2005年）村委会成员

职务	人员	性别	分工	党内职务	所属片区	得票数
主任	黄永华	男	全面工作	支部书记	老屋片	1081
副主任	黄德洪	男	农林水、国土	—	岗坝片	968
委员	杨昌海	男	组织	副书记	松石曾片	1035
委员	黄彩香	女	妇女、调解	支委	岗坝片	938
委员	丘荣坤	男	文书、统计	支委	南坑片	1032
委员	黄坤荣	男	治保、民兵	—	老屋片	994
下乡	黄明浩	男	民政	—	—	—

育村历来有一把手不掌村公章的传统，一般由副主任或会计掌管。

因为副主任、会计一般从松石曾片和南坑片产生，基本上都掌握在杨姓或者丘姓手中，前后持续了几十年。丘寿昌说，在干部任命时期，镇里为了照顾两姓利益，宣布了一条规定："如果我们这边的人当书记，印把子就要他们那边的人掌。他们那边的人当书记，印把子就要我们这边的掌。姓黄的人，当书记，然后这个印章就要我们姓邱的人来掌。"这一条规定也得到了村里多为干部和老人的确认。但2002年，黄永华的侄儿黄忠杰，未婚先孕，违反计划生育，当时的党支部开会已经决定了，要罚款两千元，并上报给当时在村里蹲点的镇干部徐文辉（镇组织委员）。黄永华和黄忠杰就找到丘荣坤,和他私下商量,给黄忠杰盖了章,就办理了结婚证,逃过了处罚,后面徐文辉就把这个事情上报给了镇委书记,镇委书记就缴了丘荣坤的公章,说丘荣坤不讲原则(当时的计划生育政策很严格),让他把公章交给当时一个下乡锻炼大学生黄明浩,让他负责计生工作,后面黄明浩走了,印章自然就留在了村部。因为本姓在村委会内没有干部,又失去了公章,导致了丘姓对黄姓把控下的村委会的不认同。从此以后育村形成了主任签字、副主任掌管公章的局面。

到了第三届选举,村委会成员人数被确定为4人,南坑丘姓干部因为之前犯错不再竞选,南坑便失去了村委会干部名额,南坑片丘姓、钟姓自2005年就再也没有进入过村委会。这次选举中,由于原来丘姓干部被选举资格丧失,丘姓再次推选了本宗族内的人,影响了当选干部的得票率。从这一届选举结果也看的出,当选者得票率都比较低。黄永华尽管当选为村主任,但其得票数有明显的降低,在1392个选民中,有效票为1356票,其仅获得了815票,得票率刚满60%。黄坤荣当选为副主任,但得票率刚过半。得票率最高的是松石曾片的老干部,得票率也仅71.7%。自2005年开始有一个钟姓进入村委会,但此人为老屋片黄姓的老婆,由外村嫁到育村,故也属于老屋片干部。为了照顾南坑片村民,方便村委会日后开展工作,2005年第三届选举后以村聘干部的方式聘用了一个丘姓的人参与村庄事务,但在村两委事项上没有发言权和表决权。

育村第三届(2005—2008年)村委会成员

职务	人员	性别	分工	党内职务	所属片区	得票数/张
主任	黄永华	男	全面工作	支部书记	老屋片	815
副主任	黄坤荣	男	林、水、民政、户管	支委	老屋片	738
委员	杨昌海	男	农、统计、文档、信访	副书记	松石曾片	972
委员	钟菊英	女	妇女、调解、计生、出纳	支委	老屋片	缺失
村聘	丘达坤	男	民兵、青年、国土、治保	—	南坑片	—

到了2008年第四届村委会选举时，育村选举进入白热化阶段。一个最重要的原因就是2006年高速公路征地赔款，导致黄姓内部争端较大。另外丘姓在选举时再次推出自己片区的候选人钟丽平（丘姓老婆，先后做村民小组长、南坑片长），再次努力进入村委会。尽管南坑片在村委会委员候选时排名第二，但在正式选举时却落选，丘姓重新进入村委会的梦再次被打破。

育村第四届（2008—2011年）村委会选举情况①

职务	人员	性别	候选票数/张	选举票数	所属片区	是否当选
主任	黄坤荣	男	784	791	老屋片	是
	黄永华	男	598	—	老屋片	否
副主任	黄红增	男	343	773	岗坝片	是
	黄永胜	男	179	—	岗坝片	否
委员	钟菊英	女	531	926	老屋片	是
	杨昌海	男	248	798	松石曾片	是
	钟丽平	女	346	—	南坑片	否

为了缓和南坑意见，南坑片一些村民代表签署了《关于请求育村委会增加村委干部职数的请示》，以育村党支部和村委会的名义向县相关部门和镇政府申请增加名额，落实到南坑片，其中时任副主任黄红增也在请示上签字，成为了唯一的非南坑片村民，但其居住的新建小组在地形上也属于南坑片。只不过黄姓五世祖坟墓在此处，后人在其坟墓上建祠，并在周围建了两排围屋，土改时期岗坝片部分黄姓迁居于此，组成新建队，即新建小组。

关于请求育村委会增加村委干部职数的请示

尊敬的×××：

我育村总人口1700多人，常住人1200人以上，村民小组20个，

---

① 候选人提名选票1497张，有效票1475张；正式选举选民1520人，有效选票1514张。

党员76人。居住比较分散,共有4个自然村,其中松坪、石角、曾坑自然村离村部8.5公里。

由于历史、地理、姓氏等原因,我村南坑片有人口400多人,解放初是另一个大队,自解放后并村一直都有在片村干部,自第二届村委会(2002年)① 干部职数减至4名后,南坑片一直无法当选村干部,原因是房姓氏问题,造成工作被动,人心涣散,不利于安定团结。

因此,为有利于干部的合理布局,有利于工作的顺利开展,有利于维护稳定和谐,我们强烈请求上级党委、政府领导对我们村的现状进行深入调查了解,特事特办,消除隐患,给予增加村委干部职教,则顺民心、合民意,有利于我村的各项工作胜利开展。

特此请示(此额应落实到南坑片)

广福镇育村党支部
(盖章)村委会
2008年4月3日

南坑片党员、干部签名:

丘寿昌、罗桂招、丘光荣、丘文昌、钟凤英、丘述运、丘荣坤、黄红增、丘德辉、丘亚文、钟志金、丘世坤、蔡四妹、丘东岳、丘＊＊、钟丽平、钟云芳

育村增加村委会成员名额的请示并没有得到批准。到了第五届(2011年)村委会选举时,松石曾片的杨昌海因为年龄原因不再参加村委会选举,自此,这两个片区就再也没有进入村委会。松石曾片由于地处偏远,距村委会9公里左右,人口外出较多,尤其是2013年大雨引发洪水,许多房屋倒塌,更多的人外出,大部分老宅成为了圈养鸡鸭的场所。所以相对来讲,由于松石曾片人口流动较大,对参与村委会选举的意愿不强。

---

① 实为第三届村委会,2005年。

育村第七届（2017—2021 年）村委会成员

职务	人员	性别	年龄	党内职务	所属片区	得票数/张
主任	黄忠铎	男	54	支部书记	老屋片	1488
副主任	黄红增①	男	52	副书记	岗坝片	1447
委员	钟菊英	女	42	—	老屋片	1306
委员	黄新金	男	52	—	岗坝片	1185
—	钟丽平	女	46	支委	南坑片	—
—	黄栋林②	男	29	支委	老屋片	—

作为村庄中最大的两个宗族，黄姓、丘姓都是以占有"村两委"职位为争夺村庄话语权的最终目的，钟姓与杨姓基本上属于附属状态，既不关心也不参与"村两委"职位争夺，更多的表现为私人关系的帮衬。为了平衡南坑片意见而增选的支委，由于在村委会中占据少数，在表决意见或提议时很容易被视为少数给忽视掉，在个别问题上无法代表片内群众发声时就导致了群众的不满，逐渐丧失了村民的信任感。由于在村委会中无法形成有效声音，南坑片在村庄事务参与中依旧以片内村民理事会为主导，对于村庄事务的参与度较低。原来镇中学退休教师丘寿昌，长期主导宗族事务，作为理事会会长和片长，成为了南坑片群众的非正式代言人。也正是由于南坑片内有了一整套非正式的自我运行机制，片内形成意见后由出自该片的支委向村委会反馈，如果得不到有效解决，为了维护权益，便会组织村民直接到镇上寻求政府施压解决。

2018 年，某农业企业在入驻本村时，因为要选址做厂房和种植基地，村委会为了缓和两姓之间矛盾，便想在两姓之间的荒山旁（梅子坑）平整土地作为基地，使两姓村民都可以在基地务工，并以示范带动村民种植致富。在村两委过会讨论后，形成了一致意见。由于作为村支委的南坑片干部钟丽平参与了会议，于是村两委认为其代表了南坑，于是选定好了日子要开工建设，但开工当天，刚开始施工丘姓村民便前来阻挠。丘姓认为

---

① 尽管目前在老屋片居住，但其房支、祖屋及宗祠都在属于岗坝片。目前宅基地是老屋片村民拿来抵债获得的，因地理位置较好在老屋片建房居住，关系也主要在岗坝片，跟老屋片村民联系较少。

② 原为村聘干部，2019 年新增补为村党支部委员。

该片山地属于丘姓，在权属关系解决之前不能开工；黄姓（主要是岗坝片）则认为该区域处于两姓分界线，属于两姓共有，租金收益可以两姓平分。在争闹的过程中，村主任接到了镇政府电话，说本村村民正在镇政府闹事上访，让赶紧过去维持秩序、解决事情。为了迫使基地变更选址，丘姓村民写了联名状，并签字按手印，包括在村主任工厂上班的丘某某，在明知要得罪村主任，甚至可能因此丢掉工厂的工作的情况下，为了不得罪宗族，还是迫不得已在联名状上签字。最终，为了不激化两姓矛盾，基地停工并在他处选址新建。

申诉书

尊敬的广福镇党委、政府领导同志，您们好！

我们是广首村南坑片村民，现把广育村在南坑片建造黑木耳基地情况投诉给你们。

梅子坑是南坑片的一段良田，由于外出打工人员多，缺乏势动力，暂时撂荒。村现决定在那里建造里黑木耳基地，直接影响我们以后的耕作，还要推掉三十亩森林地。几年来县林业局多次派入来种植树木，现一片茂盛。现眼看就要推掉，直接影响生态生产生活，违背了习主席在第十三届全国人大会上讲话精神，天更蓝和青山更绿、水更清，环境更美、绿水青山就是金山银山的理念原则。

我们南坑片是直接受害者，三十亩林地不是小数目，茂密树林，一年到晚流不尽的泉水，农田用水和村民吃水全靠那里的水资源，直接影响到我村的生态环境，破坏了绿水青山，损害了人民群众的利益，我们南坑片全体村民坚决不拥护，不赞成，不高兴，不答应。恳求党委、政府领导下来调查查、深入到群众中来，为我们排忧解难，立党为公、执政为民。

南坑片全体村民

2018 年 3 月 30 日

农业产业基地选址导致两村矛盾发酵之后，支委钟丽平夹在村委会与南坑群众之间，工作更加难以开展。村两委认为钟丽平做群众工作不到位，导致传统矛盾再次发酵，也没有及时掌握村民的动向。而南坑片村民则认为钟丽平无法代表南坑群众利益，也没有及时维护宗族利益，导致逐渐丧失村民信任和支持。事后，钟丽平也找到丘姓掌事人丘寿昌，但是基本上无法改变其对村委会的态度。由于无力通过选举等正式渠道进入村委会，划片而治便成为了南坑村的选择，不参与、不配合成为了南坑片对村委会选举抗争的一种主要方式。

其实在村庄调研中通过路边狗的吠叫程度就可以基本判断一个村庄的开放性。狗吠叫程度高的村庄一般外人进入较少，而狗不吠叫一般是经常有外人经常出入，已经习惯外人的走动。笔者在广育老屋、岗坝片调研走访时，路边的狗很少会冲着吠叫，而在南坑片调研走访时，有时会有三五成群的狗冲着吠叫，有时在入村前不得不拿块石头或者木棒防身。

尽管黄姓一直掌握着村庄行政权力，但其宗族内部也存在着村级权力的争夺。在村级权力主导者来看，村级权力实现了从岗坝片到老屋片的转移，黄志聪①（岗坝）——黄佛佑（岗坝三房）——黄永华（老屋二房）——黄坤荣（老屋三房）——黄忠铎（老屋二房）。可以发现村委会权力在几个层面发生转变：一是从岗坝向老屋的地域转移；二是由三房向二房的房支转移；三是宗族能人向经济能人的精英转变。

村委会选举是一个宗族势力从幕后走向台前、掌握村庄话语权的重要标志，因此在村委会选举时，宗族内部会进行一个前期动员，一般由候选人先找本家族的人和信得过的朋友，表达参选意愿，然后由这些人再去宗族内部动员，如果关系较好，也会到其他宗族中动员，但是这个动员要尽量避免遇到其竞争对手关系圈子内的人，因为这中动员基本上无法达到目的，还会被看作对其竞争对手的正面挑衅。由此也可以看出，尽管村委会委员权力不大，但是随着村民自治的实施，村民对村委会的认可度也在不断上升。宗族社会的乡村自治也不再是宗族内部的治理，而是积极争取进入村委会成为正式精英，获得政府的认可，通过正式化、规范化途径来代表和实现宗族利益。

3. 烟技员的上升与没落

传统农业社会时期，村委会干部的组成，基本上有两个途径：一个

---

① 七八十年代的村书记主任，1984年村主任换成黄佛佑，但依旧担任书记。

是宗族内的权威人物进入；另一个则是农业技术拥有者，即农技员。传统时期以宗族地域为主要特征的地方自治使得宗族可以依据自己的族规家规行事，人的最终归宿是入祠堂，而宗族长老则掌握了族规解释权，也就掌握了一个人死后能否进入祠堂的裁量权。改革开放后，宗族组织在一定程度上的复兴使得宗族重新在村两委干部构成上掌握了一定的话语权。通过进入村委会，获得了官方认可的正式身份，成为了宗族人员规避身份限制，获取政府认可的重要途径。某一宗族为了掌握村庄话语权，也会极力推举本宗族的人，具有天然的亲近性。农技员则是通过日常协助村民管护农作物或养殖技术指导，经常与村民打交道，在农业社会主导的乡村，具有较好的人脉，因此也具有了进入村委会的先天优势。

20 世纪 60 年代，蕉岭县与烟草公司合作，开始县内推广烤烟种植，在文福、广福、南磜等多地推开，育村也在这个时候加入了烤烟种植的行列。烤烟种植从种植到收购需要很多技术环节，有专门人员来把控，因此，种植烤烟的各个乡镇都在镇农技站设置了专业的烟技员，工资由农技站负责。烟草公司在镇里设有专业的烤烟收购站，按照种植面积进行补贴，叫做烟草种植返还。因为技术指导，烟技员要经常与村民打交道，到了收烟叶的时候，烟技员要负责挨家挨户去家里查看烟叶品质，对烟叶进行初步定级，然后写张票子，盖上章，烟农就可以去镇上卖了。因为技术的指导和烤烟定级的权力，村民在与其打交道时自然不敢怠慢，这也就为烟技员进入村委会奠定了广泛的人缘基础。

于 2002—2008 年担任育村主任的黄永华，曾是镇农业站工作人员，主要负责农田水利及农业技术指导工作，因为育村烟草种植面积较大，烟草种植技术指导和收购定级便成为了其重要工作内容。后来逐渐参与育村村务工作，负责农业、水利等，为村庄修建蓄水池，解决村民吃水问题，20 世纪 90 年代开始担任村委会副主任，到了第一届村委会选举时被选为副主任，2002 年第二届选举成为村委会主任，同时兼任书记。黄新金，则是另一个依靠烟技员身份成为村干部的代表。2011 年，通过选举成为村委会委员后，一直连选连任。因为在农业时代，掌握农业技术就等于是掌握了大家的饭碗。根本上来讲，农业底色下的社会特征即是农业生产占据主导村庄位置，掌握农业技术的人具有后天的、无可比拟的权威，农业技术人员便占据村庄的重要职位——村委会。

但随着工业化发展与工商资本的进入，农业收入已经无法支撑一个家庭的生存，外出打工成为了村民累积家庭财富的主要渠道。村庄年轻人员的流失、土地的撂荒、无法外出的老年人承担起了农业生产，农业不再是致富产业，而沦落为温饱产业。家庭作为一个以血缘为基础的组织，尽管纲常伦理还在发挥着作用，但是经济基础的改变确实也在逐步改变着家庭的话语结构。这种村落经济结构的变化也影响着村庄权力结构的变化。最为明显的就是2011年，以工商资本为背景的村干部开始逐步介入村委会选举。

现任主任黄忠铎，原为镇工商联支部书记，2006年高速公路征地之前建有一座酒楼，夫妻二人掌勺做饭，后高速公路建设被拆。镇里对其做事风格与工作比较认可，想让其做村主任，动员其参与村庄选举。在选举前，黄忠铎拉票造势，向村民承诺当选后完成村自来水工程，解决高速公路征地中的遗留问题，但2008年高速公路征地的事情影响还没有散去，还是影响到了他的参选，① 以微弱票数落败。在参选村主任失败后，黄忠铎继续跟黄新民等人带着大锅（在空地上支锅做饭，请村民吃饭）在村里答谢村民，甚至还专门到了南坑。尽管黄忠铎是镇政府比较认可的，但要想成为村主任，必须先获村民的认可，不能只依靠政府赋予的权威。到了2014年，黄忠铎再次参选，与黄坤荣展开了第二轮较量，最终被选为村主任，镇工商联支部书记直接被选举成为村主任，这也预示着农业底色开始在育村褪色，工商业开始占据村庄主流并主导村级权力。尤其是随着2018年育村木耳产业的引入，工商资本主导下的产业开始在育村越来越具有话语权，传统农业产业逐渐褪色。2014年同样参加村委会选举的还有老屋片广六组组长黄新龙，其经常在附近承包一些小工程，对农业基本不熟悉，但比较热心村庄公益事业。2014年委员得票第三，比黄新金少了200票，最终落选。2014年选举，可以看作是工商资本精英向传统农业精英发起的冲击。与以往选

---

① 黄忠铎为前书记黄永华的侄子，之前高速公路征地主要是占了他们家的土地，其中黄忠铎占大头，原本土地上的酒楼也被拆掉，大部分赔偿款补偿给了黄忠铎，黄永华拿到了一小部分赔偿。黄永华时任村书记、主任，村民认为征地补偿分配不均，于是直接导致了黄永华2008年选举落败。因为他们是一家人，又作为补偿受益者，势必受到影响。

举相比，这一届选举由于矛盾焦点更多，甚至出现了联合罢选的情况，但最终还是顺利举行。

育村第六届（2014—2017 年）村委会成员

提名职务	提名人姓名	性别	出生年月	文化程度	是否党团员	得票数/张	原职务
村委会主任	黄忠铎	男	1963.08	高中	党员	1573	镇工商联支部书记
	黄坤荣	男	1965.08	大专	党员	27	书记、主任
	黄永胜	男	1962.12	初中		20	广七村民
	黄红增	男	1965.06	高中	党员	6	村委副主任
村委会副主任	黄红增	男	1965.06	高中	党员	1439	村委会副主任
	黄新金	男	1965.03	高中	党员	25	村委委员
	黄新龙	男	1970.01	初中	党员	25	广四组长
	钟丽平	女	1973.11	高中	党员	14	支部委员
村委委员	钟菊英	女	1975.09	高中	党员	1153	村委委员
	黄新金	男	1965.03	高中	党员	907	村委委员
	黄新龙	男	1970.01	初中	党员	670	广四组长
	钟丽平	女	1973.11	高中	党员	400	支部委员
	赖华珍	女	1974.11	初中		27	广七村民代表

农业时代的权威来源与工业时代的权威来源造就了不同的村庄权威人物。村庄选举中农业技术话语向工商资本话语的让渡，其实也是工业化、信息化时代农业产业衰落的重要表现。整个农村社会发展的大背景下，新农村建设和乡村振兴成为了农村发展的主要战略背景，尤其是农业税取消

之后国家对农村的补贴日益增多,村庄内如何从国家吸引项目取代了传统村庄的内生性力量。工商资本精英由于经常在外闯荡,与政府、企业、社会其他领域精英打交道,拥有更广的视野和人脉,因此,外向型的工商资本精英开始取代内向型的农业技术精英,占据村级权力的主导位置。

从另一个层面来讲,也是一个社会分工不断优化的体现。村委会不必再事必躬亲、面面俱到,技术、资金等可以依靠外来企业,实现村企协调发展。这就需要村主任的主要精力不再是村庄内部的农业积累和产业造富,而是要面向外部,工商资本背景的老板则因为长期在外经商,经历的世面较多、人脉较广,成为了村庄对外交往更为合适的人选。前面我们也讲到,宗族组织也负责一定的对外交往职能,但是宗族的功能基本限定于公共服务层面,比如宗亲的联络、与其他宗族的纠纷协调、村庄公益事业动议与募捐等等,在与外部资本、企业、人员交往则显得不足。

村主任来源的变更,体现了乡村社会农业的式微,工商资本话语权逐渐成为了乡村社会的主导力量。

三 国家与神明互动下的村治样态

前面我们已经讲到,在"政权不下县"的时代,乡村社会的治理基本依赖具有宗族背景的乡里、保甲等组织,不管是传说中的神明还是祖先阴灵,都作为神明信仰,成为了赋予其治理乡村社会运行的重要权威来源。

(一) 宗族底色下的村治样态

从国家与社会关系理论出发,按照宗族组织在乡村中的地位及与村委会的关系,可以分为村宗同权、宗主村辅、村主宗辅三类。

村宗同权,主要发生在村庄治理单元与宗族治理范围基本吻合的村庄。这一类村庄中,由于宗族与村委会成员的高度重合,村庄选举中没有其他宗族的竞争,便内化为了内部房头的竞争。但对外而言,这又是一个集村庄自治与宗族自治于一体的村落。宗族复兴之初,承担着传统的祭祀、调解纠纷、生产互助等功能,但由于宗族与村委会功能的高度重合以及宗族自身获取资源能力的不足,导致宗族功能不断向村委会转移,甚至祭祀活动的举办也开始由村委会承担。这一现象在郑村表现的最为明显：郑村总人口3500余人，常住人口有2100多人，部分户籍迁出者也会长期回来居住。郑村以郑姓人口为主，占全村人口的99%，另有几十曾姓人，在村庄事务中基本上没有发言权，村两委成员全部由郑姓担任。郑姓祠堂有两名管事人管理，但随着两人年事已高，并且其威望在村中并不高，导致近年来族众参与宗族活动的积极性不高，活动款项难以筹集。近年来有村委会逐渐承担起郑氏宗祠活动的趋势。尤其是2017年底在村委会的主导下利用上级财政资金对郑氏宗祠进行翻修重建，村委会基本上已经主导了全族性的宗族活动。郑村与外部宗族基本相安无事，但是宗族内部的房头之间却在一直在争夺对宗族的主导权。由于村委会主导着宗族事务，因此房头之间在村庄选举中的竞争较为激烈，长房由于人多，基本上控制了村委会，除非其他房头有特别有能力的人出现，但也会在村委会工作中受到掣肘。郑村整个宗族由于外部竞争压力较小，看上去比较松散，祖屋建筑较多，也比较豪华，这也在建筑上印证了宗族内部的房头竞争占据了宗族竞争的主流。

宗主村辅，基本上发生在宗族实力比较强大，宗族治理范围往往超过村庄治理单元的区域。这一类型的村庄中，宗族人口众多，管辖地域广泛，超出了行政村管辖的范围，民众之间血亲关系浓厚，为了调和行政村之间的关系需要宗族组织的出面，这就形成了宗族主导下的乡村治理格局。由于宗族的被需要，其在筹款、举办公益活动、宗族活动等方面也受到族众的大力支持，宗族权威不断增长。随着宗族权威的不断扩张，甚至开始向村委会选举、行政村内的事务延伸，逐渐将公益事业、乡村建设等事务也承揽过来，村委会的权威不断被削弱。这一现象在黄村表现的较为典型：

黄村全村面积约36平方公里，总人口2.7万余人，其中王氏后裔2.3万余人。自王瑜公于1016年落基黄村，至今已有1000多年，传至三十四世，裔孙20余万，分布在湛江一百多条村庄。黄村主村王氏主要在以祠堂为中心的十四境自然居住地域，分别是北山境、长安境、北兴境、永和境、骑牛境、北合境、湍流境、碧山境、隆兴境、镇龙境、高山境、新兴境、南山境、西安境。人民公社解体后在村内建立了高碧、南新、北合、九东四个行政村，以及新村村委会的华封自然村、塘口村委会的庞村坎与陈村田自然村。在黄村日常管理中有两套不同的管理体制：宗族主要按照十四境的治理单元进行管理，每个境有一个村长；村委会建制上则在较大的境内又成立有村民小组，主要按照村民小组的形式进行管理，村民小组有小组长。基本上形成了在黄村域内，大自然村包含数个村委会、小自然村（境）包含数个村民小组，这就极易形成族长及村长在自然村落内的权威。同时在分产到户时，黄村内的水塘、宗祠、祖坟周边田地被称为族产，仍旧归整个宗族所有，日常由宗族组织管理，这就为宗族保留了外在的象征与经济象征。

村主宗辅，多见于一村多宗的村庄，村庄治理单元大于宗族组织单元。这类村庄中，宗族与村委会形成了明确的分工，宗族内部事务要通过宗族组织来承担与管理，村委会负责传达到宗族主事人那里，然后由各宗族处理本宗族内的事务。除此之外，村委会还要负责协调处理宗族之间的矛盾与纠纷，但是当村委会中被一个宗族长期独占或者长期占有时，则有可能导致其他宗族对村委会的抵触。育村便属于此类村庄：育村总户数492户，总人口1950人，其中离退休及外嫁、搬迁到育村的人数为200余人，党员92名。从姓氏构成上来讲，育村以黄姓、丘姓、杨姓、钟姓四个姓氏为主，其中黄姓人口最多，约1300人，约占全村人口的66.7%；丘姓约为450人，约占23.1%；其余主要为杨姓和钟姓，约占10.2%。育村的黄姓、丘姓、钟姓建有自己的祠堂，黄、丘两姓还建有宗族组织。在村委会实行选举之前，上级政府基本上保证了村干部中涵盖了黄、丘、杨三个姓氏，（钟姓与丘姓都在南坑片区居住，基本上保证两姓必有一个村干部）。但在实行村干部选举后，当杨姓的老干部到超龄后，杨姓的人自2011年就再也没有进入村委会；丘姓自2005年就再也没有进入过，不过2005年第三届选举后以村聘干部的方式聘用了一个丘姓的人参与村庄事务，但没有发言权和表决权；钟姓自2005年开始进入，但此人是黄姓的老婆，原本并不是本村的人，2014年为了缓和南坑片区的意见，以支委的方式选进一个南坑片钟姓女干部（丘姓的媳妇），但丘姓对其并不信任、不信服，在村庄事务中的话语权与代表性也略显不足。作为村庄中最大的两个宗族，黄姓、丘姓都是以占有"村两委"职位为争夺村庄话语权的最终目的，钟姓与杨姓基本上属于附属状态，既不关心也不参与"村两委"职位争夺，更多的表现为私人关系的帮衬。

从宗族与村庄类型划分上来看，宗族与村庄地域相同的村委会选举相对来讲宗族色彩偏弱，但是房支、院门意识就会成为主要影响因素；一村多宗的村委会选举时，宗族之间的竞争就显得比较激烈，但当某个宗族长期把持村委会时，其他宗族就会变得不再积极。而一宗多村的情况下，村委会选举基本上是房支之间的争夺，基本上类似于大家庭内部的话语权争夺，宗族色彩不是很不明显。

其实不管村委会中宗族关系如何，都会受到宗族势力的影响。不管一个宗族内部不同房头之间对村委会职位的争夺，还是几个宗族之间对村委会职位的争夺，都会造成宗族之间或宗族内部产生间隙。一个宗族中，房头之间的竞争，也同样比较激烈，甚至也会产生对其他房头主导下的村委会的不认同与不配合。比如在郑村中，房头较大的宗族基本上会长期霸占村委会的多数席位。尤其是在村委会干部中村委会主任、副主任、委员单独选举之后，一个大房头基本上保证了占据主任、副主任和一个委员的职位，其他房头中即使有一个委员，但是在民主投票决策程序下，根本无力扭转大房头中的3位村干部的决定，村委会就已经异化为了一个大房头的村委会。这就导致了其他房头对村委会的不认同与抵触心理。宗族房头之间的矛盾还可能有宗族理事会来协调，如果理事会的人员威望足够高的话，而宗族之间的矛盾与斗争，如果无法把控，则可能会犹如脱缰野马，失去控制，导致宗族间隙越来越大，给乡村治理带来诸多难题。但也应该看到，宗族既然以控制村委会来实现掌握村庄话语权的目的，这就说明村委会其实已经成为了乡村自治的重要组织载体，而宗族精英进入村委会，也就成为了其获取正式身份、实现政府认可的一种方式，背后则是宗族组织的现代化转型需求。传统治理资源已经在随着现代性进村而逐步实现现代化转变。

（二）宗族与村委会边界逐步模糊

宗族与村委会有着千丝万缕的关系，不管是不同的宗族还是同一宗族内不同房头之间，对村委会职位的争夺，都反映出了村委会在乡村社会中的地位越来越重要。宗族复兴前期，即20世纪七八十年代，乃至90年代前期，宗族与村委会还有着明确的边界，基本上各管各自的事情，因为干部的选拔由乡镇政府决定，受"文革"影响，政治身份与觉悟是选拔的重要依据。但从90年代末期开始，随着村委会选举的推行，宗族开始通过选举进入到村委会中，宗族与村委会的界限开始模糊，非正式的乡村治理者试图通过选举进入到正式治理者的行列之中。

1. 人员趋同

在村委会逐步成为村庄发展的主导载体后，既然控制村委会成为了掌握村庄话语权的象征，那么宗族势必就要推举所谓的"自己人"进入村委会，而进入村委会之后，这些宗族精英为了保持对宗族力量的汲取，依旧会保持着宗族身份，这就在一定程度上实现了宗族组织与村委会成员的趋同现象。

在育村，作为村庄中最大的两个宗族，黄姓、丘姓都是以占有村两委职位为争夺村庄话语权的最终目的，钟姓与杨姓基本上属于附属状态，既不关心也不参与村两委职位争夺，更多的表现为私人关系的帮衬。村委会实行选举制度之后，老干部依旧保持了传统的威严，不管是第一届村民代表选举，还是第二届中全体有资格的村民选举，都实现了村委会职位的连任。而这些老干部基本上也是宗族内部的管事人。

在这些老干部退出之后，宗族姓氏之间的人数多寡便开始决定村委会的人员构成。黄姓在村委会选举中基本上包揽了所有职位。而老屋片又占据了黄姓的主体，人口有600多人，再加上与南坑片丘姓没有直接的利益冲突，于是行政权力基本上被控制在了老屋片内。老屋片黄姓在占据村委会之后，又不断的通过参与大黄屋理事会的宗族事务，最终形成了村委会成员与大黄屋理事会成员的高度重叠。大黄屋理事会是育村整个黄姓的宗族组织。由于各片基本上以片区为自治单位，有专门的治理组织，后来在此基础上成立了专门的理事会，因此，大黄屋理事会的职责基本上限定于宗族事务，比如外来省亲人员的接待，黄姓每年的春分祭祖，很少参与村庄公益事业。

广福镇大黄屋理事会领导机构

名誉会长顾问：黄志聪，黄寿华，黄关生，黄佛佑

会长：黄红增

副会长：黄忠铎、黄新金

常务理事：黄增华、黄福城、黄荣生、黄复新、黄新运、黄飞皇、黄新国、黄福柱、黄永华、黄焕忠

财务总监：黄永华

会计：黄荣生

出纳：黄新运

理事：大黄屋全体村民小组长、黄生富、黄海友、黄金城、黄林辉

大黄屋六世永泰公祠轮值表

星期一　黄忠铎

星期二　黄红增

星期三　黄新金

星期四　钟菊英

星期五　黄燕娜

从二〇一六年十月执行

从大黄屋理事会的成员构成来看，名誉会长中，黄志聪是20世纪七八十年代的育村管区的主任和书记；黄寿华也是选举前的村干部，现任村主任黄忠铎的父亲；黄关生自2005年开始做村民小组长，后任老屋片片长，村首任监委会主任；黄佛佑自1983年开始任村主任，直到2002年。会长则是现在村委会副主任，自2008年开始任副主任直到现在。副会长黄忠铎2014年开始任村委会主任；另一位副会长黄新金则从2014年开始任村委会委员。常务理事中黄福城为村党组织后备干部；黄福柱为现任村监委会主任；常务理事兼财务总监黄永华自70年代开始在村中做干部，2002—2008年为村委会主任。历史其他一些成员基本上是村监委会成员和村民小组组长。从另一份《大黄屋六世永泰公祠轮值表》中表现的更为明显，周一到周四就是由村委会的4个人员值班，周五则是有村聘干部、副主任黄红增的女儿黄燕娜值班。由此可以看出，育村的村委会成员与宗族成员是高度吻合的，宗族精英需要村委会的正式身份获取政府支持与身份加持，村委会则需要通过宗族身份不断获取村民的认可与支持。在村委会基础上，为了细化管理，育村成立了网格化治理机制，在这个网格化治理机制中，不再区分宗族组织与村委会身份，统一被纳入，成为乡村微治理的组成部分。由于村民小组长没有工资，属于义务性的工作，村民小组长与宗族内部代表在村民小组

这一层级上基本重合。

育村网格化管理一览表

村别	一级网格	二级网格	三级网格	四级网格		
育村	党支部书记、村委会主任：黄忠铎	老屋一岗背片：钟菊英	广一：黄金龙	网格员1：黄金龙	网格员2：丘苑珍	网格员3：黄运水
			广二：黄新民	网格员1：黄新民	网格员2：钟秀蓉	网格员3：黄海友
			广三：黄达文	网格员1：黄关生	网格员2：黄达文	网格员3：黄群辉
			广四：黄新龙	网格员1：黄新龙	网格员2：黄金梅	网格员3：黄昌荣
			广五：黄志波	网格员1：黄志波	网格员2：王发招	网格员3：黄新华
			广六：钟小平	网格员1：钟小平	网格员2：黄琼珍	网格员3：黄忠杰
			广七：黄永胜	网格员1：黄永胜		网格员2：赖华珍
			广八：钟小芳	网格员1：钟小芳		网格员2：黄松胜
			广九：黄荣凤	网格员1：黄荣凤	网格员2：黄信辉	网格员3：黄信城
			广十：黄志达	网格员1：黄志达	网格员2：赖彩平	网格员3：黄信水
		南坑一坝里片：钟丽平	南一：丘小春	网格员1：丘小春		网格员2：钟端英
			南二：丘学富	网格员1：丘学富		网格员2：罗红招
			南三：丘开先	网格员1：丘开先		网格员2：钟云芳

续表

村别	一级网格	二级网格	三级网格	四级网格		
育村	党支部书记、村委会主任：黄忠铎	南坑—坝里片：钟丽平	南四：钟志红	网格员1：钟志红	网格员2：钟丽平	网格员3：丘平生
			坝一：黄金华	网格员1：黄金华		网格员2：钟玉梅
			坝二：黄福柱	网格员1：黄福柱		网格员2：钟宝英
			新建：黄新伟	网格员1：黄新伟		网格员2：黄城振
		松石曾片：丘胜佳	松坪：杨文飞	网格员1：杨文飞		网格员2：杨巧英
			石角：黄达权	网格员1：黄达权		网格员2：黄新永
			曾坑：丘金祥	网格员1：丘金祥	网格员2：丘裕华	网格员3：丘其生

所谓"家国同构"，其实也可以看作是规则的同构，传统时期以伦理为依据，家庭内部父家长制，国家实行君臣、父子、夫妻纲常伦理。而国家、宗族与个人之间也存在着一种隐性契约规则，一荣俱荣、一损俱损，使国家、宗族与个人实现了利益的高度重合。

村委会与宗族组织的人员趋同，一方面是宗族精英为了获取治理的合法性，开始通过选举进入村委会；另一方面村委会为了实现对宗族的控制，也开始逐渐介入宗族事务的管理之中，村委会成员为了进一步获取民众的支持，也不断参与到宗族活动中。其实可以发现，尽管治理组织在不断变动，名称在不断改变，与政府的联系不断紧密，但是治理人员却并没有发生什么变化，依旧是这些乡村留守精英维持着乡村的秩序，乡村治理人员实际上是"新瓶装旧酒"，还是那些人在主导着村庄发展。

2. 功能交替

农业社会时期，农村作为国家财政来源和军队兵源，历来受到政权的重视。建国后，为了国家工业化的需要及对农村控制的需要，"队为基础、三级所有"的政社合一的人民公社体制建立起来，国家对农村的控制达到了村庄一级，村社组织行政化，国家权力直接渗透到农村社会的内部，"造就了一套自上而下的经济控制与行政控制网络，使得国家权力对乡村社会的渗透和控制达到了前所未有的规模和深度"①。此时村庄权力结构较为简单：一是在党的一元化领导和高度集权的政治体制下，国家权力在横向和纵向上基本都是同质的，其各层级包括公社大体上是一个单纯接受（党）中央指令的受控体；二是基层农村社会也是集中统一的国家权力支配下的一个行政区域，缺乏最低限度的自组织能力和自治权。

改革开放后，随着意识形态管控的放松，以家庭联产承包责任制为主体的农村经济体制改革的推广和人民公社的瓦解，农村权力结构也发生显著变化，农村权力和利益日趋分化，农民处于高度分散状态，政府权力相对从农村社会收缩，农村正式组织渐趋衰落，这就使得国家的方针、路线、政策难以在农村得到贯彻。由于国家权力从农村的收缩，农村正式组织因无法得到上级的财力、人力供给而日渐衰落，村庄非正式组织、社会自组织力量逐渐兴起，宗族开始通过内部联合、外界建立联系，在一定程度上开始复兴，成为村庄治理中的一种重要的非正式组织，在村庄发展、农业生产、家庭协作方面发挥了较大的作用，这就为宗族威望的短时间内完成累积奠定了基础。通过不断的权威塑造和事项承担，宗族的功能开始在新时期重新释放。

分产到户后，由于农业机械和市场化服务的滞后，单家单户的生产劳作无法完成季节性的短时间劳作，尤其是对家庭劳力较少的家庭来说，分产到户后导致家户农业再生产无法有效维持，这就需要在大家庭内、甚至在宗族层面通过劳务联合实现农业生产的维系。如果说农业耕作的劳务协作还可以在大家庭内部实现，但农业基础设施方面的建设则需要更大范围的合作。改革开放初期国家财政支持农村力度有限，在农田水利方面，在一些田间地头、小水利圳道等建设方面，需要进行地域协作，这时候就需要在片区范围实现资金、劳务的筹集，改善基础设施条件。作为血缘、地

---

① 王铭铭、王斯福主编：《乡土社会的秩序、公正与权威》，中国政法大学出版社1997年版，第418页。

缘凝结而成的宗族便开始在资金筹集、基础设施用地、劳务协作方面发挥主导作用。生存的压力使得血缘、地缘关系再次超越了阶级斗争，成为村民更迫切依赖的关系，宗族的威望也在这个过程中得到了重新塑造。正因为个体化的村民对宗族的需要，使得宗族在建房、结婚生子、老人过世、邻里纠纷等各种涉及家庭内部的事务上也开始发挥作用，其发挥的功能甚至在一定程度上超越了村干部。这一时期，南方宗族还有一个重要的功能，那就是联系侨胞、招商引资。政府为了发展经济，需要境外资金技术，也在一定程度上允许了宗族组织的联合与活动。甚至在一些地方还出现了政府通过宗族组织联系侨胞、协助修缮侨胞祖居等方式，以家乡感情吸引外资。作为一个拥有侨胞数量两倍于户籍人口的县域，蕉岭县在这个时期也通过宗族吸引侨胞建设家乡。这些内外的因素使得宗族组织不断承担村庄功能，成为了乡村非正式的治理组织。

为了继续保持国家对农村的管控，填补国家权力收缩后村庄治理的无序，20世纪80年代由农民自发创造，后经国家认同的村民自治成为村庄治理的重要途径。村民通过建立自治组织——村民委员会，在不增加国家财政负担的前提下，行使原来由国家权力运行的一部分村庄管理职能。国家通过引导和规约村民自治及村委会的活动，而将村民自治导入国家发至合并政策规范的有机整合之中。原本单质的一体化的权力格局开始分化为"乡政"权力与"村治"权力。新的结构因素大量产生并分别承担了新的职能：一方面，意识形态强约束的解除，为村庄传统精英的出现和传统文化的恢复提供了空间，在许多地区特别是南方农村普遍出现了诸如传统回潮、宗族重建的情况；另一方面，随着市场经济的逐步渗入，经济社会分化加剧，一些拥有更多经济、社会资源的人开始填补村组干部等，"体制内精英"影响力减弱后出现的村庄秩序中的断裂和空白。这一时期的村委会，主要忙于征缴农业税、计划生育等政府交办事项，对于村民来讲，这两个事情：一个是"要钱"、一个是"要命"，在一些地方由于强硬执行，出现了干群关系紧张局面，使得村干部在一定程度上出现了信任危机，甚至被逐渐"污名化"。而与同时期的宗族则通过其不断提供服务，使人心不断向宗族靠拢，这就为宗族掌控村庄事务提供了基础。这种传统与现代、正式与非正式的互动，融合得好，则会促进村庄发展，形成合力；但如果融合不好，则会形成两种力量的牵制，反而破坏村庄的发展。

黄村村民理事会自20世纪90年代中后期以来，先后参与化解了90年代初期与邻村的械斗等矛盾、协助政府缉毒，并与遍及高雷地区的王氏宗亲建立紧密联系，组织大型祭祖、年例等民俗活动。为适应时代发展、健全理事会运行机制，2005年12月，黄村举行了第一届村民理事会的选举。黄村6个行政村的全体党员干部、村民小组长、村民代表、外出乡贤代表等300余人代表黄村2万多名村民选举产生了40余名理事会成员，任期为五年。从中国农业银行营业所主任退休下来的王景波当选第一届理事会会长，理事会副会长则分别由北合、高碧、南新、九东等四个主村的村委会党支部书记兼任。同时，分散于各村的奖学奖教活动也被统合到理事会管理之下，基金募捐与发放等公益事业也逐步收拢到理事会负责。由于理事会内部管理混乱，四个行政村书记同时担任理事会副会长，与会长一起掌握财务收支，导致账目混乱，四个行政村书记各管一方，理事会逐渐陷入瘫痪状态，黄村也陷入了各村自治的状态。被整合起来的在黄村重新回归到了各自为战的局面。宗族精英与村委会精英双重主导下的黄村村民理事宣告失败。于是在2016年重新选举成立村民理事时，明确规定了现任村干部不能兼任理事会成员，而村委会的副主任作为监账员，进行监督，而不参与村民理事的日常事务。

乡村治理中，作为宗族组织的村民理事会与作为正式组织的村委会，二者所承担的功能处于一个不断调整的互动之中，都是乡村治理结构中的重要主体。也正是认识到这一点，村委会与理事会也通常会达成某种程度上的共识，最终形成功能合力，从而实现乡村社会的有序。在黄村内部，村委会与村民理事会在经过多年的不良互动之后，最终达成了一个功能划分的共识：村两委主要负责计生、扶贫、户籍、教育、医疗、社保等行政事务，村民理事会则承担村内公共建设、治安、村容村貌、民俗、宗族等事务，重大事务由村民理事会和村"两委"开会讨论，协力推进。

3. 程序规范

村委会与宗族的边界模糊还在运行程序和规则上逐渐趋于一致，包括选举、推举、事项公开、依据规则等层面。自1999年开始广东全省开展村民委员会选举以来，村委会随着选举程序的不断完善，作为正式组织，其代表性和动员能力甚至超越了复兴后的宗族组织，宗族在选举背后发挥着重要的作用，房支、家族等在投票中甚至会被绑定在一起，大家长影响着整个大家庭的选举动向。

宗族组织的推举，基本上以房支、院门为界线推举代表，再由这些代表选举宗族管事人。为了在国家政权建设不断推进的过程中，宗族为了维持其强有力的凝聚力和号召力，也在不断通过严格其选举程序获得更多村民的支持。原来基本上由房支、家族为代表推举宗族管事人，现在很多规范化的宗族组织——村民理事会成员基本上由村小组长和村民代表推选。前面已经讲到，村委会与宗族的边界在村民小组这一层级基本上已经重合，村民小组长往往就是宗族精英或家族比较大的家户长，因此，宗族与村委会在选举程序上基本上实现了一致。

黄村村民理事会的选举程序就比较规范和严苛，由主村所在的北合、高碧、南新、九东四个行政村的党支部联合成立换届领导小组。理事会共16个名额，四个行政村每村2个固定名额，另外3个自然村（塘口行政村陈村田自然村、庞村坎自然村，新村行政村华封自然村）每个村1个固定名额，4个行政村中及3个自然村分别召开村民代表大会，确定本村理事会成员候选人，其他候选人由参会代表10人以上联名推荐。确定候选人后有选举换届领导小组召集召开选举大会，选举大会出席人数在应出席人数2/3以上方可进行，选举代表也由各村内部讨论决定，2016年在镇政府召开的黄村村民理事会选举大会，参会代表达到了300余人，包括村内所有村两委干部、村民小组长、自然村村长、村民代表。每村名额确定后，其他名额按照票数多少依次确定，选举票数占出席代表半数以上方可当选。并在非候选人代表中推送3名当总监员、监票员、计票员，最终选举产生了理事会成员。

另一个比较明显的则是事务公开制度。建国以来的宗族由于失去了公产，收入来源基本上依靠乡贤和村民捐款，如果款项实用不合理，会直接导致村民后续工作的不配合，甚至会逐渐断掉资金来源渠道。黄村第一届村民理事会便出现了这种情况，由于资金的多头管理，到最后乡贤对资金使用产生疑惑，便以各种借口推脱上门募捐，导致后续村庄事务管理资金链断裂，理事会运行受到影响。陷入了恶性循环之中，缺少了资金支持的理事会收缩项目，进而又使自身威望与动员能力受到影响。因此宗族活动基本上都严格以事项为中心，资金的募捐、支出都会做到及时公开。自1987年《村民委员会组织法》在全国试行以来，多个省份的地方性法规就要求公共事务、公益事业，甚至村庄财务的公开。2004年6月22日，中共中央办公厅、国务院办公厅发布了《关于健全完善村务公开和民主管理制度的意见》（中办发〔2004〕17号），对村务公开的事项、程序等进行了更为细致的规定。

宗族为了更好地适应乡村治理体系现代化进程，也在不断谋求身份的转变。在笔者的协助下，黄村村民理事会于2017年不断与县民政局进行沟通，开始进行登记注册。尽管过程中遇到了很多问题，如宗族性组织无法登记注册、理事会成员姓氏过于单一、村民理事会名称无法通过系统注册等问题。针对宗族组织无法注册的问题，理事会特意找到几个外姓人员补充进来，作为挂名会员，不参与宗族事务，仅仅借用身份证明；针对村民理事会无法通过系统注册，理事会将注册等级名称改为"黄村公共事务联合会"，对内仍以"黄村村民理事会"的名义行事，对外则以"黄村公共事务联合会"的名义开展业务。根据登记注册的要求，理事会在镇农村信用社设立对公账户，实行专款专用，负责接收捐款和会务活动支出，并聘请专业会计定期来审核账目。理事会注册前后持续了将近一年时间，直到2018年4月才正式完成注册，实现了非正式组织向法人团体的转变。

随着乡村社会的发展，尽管出现了宗族职能的不断收缩，但是宗族作为一种血缘与地缘交织下的社会组织，依旧在乡村社会治理中发挥着重要的作用。这就使得在乡村治理中，地方党政组织、村委会等也不得不依赖于宗族组织，以减少行政阻力、维护乡村秩序，最终形成了村委会与宗族协作，实现乡村有效治理的格局。

（三）逐渐弱化的祖宗与神明

其实，宗族与神明对村委会的影响，主要表现为对个人行为的钳制。与宗族直接影响着村委会选举相比，神明对村庄治理中个人行为的影响与塑造显得有些微弱，是一种隐性的存在，但总的来看，无论是宗族还是神明，其影响力都在不断弱化。

1. *神明影响下的个人*

卢梭在《社会契约论》指出，"人是天生自由的，但却无往不在枷锁之中。"作为个体的人，其能力是极其有限的，不同的时代，在面对外部环境、个人发展时会产生不同困扰。传统时期，人们的认知水平有限，在面对自然灾害与气候、地质现象时，由于无法有效解释这些现象，便逐渐将其归结为超自然的现象，神这一主体便被创造了出来。最初在氏族部落中产生了诸多巫术，随着专业分工的出现，氏族中出现了专门的巫师，作为通天达地的神人中介，定期会举行祈福大会，甚至在征战前也会由巫师来祝圣加持。起初神并非具象的，而是诸如风神、雷神、雨神等以自然界为要素的无形的神，这与西方早期哲学中所讲的"要素说"有异曲同工之妙。这一时期，神灵崇拜被垄断在少数人手中，普通大众只能借助这些人与神沟通。

古人在对神崇拜的基础上，逐渐形成了天命观。夏朝的建立改变了传统的禅让制，实行世袭制，并宣扬"有夏服天命"[1]，夏桀声称自己受天神庇护，像太阳一样永不灭亡，当百姓受不了其暴政时，发出了"时日曷丧？予及汝皆亡"[2]的呼喊。夏灭亡后，周人依旧使用天命来阐释其政权的合法性，但为了维护其获取政权的合法性，提出了天命转移，并加入了民本以及礼、道德等思想，逐步构建起"无相夺伦，神人以和"[3]的对等关系。神与人建构起了福佑——敬畏的特殊"主仆"关系：人如果遵循根据天神的指示设立的礼义，就能受到天神的福佑，如果不遵循就会受到惩罚[4]。神与人的关系不断被拉近，神也逐渐拟人化，半人半神的神明形象也不断出现。《大荒东经》："有神人，八首人面，虎身十尾，名曰天吴。"《大荒南经》："南海渚中，有神，人面，珥两青蛇，践两赤蛇，曰不廷胡余。"《大荒西经》："西海渚中，有神，人面鸟身，珥两青蛇，践两赤蛇，名曰弇兹。"[5] 随着神的不断拟人化和半神半人形象不断出现，人与神形象再次被拉近，这就为人的神化提供了可能。

最早的三皇五帝，以及后期道教中得道者被称为"真人"，都将人神

---

[1] 《尚书·召诰》。
[2] 《尚书·汤誓》。
[3] 孔安国：《尚书注疏》（卷一）。
[4] 曾建华：《观念复合与宗教神权——道教"神仙"观念的建构》，《江淮论坛》2016年第3期。
[5] 转引自曾建华《观念复合与宗教神权——道教"神仙"观念的建构》，《江淮论坛》2016年第3期。

化，圣贤和君子都可以通过修行或者壮举称为神明。汉初董仲舒延续了天命神权思想，提出"天人合一"、"天人感应"思想解释汉政权的合法性。后来历朝历代政权，都从神明出发解释，通过对各种神明进行收编册封，展示天子代天掌管万民，也正是通过对神明赋予一定的象征，实现对万民的教化。如关羽被认为是忠、孝、节、义的化身，死后逐渐被神化。不仅民间对其奉祀，历朝历代也对其多有褒封，被列入国家祀典。自宋朝到清朝关羽的封号先后经历了"侯而王，王而帝，帝而圣"的过程，到了清代时成为了"关圣大帝"，被尊崇为"武圣"，与"文圣"孔子并称为"文武二圣"。在民间信仰中，关羽除了忠义象征之外，还被尊为武神和武财神，民间供奉关帝的庙宇众多，遍及天下，基本上有华人的地方就有供奉关帝的庙宇，常见的有关帝庙、关圣庙、关王庙、关圣帝庙、老爷庙等。因关公代表了义气，甚至也受到一些帮派组织、江湖人士供奉。

我国神明体系是仿照现世建构起来的一个完整的体系，每个神明都具有不同的职能。比如土地公是保护一方子民平安，水土能够有好收成。尽管土地公在神明体系中处于最末端，但是又是人们最为熟悉和依赖的。每个神明职能的背后还有一套它们附带的行为准则和象征，要得到神明的保护，除了定期的供奉，还要遵循其指导下的行为准则。这种准则有些是民间系统演化的结果，也有国家对神明的加持实现对准则的改造。传统所讲的"修身、齐家、治国、平天下"，最基本的就是修身，就是按照一定的准则进行自我的规则内化。神明所具有的象征也是信众的准则的重要组成部分。

2. 宗族影响下的个人

传统农业属于劳动密集型产业，是农民赖以生存和致富的产业，在以农耕业为主的传统农业社会，"直接靠农业来谋生的人是黏着在土地上的"[①]，"安土重迁"成为传统中国农民的基本特征。受治理能力的限制，国家对乡村的管理主要是体现在劳役与税赋的征收，农业生产基本上依靠民间组织自发联合与互帮互助来实现。由于国家的不在场，这也就使得小农"只知家而不懂国"，所谓"家国观念"其实是一种畸形的"有家无国"的观念。传统社会中国家在农业生产基础设施供给中的严重不足，

---

① 费孝通：《乡土中国/生育制度》，北京大学出版社1998年版，第7页。

传统小农户又无力承担诸如水利建设、防灾、防匪等农业生产活动。为了实现农业生产的有效进行，就需要在小农户层次之上进行超家户的联合。这种情况下，传统农户就必须通过血缘、地缘纽带组成一个内部联盟，超家户的宗族联合形式便出现了。宗族在兴修水利、抵抗天灾、防御侵扰、实现村落内互帮互助等方面发挥了极其重要的意义。个人的无力、国家的不在场，导致小农必须依靠宗族组织而生存。

另外，既然历史人物可以成为神，那祖先也同样可以成为神，一个宗族中，对宗族发展具有突出贡献的祖先，就被后人逐渐供奉为神明，建祠立宗，受后人祭拜。祖先被神化后，就如同神明一样具有了显灵赏罚后人的能力。为了祈求祖先庇护，便有了定期的宗族祭拜、起誓、许愿。在祖宗面前讲的话都是具有契约性的，一旦违背就可能受到祖先的惩罚。比如广育村，丘黄两姓因为争端在祖宗面前起誓两姓不通婚，后来两姓之间有通婚者都没有儿子延续香火，这种无法解释的现象进一步加深了村民对宗族神明的崇拜。

一百多年前，黄、丘两姓祖先曾在祠堂面前起誓，两姓不准通婚，定下了不通婚的族规。第一届村委会主任黄佛佑和第二届村委会主任黄永华都娶了南坑片丘姓，但都应验了族规，通婚后无后（传统意义上的无后是没有儿子继承香火。第一届书记黄佛佑娶南坑丘姓，生有三个女儿；黄永华娶南坑丘姓，生有两个女儿；丘学森娶老屋黄姓，生有三个女儿。村中还有几个黄丘通婚的，都是没有男丁。）

宗族的权威获取很重要的一个来源是对祖先的认可以及来自祖先的确认，宗族的权威来源决定了其负有的责任，其负有的责任决定了必须承担的活动与任务。黄村村民理事会每逢大事，都会组织理事会全体成员在宗祠集体向祖宗祈求活动顺利。

乡村地区，通过生产、生活组成的地域共同体中，宗族认知显得更为浓厚，地域、血缘的天然亲近感是"熟人社会"中再正常不过的感情。祖宗的形象塑造也是族众自我修行的标杆和方向，只有达到了祖宗的行为标准，以后也可以在祠堂中接受后人敬拜。其实在这个层面上来讲，祖宗形象与神明形象是相通的，都是一种引导个人向善的榜样标杆。

很多村民认为，一个人死后，他的魂魄会接受判官审判，按照这个人生前做的事进行惩处。他们相信灵魂会在超自然界的某些地方继续存在，

黄村村民理事会拜祖

而且仍需要吃饭、住宿、穿衣和花钱，只不过这些待遇只能靠世间的人以仪式献祭等方式提供，这就需要有后人进行定期的祭拜，逐渐成为祭祖仪式。因此，必须有儿子才能香火不断，"不孝有三无后为大"便成为了对个人最大的要求。如果自己没有男性后代，就会通过收养、缔结入赘婚姻来获得男性后代。也正是基于传统父权社会的现实需要，形成了"重男轻女"的极端不良思想。

宗族内部也通过构建一系列的族法家规及定期祭祖来实现对族民的教化，来维护封建家长制权威。马克思曾经说过，"亲属关系在一切蒙昧民族和野蛮民族的社会制度中起着决定作用"。[①] 有据可查的"家长"二字最早出现在《墨子·天志上》："恶有处家而得罪于家长而可为？"意思是家长在家族中拥有者至高无上的权力，是不可以得罪的，"天无二日，土无二王，国无二君，家无二尊，以一治也"[②]。父家长就是家族的主宰，"凡诸卑幼，事无大小，毋得专行，必咨禀于家长。"[③] "天下之本在国，

---

① 《马克思恩格斯选集》第1卷，人民出版社2012年版，第36页。
② 《礼记·丧服四制》。
③ 朱熹：《朱子家礼》。

国之本在家。"① 为了维护家长制权威，宗族内部就建构了一系列的族规家法，对内进行族众教化。

对一个生活在宗族组织的普通人来讲，生前在小农生产中能够获得宗族成员的互助，死后能够进入宗祠是其众生目标，而这种权力便掌握在宗族手中，准确地讲是掌握在宗族精英、大家长手中，因此，必须按照族规家法行事。单纯的教化并不足以使民众信服，宗族所发挥的功能才是使其聚集起来的重要因素，随着宗族功能的不断弱化，个人也不断得到解放。

3. 国家加持下的个人

单靠民间去塑造神明与祖先形象，会因为地域、文化的不同而产生不同的标准，国家在统一标准的建立上便发挥了作用，通过对神明的收编、对宗族法的约束，实现了国家思想向个人的传达与灌输。国家通过对神明的加封收编，证明其是上天之子，通过建构一系列国祀制度，昭示权力来源于天。

"誓"最早见于《礼记·曲礼下》，"约信曰誓"，把订立信约叫做"誓"。作为外在政治仪式的宣誓成为一种制度，则可以追溯到夏商周时期的祭祀制度，这里的祭祀是对天地和祖先的宣誓。祭天祀祖是天子传承上天旨意的途径，是承受天子之职的宣誓仪式，是统治权的合法性象征。祭祀权具有严格的等级划分，其范围与统治权力大小成正比，掌握了最高祭祀权即意味着掌握了国家最高权力②。"有天下者事七世，有一国者事五世，有五乘之地者事三世，有三乘之地者事二世，持手而食者不得立宗庙"③。通过构建祭祀制度，借助上天的力量来加强封建社会尊卑有序的等级制度，整合社会，达成巩固皇权统治与等级秩序的目的。每逢改朝换代、帝王继位、社会危机、自然灾害等出现时，祭天祀祖的仪式便被推出来，一直到清末，"每个创业的皇帝即位，都要'改正朔，易服色'，履行一套所谓'应天顺人'的典礼"④ 以表明皇帝是"奉天承运"，来维护统治地位。皇权源于祭天的天然合法性与祀祖的血缘合法性，官僚系统的

---

① 《孟子·离娄上》。
② 徐燕斌：《礼与王权的合法性建构——以唐以前的史料为中心》，中国社会科学出版社2011年版，第203页。
③ 《荀子·礼论》。
④ 费孝通、吴晗：《皇权与绅权》，岳麓书社2012年版，第71页。

权力则源于皇帝的赋予，整个官僚系统都是皇帝的臣仆，是其统治天下的工具，"跪接圣旨"是其获得权力的象征，通过"谢主隆恩"完成对皇帝的宣誓，来表明对皇帝的忠心。由此，传统政治宣誓形成了两种不同的宣誓程序——皇帝的祭天祀祖与官僚阶层对皇帝的宣誓。国家层面建构了一系列的祭天祀祖的规则、仪式，实现自身合法性的阐释与对百姓的教化。

宗庙本是古代亲缘为凝聚具有血缘关系的亲族而举行祭祀活动的场所，是借以凝聚亲缘团体的内部血缘关系认同的纽带，仅仅是某一亲族的内部事务。但当某一亲族社会地位上升，甚至成为国家统治者时，私人血缘性的空间开始具有了政治意义，公与私的界限在这里变得模糊起来。王权的继承必须借以国家中的祭天之礼与家族中的祀祖之礼两重身份的确认才得以完成，君权与宗权实现了统一。通过伦理化，演化出了"三纲"中的忠、孝、顺等伦理观念，在"家国同构"的社会中迅速发酵，形成了"君尊臣卑"的基本格局。庄重的宣誓仪式具有极强的渲染性，可以提升自我的神圣感，强化个体对集体的归属感，增进集体的凝聚力，孕育出公众对国家和政治权力合法性的认同感，进而增进社会和国家的团结。宣誓引发的强烈情感可以进一步促进遵从，甚至无需共同的信仰就可以达至人们的一致行动，通过周期性的宣誓，将个人情感及行为置于社会政治秩序的外部道德的束缚之下。[①]

4. 突破钳制的尝试

民间信仰中的神，大致可以分为四类：自然神、英雄神、宗教神、家族神。中国的宗教并没有严格的信仰界限，也不存在一神论体系，因此民间信仰中的自然神、英雄神、宗教神对个人来讲是可以选择的。既有统一性的佛教、道教神灵崇拜，又有地域性的妈祖、三山国王等地域性的神明信仰。对宗族中的个人而言，家族神则是一个人出生时就确定的，是基于血缘而继承来的，是无法自我选择的。马克思认为："家庭起初是唯一的社会关系"。[②] 可以说血缘关系是人类社会中最为根本的关系，宗族是最容易聚集起来的血缘组织。

由于农业生产力的低下，人们不得不聚集在一起进行抵抗自然灾害、

[①] 马华、王晓宾：《就职宣誓：国家治理现代化的构建》，《政治学研究》2016年第6期。
[②] 《马克思恩格斯选集》第1卷，人民出版社2012年版，第159页。

农业生产、日常防卫等活动。为了实现组织的强有力凝结，宗族组织会设置诸多规则。传统时期以宗族地域为主要特征的地方自治使得宗族可以依据自己的族规家规行事，人的最终归宿是入祠堂。农业社会为了争夺水土资源、宗族之间不可避免地会发生冲突。但随着农业生产在经济发展中地位的降低，宗族之间的关系也不再是生与死的关系，原本矛盾的宗族也开始尝试化解恩怨。

为了缓和黄姓与丘姓矛盾（其实更多地是黄姓岗坝片与丘姓南坑片之间的矛盾，黄姓老屋片因为不与南坑接壤，并没有什么大矛盾。但因为同宗同族，在必要时还是会站队岗坝片），黄忠铎在2014年当选为村主任之后，牵头修建了黄姓与丘姓之间的一条水泥路，起名"连心路"，想以道路的畅通增强村民之间的日常联系，逐步化解传统时期累积下来的矛盾。2016年完成了南坑片文化活动中心的建造，使南坑片文化活动和老人活动有了更好的场所。在活动中心房间内，有南坑丘姓写的一首打油诗，来表达黄、丘两姓的关系。

梦想成真　村庄焕新颜

党中央真英明，掌舵就是习近平。
百年梦想要实现，全党全民要同心。

十八大三中全会鼓人心，条条政策为国又为民。
牢记两学一做四全面，从严治党、治法、治国树新风。

广育以往有点差，到处垃圾无人拉。
耕田无条机耕路，食水用水也好差。

广育如今不比往，食水用水不再慌。
每片开有机耕路，垃圾处理也跟上。

广育如今不比先，机耕两边是良田。
播种收割机械化，如今耕田像神仙。

这届干部不会差，连心道路连到家。
现又开条连心路，一连连到新屋下。

忠铎书记顶呱呱，带着两委为大家。
新修水圳几千米，全村垃圾日清理。

两委干部有计谋，开了道路建公园。
大排灌圳三千米，大路小路五公里。

广育人民牢记心，食水不忘挖井人。
二年变化确实大，很多梦想实现哩。

书记家中亩三田，机耕路边无他田。
新开水圳无他份，为民造福乐开颜。

开圳开路功德高，子子孙孙都记牢。
开圳开路去阻挡，人和天理都不容。

挂片干部钟利萍，带着小春一班人。
样样工作做得细，全心全意为村民。

我片干部不会差，全心全意为大家。
住院病人有慰问，高考本科有奖金。

南坑旧时也不差，丘黄二姓结亲家。
共个祠堂共拜祭，亲如兄弟顶呱呱。

从打油诗可以看到，丘姓对黄忠铎书记2014年上任以来的村庄工作还是比较认可的，但是涉及宗族之间的根本利益，还是会寸步不让。但直到2018年两姓再次因为某农业产业基地建设计划选址在两姓之间的荒山而激化了矛盾，这也使得两姓关系再次坠入低谷。其实前几任村主任也都尝试破除两姓矛盾，最明显的表现在姻亲上，但都验证了誓言的灵验性。丘黄不通婚的天谴（几任书记无后），更加加深了村民对祖先和神明的信服。在村庄走动，会看到村庄各庙宇、土地公等遍布村庄每个角落，这在整个南方农村社会都比较常见，尽管村民信仰比较杂乱，也是以地域性神明为主，每逢初一、十五都会进行祭拜。

随着生产力提升、现代性不断深入，个人权利意识不断淡化，生产生活方式的改变使得宗族意识不断淡化，进入祠堂不再是每个人的追求，个人也得到持续解放。农村地区年轻人外流，在现代性都市不断接受新的现代文化，接触五湖四海的人员，所归属的宗族在这些年轻人打拼中的作用越来越弱，也使得年轻人对宗族的认知与感情归属不断淡化。在调研中接触到不少短暂回乡人员，他们表示不经常在村，但还是偶尔会收到宗族管事人的信息，基本上都是筹集家乡建设款项的。不少人认为，平时没事不联系，一联系就是想筹集款项，导致一些人也会觉得有些不耐烦。但碍于熟人关系，有的父母还在村中居住，没办法拒绝，只能象征性地捐一点。随着这些外出人员的父母逐渐搬出村庄或者老去，他们对宗族的感情就更加淡漠，传统意义的宗族也将逐渐走向衰亡。

结论与讨论

一 乡村治理中的宗族

学界对传统国家政权的基本判断是"皇权不下县",这个判断是建立在县以下没有权力机构的基础上,国家可以提供的基本公共服务很少。但是传统国家的意识形态和管控能力又可以直达县下,国家可以稳定地从乡村社会汲取资源,获取农业税赋和兵源,从这个意义上来讲,国家的权力又是可以达到县以下的,只不过这种管控能力的实现需要借助地方乡绅和宗族组织。宋明理学意识形态的推行,是与学校的兴办、科举考试的制度化以及一个特殊阶层的诞生同步的。这个阶层的人,参与科举考试、做官、致仕,并继续在自己社区内参与公共事务。一套看重教育与学问的意识形态不断强化,催生了一群处理政府及本地社会关系的中介人,这些中介人可以是拥有科举功名的士绅,也可以是官府任命的书吏。

宗族内部的自我治理依靠宗族设立的一系列族规家法,其把遵守律令放在了首位。由此可以看出,宗族在承担生产联合、生活互助等血缘共同体职能的同时,也已经开始发挥着政治共同体的职能,成为国家与民众的中介与缓冲地带,对国家政权来讲发挥着教导民众守法、代为收缴税赋、提供兵丁的职能,实现了乡村社会"交完粮、自在王"的自治天地。秦汉以来尽管开始设置了邻、里、保、甲等机构,但更多地是一个地域单元划分,而非国家的行政单位,乡村在相当大的程度上保持了自治状态,国家权力的实施主要依靠宗族组织来实现。宋代以后,中央在地方上设置了里、社保、甲组织,依托宗族组织与其在某种程度上重合,并通过对宗族法规的指导,使宗族实现了平民化、大众化,也使得宗族在乡村社会发挥着极为重要的作用。作为宗族象征的祠堂就成为了"族人交际的场合,是族老政治的舞台,公众意见由此产生,乡规族训由此形成,族人无不以祠堂的教义为圭臬"①,祠堂由此成为宗族内部立法、司法、行政的政治舞台,并由族内的长老乡绅,通过这一政治舞台来规范和惩罚族人的行为,以此来维护和整合本宗族或宗族联盟的权力与权益,在宗族内部作为与国家政权和地方政府讨价还价的筹码。宗族作为基本的伦理治理单元,血缘延续与权力继承是同时完成的。②

总的来看,宗族在漫长历史长河中与政权高度联系,并作为国家统治根基而存在。尽管千百年来朝代更替,但宗族制度却保留了下来,乡村社会运行的根基依旧存在。③直到新中国成立后,宗族组织及文化才作为封建社会的象征而成为革命的对象,乡村社会治理的根基才开始转变,国家政权开始正式深入到村落内部。人民公社时期,国家通过"公社——生产大队——生产队"三级管理模式实现了对乡村直接管理,这一时期宗族销声匿迹。人民公社解体后,国家力量收缩,宗族内部治理力量与机制重新恢复,并在一定程度上排斥作为村落正式治理组织的村委会,形成了自有的一套治理机制。不管是行政村下的多宗族自然村落,还是跨行政村的单宗族自然村落,其内部的联结与治理机制都与正式治理机制有很大不同。尤其是在宗族村落,基于传统神灵崇拜和祖先崇拜的宗族内部治理,"同一个老祖宗"精神力量的支持下,血缘力量决定了村庄的基本秩序,空间的阻隔形成了村庄之间明确的地理边界不断强化着村民的认同心理,国家权力的相对"不在场"为村庄共同体的发育和宗族功能的发挥提供了空间④。但随着老人地位的变化及人口频繁流动下的"熟人社会"的消解,宗族组织无能为力的领域逐渐增加,比如在基础设施建设、秩序维护、文化供给、教育、医疗等方面,随着宗族的逐渐淡出,村庄正式组织却没有主动填补宗族遗留的空白,习惯了依赖的村民感觉无所适从。为了

---

① 林耀华:《义序的宗族研究》,生活·读书·新知三联书店2000年版,第28页。
② 朱小略、侯芳君:《略论宗法结构对家族(间)行为与乡里自治的同构性影响》,《政治学研究》2017年第5期。
③ 陆绯云:《宗族、民族——国家与现代性:宗族作为政治共同体在现代社会存在的空间与张力》,载黄宗智主编《中国乡村研究》(第四辑),社会科学文献出版社2006年版,第129—131页。
④ 郭亮:《走出祖荫——赣南村治模式研究》,山东人民出版社2009年版,第4—5页。

维持原有的功能，宗族借助地域性神灵信仰与祖先信仰，强力把村民收拢在宗族治理之下。

"乡政村治"作为目前我国农村治理结构的基本格局，虽然以"村民委员会"为组织载体的村民自治为培育乡村社会的社区精神和农民的民主能力提供了平台，但是却无法应对经济社会环境巨大变化带来的挑战，尤其是税费改革后国家政权悬浮于乡村社会之上，在悬浮型政权下，集体机构力量减弱，乡村社会缺少权威整合和动员资源。乡村建制经历了一系列的调整与规划，国家政权出现了新中国成立后的第一次撤退，宗族在此期间得到了复兴机会，使得宗族组织也在这一时期得到重建。2006年农业税的全面取消，在一定程度上缓和了村庄内部的干群矛盾，但是农业型村庄也随着村级税费提留的消失而使村委会失去了经济来源，部分村委会陷于瘫痪状态，村庄体制内精英出现了第二次撤退。随着两次体制内精英的撤离，这就为宗族组织参与村庄事务提供了空间，宗族组织出现了较强的复兴势头，乘着改革开放东风而首先发展起来的宗族成员开始按照记忆中的宗族样式重新组织宗族。这一时期，宗族组织的复兴及宗族活动的增多，使得宗族在乡村社会治理中开始以一个非正式治理者的角色出现宗族理事会、乡贤理事会、公益理事会等实体机构，逐渐在乡村社会中发挥着重要的作用，并受到地方政府的积极扶持和依赖。在乡村社会形成了正式与非正式、传统与现代两种组织与力量并存的局面，二者既竞争又合作，影响着乡村社会的治理样态。

这一时期也是中国经济快速发展、社会结构剧烈变革的时期，对以血缘、地缘为基础建立起来的乡村熟人社会提出了挑战，对依赖农业社会而生存的宗族同样提出了挑战。农业社会主导下以血缘与地缘为基础建构起来的熟人社会和工业化、城镇化主导下的以业缘为基础的市民社会发生激烈的碰撞，宗族的功能在不断变革，宗族自身也在不断地调适，许多农村地区由于青壮年的离开，宗族缺少了基本力量的参与，它的各种功能不断淡化，有时仅成了联结农村老人的工具，宗族文化也只有在春节期间才能发挥其色彩。然而，宗族的功能并没有消失，而是以一种特殊的形态从农村不断向城市延伸：它成了进城农民工在城市中圈占打工地盘的工具，有些城市也因此形成了一定规模的外来农民工聚集的城中村。

乡村生活共同体的产生不仅是基于血缘关系的生命共同起源，还来源于空间接近的共同生活，所以中国有句俗语"远亲不如近邻"。同居共财的利益联结，使得宗族得以合家共族。① 随着生产力的提高，生产方式越来越家庭化、个体化，原本由宗族提供的诸如农业合作、生活互助、婚丧嫁娶等都已经可以通过市场化渠道获得，宗族作用逐渐被削弱。原来所讲的"熟人社会"中"各扫门前雪"的局面逐渐凸显，宗族可以承载的功能逐步减弱，这应该是宗族目前面临的最主要挑战。

二 乡村治理中的神明

神明作为另外一种影响乡村治理的因子，基本处于一个隐性的位置，但又发挥着不可估量的影响，可以说是通过对个人的一种另类教化来对乡村治理施加影响。国家层面通过"天命神权""天人感应"思想宣扬国家是受上天指示，代尊天命。为了掌握民间信仰的主导权和话语权，通过一系列对地方神明的收编进一步展示代天受命的合法性，同时也通过收编对地方神明所附带的象征精神进行修正，以利于王朝统治。国家在推行儒家正统礼仪的同时，伴随着对地方"淫祠"的取缔。所谓"淫祠"，主要是指祭祀没有被朝廷祀典记载的地方神灵庙宇。凡是国家祀典中没有记载或者没有收到朝廷赏赐匾额的庙宇和佛寺，都要被取缔拆除，修建社学，传授儒家正统思想。16 世纪以前，珠江三角洲只有相当零碎的打击"淫祠"的记录，其中最著名的是新会县令吴廷举于弘治二年（1489）捣毁数百"淫祠"的行动，明朝时对地方信仰的打击中被悄悄加入了限制佛教的成分。到了正德十六年（1521），广东按察使佥事魏校发出全面取缔"淫祠"的命令，全文如下：

照得广城淫祠，所在布列，扇惑民俗，耗蠹民财，莫斯为盛。社学教化，首务也。久废不修，无以培养人才，表正风俗。当职怵然于衷，拟合就行。仰广州府抄案各官，亲诣各坊巷，凡神祠佛宇，不载祀典、不关风教、及原无敕额者，尽数拆除，择其宽厂者，改建东、西、南、北、中、

---

① 徐勇：《历史政治学视角下的血缘道德王国——以周王朝的政治理想与悖论为例》，《云南社会科学》2019 年第 4 期。

东南、西南社学七区,复旧武社学一区。①

宗族对神明的利用则是从祖先崇拜层面出发,将对宗族发展有巨大贡献的祖宗神化,修祠建庙,携后人定期祭拜供奉。神化的祖先往往被赋予"善""贤""功"等优于常人的属性,作为子孙后人效法的对象。强调通过对祖先神灵的崇拜,求得祖先神灵对现世子孙赐福消灾,并以祖先作为子孙现世生活的楷模。如果子孙遵照族规行事,祖先的神灵便可以保佑子孙得福,支派繁茂兴旺,因此子孙必须对祖先神灵至敬至诚。如果失去祖先的保佑,则可能随时会降下灾难,子孙将多灾多难。族规要求以祖先的在天之灵作为子孙追求的精神层次的本体,通过效仿在现世活出祖先的样子,彰显祖宗遗德。子孙不过是祖宗的延续,通过效法祖先使子孙的身心受到净化,加入到祖先的行列。祖先崇拜在为子孙提供一个精神寄托的同时,也在一定程度上满足了人们对文化生活的需求。这种对祖德追崇的信仰,通过祖先崇拜来联宗收族,团结族众。

祖先崇拜也受到国家的规制。周朝时期形成了等级有序的家庙制度:"天子七庙,诸侯五庙,大夫三庙,士一庙,庶人无庙,祭于寝"②。这一时期,祖先崇拜仪式属于特权阶层的专属,这一仪式一般由宗族来组织,与之相对应的是商周时期的贵族制宗族。宗族发展的过程,就是不断平民化、制度化的过程,随着宗族的发展,宗族逐渐平民化,宗法制度也逐渐在平民散播开来,祖先崇拜仪式也逐渐亲民化。这些看似荒诞无稽的对祖先进行崇拜的家族祭祀制度,其目的在于表证家族关系的神圣性。正如前面所讲到的一样,仪式为人们参与到对祖先的崇拜之中提供了一种方式,在这种仪式中,人们的情感受到各种外界场景的刺激,迸发出强烈的情绪,最终转化为对祖先的认同与崇拜。

宗族祭祀不仅在等级上进行了严格的规定,在时间安排上也有明确的要求。商周时期,"春祭曰礿,夏祭曰禘,秋祭曰尝,冬祭曰烝",规定了一年有四次大型祭祀仪式。宋以后,大型祭祀保留下来春秋大祭,但各族开始有自己的祭祀日子,比如某一祖先的诞辰或忌日。祭祀活动的内容

---

① [英]科大卫:《皇帝和祖宗——华南的国家与宗族》,卜永坚译,江苏人民出版社2010年版,119—121页。

② 见《礼记·王制》。

都大同小异，但会根据祖宗地位与贡献程度，决定活动场面的大小。

对于个人而言，神明信仰其实也是民众在他世的一种精神寄托，是在宗族与国家规训之外的一种精神自留地。除了宗族神无法选择之外，其他信仰的神是可以自由选择的。每个人都可以依据自己的爱好、想要成为的样式以及想要达成的心愿去选择崇拜的对象。既可以通过神明许愿将现世的生活重担转嫁到神明身上，也可以在文化生活相对比较贫乏的年代，为个人保留一份独属自己的精神自留地。

三　大型宗族村庄治理

治理单元与治理资源的重组。习近平总书记指出："我国今天的国家治理体系，是在我国历史传承、文化传统、经济社会发展的基础上长期发展、渐进改进、内生性演化的结果。"[①] 国家权力与宗族处于一个复杂的互动关系之中：国家一方面需要利用宗族组织维持乡村社会秩序，另一方面又担心宗族势力膨胀而影响国家对乡村社会的管控；宗族一方面需要国家权力的支持以实现对乡村社会的有效管理，另一方面又担心国家政权建设对其无限挤压而竭力维持其生存空间。[②] 宗族通过举办公益性事业活动，不断刷新着存在感，尽管宗族在不断挣扎，但是宗族活动的范围和职能在不断缩减。广育村宗族功能的缩减，不断从农业生产、医疗合作、丧葬帮扶等事项中抽离出来，将部分功能过渡给国家和村委会。总的来看，随着宗族获取资源的途径越来越少，获取资源的数量越来越少，宗族不断剥离着边缘功能，呈现出一种不断"甩包袱"的过程。黄略村村中爆炸的踊跃捐款，包括前面讲到的助学。宗族组织在社会发展的冲击之下，也开始进行自我调整，一些有条件的宗族组织也开始重拾过去的一些职能，试图重新在乡土社会树立起原有的权威地位。

目前在乡村治理中，宗族组织依旧发挥着较为重要的作用，尤其是在乡村建设、公益事业发展中。在乡村人居环境整治中，村庄道路、小公园

---

① 《习近平谈治国理政》，外文出版社2014年版，第105页。
② 沈成飞：《保甲制度与宗族势力的调适与冲突——以民国时期的广东地区为例》，《福建论坛（人文社会科学版）》2016年第5期。

建设等是没有土地征用资金的。宗族通过组织捐款、动员村民让地，助推村人居环境建设。传统意义上的宗族随着个人的解放必然会走向衰落，这个过程中，有些宗族会通过转型寻求发展，有的则会逐渐走向衰亡，组织的转型调整势必会影响到村民，这就需要党和政府在这个过程中发挥积极作用，通过引导使宗族组织平稳过渡。对于宗族组织留下的服务空白要通过发挥村委会自治功能来及时填补上，以更好地为村民服务。

  治理单元的调适。随着国家权力的增强，国家通过政权建设对社会进行渗透，乡村治理单元随之不断调适。国家对民众的影响随着现代国家政权建设而逐渐增强，国家建立了机构到乡镇、触角到人的权力运行机制，作为一个全能型政府，也承担了越来越多的职能，逐渐拾取了原来宗族所承担的职能。村委会作为一个政府认可的正式自治组织，也逐渐获取了更多的权威认可。宗族向村委会获取正式治理权威，村委会向宗族获取乡村内生权威。由此，宗族权威与村委会权威在一定程度上实现了融合。国家对治理单元的设定，既要考虑行政能力与效率，又会考虑乡村社会运行的历史根基与内生需求。①

  乡村治理单元的设置要注重与产权单元的协调。不管治权在哪一层级，最为根本的核心是村民的利益需求。原本农业生产及防卫互助等利益基础上的宗族，具有联结的先天地缘和血缘的优势，但是当这种根本利益需求不再存在时，个人利益、片区利益也就不再需要为了宗族整体利益而做出让渡。村民的利益需求不断多元化，整个宗族范围内的联结已经变得越来越难。没有了利益联结的宗族，其分解与消散也只是时间问题。在生产合作与防卫面前，宗族只不过是一个利益集团，个人为了利益而依附在宗族内，也可以为了利益而脱离宗族。在一些地区，个人为了利益而改姓的现象也不过是一个很平常的事情。在粤西黄王氏聚集的地方，因为宗族之间斗争较为频繁，一些小型宗族成员为了避免大型宗族欺压，要么离开此地，要么改姓认宗。在访谈中就了解到有几个张姓人改为姓王，认王姓祖先为宗，跟随王姓祭拜。村庄的治权如何与产权单元协调，这个才是村民调动村民参与村庄治理的最为根本的动力。只有当涉及到村民切身利益

---

① 阮永锋：《宗族网络抑制了农村商业保险的发展吗？——基于"千村调查"数据的实证研究》，《华中科技大学学报》（社科版）2018年第2期。

的时候，村民才会出来发声，才会想方设法的发声，表达自己的诉求，保全自身的利益。不只是村庄内部，在整个华南区域内都可以看到，外出务工人员在打工所在地有参与意愿，但是没有渠道；在家中有参与机会，但是没有利益诉求，导致了这类人成为了漂浮在村庄、漂浮在权利之上的群体。

从乡村治理体系层面来讲，"乡政村治"的治理模式是一个有机整体，行政和自治存在着治理方式的差异，但并没有对立和替代的关系。在国家与社会关系视阈下，中国基层治理中出现了"村干部行政化"与"村民自治实践"并行的治理局面，一方面，原子化的乡村社会结构消解了乡村社会组织化的集体意识，而原有内生的非正式制度无法有效回应其所带来的村庄内部集体行动的缺失，党和国家为了重塑乡村社会的组织化秩序和集体意识，通过基层党建、干部驻村等实现"国家行政的再嵌入"；另一方面，乡村治理秩序中外生权威缺乏和内生权威式微的双重困境倒逼并呈现出大量的村民自治创新实践，新乡贤文化及其组织运作被视为是传统的回归及村民自治的产物。

村民小组或自然村自治作为村级治理的有效补充，承担着"内向家户"和"外向扩展"利益表达和相关政策执行的功能，与俄国和印度的村社传统不同，中国农村社会的基础性制度或本源性传统则是家户，家户构成村落社会的内核，是村落社会存在的根基，并且形成家户制度[①]（徐勇，2013），村民小组作为农民与村级组织和国家的媒介，不仅具有内生性的服务供给和需求整合的功能（李永萍、慈勤英，2017），作为一个天然的利益共同体进行村级利益表达（程同顺、赵一玮，2010），而且可以有效地配合国家政策在村庄中的执行。从治理资源角度来看，包括熟人关系网络、村规民约和乡土信任在内的"乡村社会资本"是实现村民小组善治的"社会植被"（包先康、朱士群，2009）。自然村的文化相近，规则基本依照传统乡风民俗、家规家训，自然村、小组内部规则的相通性较强，规则的认可度也就较高[②]（吴昊、郑永君，2018）。村小组和自然村

[①] 阮永锋：《宗族网络抑制了农村商业保险的发展吗？——基于"千村调查"数据的实证研究》，《华中科技大学学报》（社科版）2018 年第 2 期。

[②] 阮永锋：《宗族网络抑制了农村商业保险的发展吗？——基于"千村调查"数据的实证研究》，《华中科技大学学报》（社科版）2018 年第 2 期。

自治、村民理事会、协商议事会可以说是新时期一种"村民自治和创新实践"。

个体的解放是随着生产力的发展而产生的,解放后逐渐原子化的个人如何实现再组织化,应该是未来乡村治理需要考量的重点。

乡村规则的更新再造。乡村社会的有效运行需要一定的规则。传统乡村社会的治理主要依靠老人的权威、教化及约定俗成的规范所形成的传统规则。因为,在农业社会,老人有丰富经验;在血缘社会,老人是长辈;在地缘社会,老人熟悉的人和事多。"在这种不分秦汉、代代如是的环境里,个人不但可以信任自己的经验,而且同样可以信任若祖若父的经验。""好古是生活的保障"① 老人是村落社会内生的权威。他们担负传递和维系传统习惯的职责,持有的是"教化性的权力",依"礼"而治。礼作为村治规则是"社会公认合适的行为规范","是经教化过程而成为主动性的附庸于传统的习惯"②。传统治理主要依靠不成文约定与伦理道德,对于封闭性的、地域性的村落治理比较有效。农村社会的变迁必然改变乡村治理秩序,使乡村治理秩序面临新的挑战。社会是人类生活共同体。为了维持社会共同体的存在或发展,会形成相应的共同认可或服从的权威、支配和影响人的行为的规则,使共同体的生活处于有序的治理状态,而不至于陷入无序和脱序的纷争之中。有效的治理或者是良好的治理,其目标之一就是社会的有序性,在乡村则表现为村治秩序。徐勇、徐增阳就曾指出,脱离乡土性规则后的秩序会发生一定的震荡。③

现在治理要素注重制度化、规范化,但法律规定比较宽泛,法制化推进的过程中导致了不违反法律就可以的道德滑坡。原本道德是内嵌于家规祖训内,当土地改革、人民公社将宗族彻底打破之后,原有的治理规范与治理秩序被打破,而村庄规则没有及时跟进,就造成了乡村规则的缺失。传统家规祖训与伦理道德缺失后,法治建设如果没有及时跟进、深化入心,就会出现村庄无规则可循的局面,就很容易衍生出乱相。这就需要乡村社会在法律总框架的基础下,依照本地实际,对传统规则进行更新改

---

① 费孝通:《乡土中国 生育制度》,北京大学出版社1998年版,第51页。
② 费孝通:《礼治秩序》,《费孝通选集》,天津人民出版社1988年版,第110—112页。
③ 徐勇、徐增阳:《流动中的乡村治理》,第三章。

造，以更好地适应于变迁了的乡村社会。

民间信仰的引导。按照马斯洛需求层次理论，当生存问题解决之后，更为重要的便是精神需求。如何满足村民更多的精神需求、价值需求便成为了新的更为重要的内容。民间信仰传播时会以平等的身份，向某个人宣扬宗教教义，在宗教内部，每个人都是平等的，都是兄弟姐妹，不会因为家庭经济实力、政治实力、年长残疾等而被歧视，使得一群在社会上没有获得感的人在宗教内部获得较强的被尊重感、被重视感。在村庄经济利益分化情况下，经济成为衡量村民能力的一种重要依据，乡村弱势群体很容易产生自卑感，而在宗教内则可以获得非同寻常的获得感、满足感。

民间信仰中会掺杂着一些危害社会秩序、蛊惑人心的异端，比如现在乡村社会流行的家庭宗教，很容易被有心人利用，在解读宗教著作时做手脚，引导教众走向极端化。另外，民间信仰也带有一定的迷信色彩，有碍于社会主义精神文明建设。尽管民间信仰会带来一定的负面影响，但也并不意味着要强硬禁止，作为一种人们日常精神寄托，也发挥着某些积极作用。单纯依靠强制手段拆毁庙宇，并不能从根本上提出封建迷信思想，而应该更多地从文化供给层面着手。神明信仰对基层的渗透，并不能单纯从人们的教育水平落后层面出发，更多要从需求出发，理解人们为何需要宗教给人们缔造出的精神世界。但是也应该清楚地认识到，宗教并非单纯精神世界的满足，它还携带着一种宗教世界所具有的价值观念、伦理规则、行为范式等一系列的规范在内，因此，宗教、神明信仰等在乡村地区的盛行必然会影响到乡村治理，需要通过对民间信仰的引导。如何对民间信仰进行合理疏导与管制，也是未来实现乡村社会治理有效的重要着力点。

附　录

大黄屋黄氏理事会财务制度

为更好地管理，结合本理事会的具体情况，经理事会全体成员共同研究讨论通过，特制订本《财务制度》，供共同遵守执行。

一、对会计的岗位要求

1. 无规矩不成方圆。要求会计人员必须晓法规，懂专业，秉操守，做好会计这项重要工作。

2. 要求依法进行会计核算和监督，保证会计核算真实，合法和规范。

3. 及时解决会计核算中出现的问题，对超越权限，特殊业务和重大问题应及时汇报。

4. 会计审核记账，对支出凭证中凡属不符合支出预算及标准的，没有证明人，经办人的、用途不明或应入库登记而保管人员未签字的，数量、单位、金额填写不全不符合的，未经会长签名同意的不合理财务开支事项及不规范的原始凭证，会计一律不得入账。

5. 建立会计档案及时整理、编目、立卷、归档管理。要及时登记祠堂里集体添置的，和私人捐赠的物件，固定资产。

6. 接受监督。会计要定期接受并积极配合监事会对财务管理工作的审计监督。

二、对出纳财务的岗位要求

1. 建立健全财务开支审批制度。报销单据经手人必须取得真实、有效、合法的原始凭证，注明用途并在原始凭证上签名，交财务室和部门复核证明，由会长签名同意支出后，出纳方可付款入账。

2. 明确财务开支的审批权限和补助标准。凡一次性开支金额500元以下会长有权批准，但应有2人以上签名证明。凡一次性开支金额在500元以上至5000元以下的，应经常务理事会通过。5000元以上开支应经全体理事会成员讨论通

补助标准：赴市研究会开会小车补助200元，县分会开会小车补助100元。祭祖扫墓人员到梅县割地每人每天补助100元，蕉岭50元。使用小车标准同上。

接待标准：如有外地宗亲，前来寻根问祖或联谊联宗确需用餐的；按每人每餐的标准接待，如需超出标准，应先报会长同意后说明情况方可报销。

3. 建立健全完善现金及存款管理制度。严格执行《现金管理暂行条例》和银行存款的有关规定，在开户行留存的印鉴必须齐全，财务章、法人章、支票和会计、出纳私章应分别管理，不得由一人保管，现金由出纳专人管理，任何人代收、代管现金后应尽快交给出纳入账。不得挪用、坐支现金、库存现金不得超过规定限额。禁止设立账外账或"小金库"，禁止白条抵库，禁止公款私存。每月底核对账目，清点核算现金收入、支出和结存，做到账款、账证、账卡、账表相互符合。

4. 建立财务公开制度：财务公开要坚持"实际、实用、实效"的原则，做到"公布地点公众化、公布形式专栏化、公布内容通俗化、热点问题专项化"，将财务信息和资产状况及时、准确、完整地向宗亲公布。

财务公开的基本要求是：现金、银行存款收支业务按序时逐笔公开，常规事项，按月定期公开；特殊事项，随时发生随时公开；张榜公布的财务资料要保留15天以上。

大黄屋六世永泰公祠历史

收集人：黄永华

永泰公祠建于明崇祯十年（1637）距今已有379年历史系原镇平县（现蕉岭县）知县胡惠宾选点，为美女献花形，屋形为三堂出水，建在鹿湖（山塘）面上，古有鹿湖草堂之称，并由胡县令课日动工及进香火的日期。传说进香火的日期属犯三官的忌日，众乡绅因怕打官司而另择吉日（即提前进香火）。至胡县令所课的进香火的日期时，胡县令请三位官轿

同来，意即三官镇煞，官轿至分水凹休息时，探知黄家祠堂已提前进香火，即命起轿回衙。在清嘉庆年间（1796—1820）道享先生加高围照两墙，于咸丰七年（1857）所有到此境者，无不谓围照两墙高压旺气。于是父老前来议定，请得钟华仕先生渭取咸丰七年丁巳岁正五月二十八日未时兴工，其围照两墙减至原式，其至宇墙壁原式修整。清同治乙丑年（1865）上堂屋宇原式龛牌遭逆焚毁。于西丁卯年重修屋宇，原式龛牌更易吞龛。其上年之前系显龛牌式。从1949—1989年维修二次，1989年六月大修屋宇，重新坚牌位，六月二十四日进香火。

2015年9月29日（农历八月十七日）子时众裔孙集资动工修建，至2016年10月27日（农历九月二十七）竣工庆典，耗资接近百万，以修旧如旧保持原貌的原则，从屋顶到墙基全面拆除重新建造，全部用上钢筋水泥墙基，红砖砌墙，杆桷栋梁全部换新，还把中堂，上堂两侧私人住宅全部购买统一拆除，扩宽祖祠280多平方米面积，使之整齐划一，富丽堂皇，更显端庄雄伟！

广福镇大黄屋理事会领导机构

名誉会长顾问：黄志聪，黄寿华，黄关生，黄佛佑

会长：黄红增

副会长：黄忠铎、黄新金

常务理事：黄增华、黄福城、黄荣生、黄复新、黄新运、黄飞皇、黄新国、黄福柱、黄永华、黄焕忠

财务总监：黄永华

会计：黄荣生

出纳：黄新运

理事：大黄屋全体村民小组长、黄生富、黄海友、黄金城、黄林辉

大黄屋六世永泰公祠轮值表

星期一：黄忠铎

星期二：黄红增

星期三：黄新金

星期四：钟菊英

星期五：黄燕娜

从二〇一六年十月执行

黄村村务理事会选举办法

为了切实加强黄村村务理事会的各项工作，更好地开展村民自治促进新农村建设构建和谐村庄的全面整体发展，经北合、高碧、南新、九东四个支部共同研究进行换届选择，并创订本届正式候选人选举方法。

一、成立换届领导小组：

成员由北合、高碧、南新、九东党支部组成。

二、参选理事会班子成员条件：

必须是本村王氏子孙，年龄在40—65周岁，身体健康的各界人士（在职公务员、企事业干部、村委干部除外），具有初中学历以上，在思想上、行动上与党支部保持一致，作风正派有公共办事，自觉接受群众监督一心一意为全村谋福址，具有带领全村走共同致富道路的才能。

三、参加选举投票人员的组成及候选人名额分配：

1. 北合、高碧、南新、九东四个村委选举产生正式候选人名额各2名；

2. 由四个村委会分别组织召开村两委干部、全体党员、现任村民小组长、村民代表参加大会投票速举产生。

四、选举产生正式候选人的方法：

1. 提名方式由各两委会推荐名单或参会代表10人以上联名推荐；

2. 不论是两委会提名或是10人以上代表联名提名，都不得超过所分配名额2名。若超过，该票无效；

3. 根据两委会的提名或都会代表10人以上联名所提的候选人，进行投票选举2名正式候选人。

五、选举必须有应出席代表的三分之二以上才得进行，没有出席选举大会的代表不得委托投票。

六、本次选举采用无记名投票的方式，选票上的候选人名单按姓名笔划顺序排列。

七、对选票上的候选人，可以投赞成票，可以投反对票，也可以弃权。

八、对选票上的候选人，赞成的，不画任何特号；反对的画"×"，弃权的画"〇"符号，如另选他人，应在"另选人"栏内写上另选人的姓名，并不作任何特号。

九、填写选票须用钢笔或圆珠笔，填写不清楚或无法辨认的部分为无效。

十、收回的选票数等于或者少于发出的选票数，选举有效多于发出的选票数，选举无效应重新进行选举。所选的人数等于或者少于应选名额的有效，多于应选名额的无效。

十一、被选举人获得全体代表过半数的赞成票，才得当选。获得过半数赞成票的人数多于应选名额时，按得赞成票多少为序，依次确定当选人。

十二、监票人由本支部在不是候选人的代表中推送3名当总监、监票、计票，提交大会代表表决通过。

十三、大会选举设1个投票箱，与会代表按会议的要求在工作人员指引下依次投票。投票结束后，由总监票员将发出和收回的选票数报告大会领导小组，由领导小组领导宣布选举是否有效。

十四、计票结果由总监票员向大会领导小组报告，选举领导小组根据选举办法的规定确定选举结果是否有效，并向大会宣布当选名单。

十五、本选举方法经过大会的代表通过后生效实施。

十六、以上《方法（草票）》请各位村民在五天内向所管辖的村委会提出宝贵意见或建议。

黄村村务理事会换届领导小组
北合党支部　高碧党支部
南新党支部　九东党支部
2016年6月16月

黄村教育基金会实行条例

千百年来，黄村遵循先祖"延师教子"遗训，传承"诗书传家"家风，尊师重教，发展教育，人才辈出。为促进黄村教育工作的全面开展，充分调动广大师生教与学的积极性与奋发向上的拼搏精神，构建黄村奖教、奖学、助学的教育管理体系，提高黄村中小学教育水平，激励学生想学好学的学风，造福黄村子孙后代。经黄村村务理事会、各村委会及中小学校研究对原"黄村教育基金会"奖教奖学条例进行完善，特制定本条例。

第一条　教育基金会性质与职责

黄村教育基金会，是在黄村务理事会领导下，以黄村全体村民为核心组成的教育管理机构，其主要职责是发动村庄干部、群众和外出族亲及各界人士关心、支持黄村教育事业的发展，人兴尊师重教之风；激励所属辖区学校教师恪尽职守、勤教爱生，鼓励黄村子弟刻苦学习，立志成材；以教立村，促进黄村经济快速发展，建设和谐富裕社会主义新农村。

第二条　奖励体系

黄村教育基金会奖励条例由奖教、奖学、助学三部分构成，形成了"两奖一助"的奖励体系。

一、奖教：奖励辖区内中小学（戊戌中学、黄中学、黄中心小学、九东小学、华封小学）每年度成绩突出的优秀教师。

（一）获奖条件：

1. 热爱学校，爱岗敬业，谦虚谨慎，勤奋拼搏，师德优良，作风端正，和睦团结，服从安排，具有主人翁精神，乐于奉献，能出色地完成教育教学任务且成绩突出的优秀教师；

2. 能出色地完成班主任工作，班级学生巩固率高，无安全事故，无体罚、变相体罚学生，所管理的班级班风好，能按时完成教育教学任务，学生成绩显著。并能联系家长，广泛与家长沟通交流，甘当学校与社会、家长的桥梁，深受学生尊敬和家长信任的优秀班主任；

3. 能胜任所教学科，积极耐心辅导优秀学生，使学生在小考、中考中被湛江一中（培才）、湛江二中、遂溪一中、岭师附中重点中学正式录取的（含图、音、体特色班）；高考上二批线以上的。辅导学生参加省、市、县各项竞赛并获得县级一等奖、市级三等奖以上的教师；

4. 被评为优秀教师、优秀班主任。

（二）奖励标准：

1. 校优秀班主任每人奖金150元（奖班主任数的15%）；

2. 校优秀教师每人奖金150元（奖专任教师数的10%）；

3. 被评为县级先进教师的奖励200元，市级先进教师奖励300元，省级先进教师奖励500元；评为县优秀班主任奖300元，市优秀班主任400元，省优秀班主任600元；

4. 辅导小学生升上湛江一中（培才）、湛江二中、遂溪一中、岭师附中（含图、音、体特长生）每升上一名学生奖励2000元；初中升高中上湛江一中、湛江二中、遂溪一中、岭师附中（含图、音、体特长生）每升上一名学生奖励1500元；高中阶段考上本科二批线以上的，每生奖励1500元。

5. 优秀的学校行政管理人员每人奖金300元；

6. 县教坛新秀奖励300元、市教坛新秀奖励500元；

7. 所写的教育、教学论文获市以上一等奖的500元、二等奖300元，县一等奖的200元，二等奖100元（同一类论文只奖最高项）；

8. 对学校有特别贡献的学科带头人，并有《课题立项》获县级及以上一等奖的教师奖励600元。

二、奖学：奖励每年度品学兼优的学生。

（一）获奖条件：

1. 热爱祖国、热爱学校，遵纪守法、维护社会公德、爱护环境；

2. 积极进取，刻苦学习，学习成绩优秀；

3. 自觉遵守村规民约，遵守学校有关规章制度，积极参加村庄与学校活动，有较强的集体荣誉感；

4. 德智体美全面发展；

5. 具有黄村辖区户籍（含在黄村常住的其它姓氏，以及在外地居住或工作且还有本家祖宅在黄村辖区内逢年过节能回家认宗拜祖的王姓子孙）；

6. 特殊情况提交教育基金会办公会议研究解决。

（二）奖励标准：

1. 中、小学生考上湛江一中（培才）1200元/人，湛江二中1000元/人，遂溪一中、岭师附中800元/人；

2. 高中生考上大学本科的（含图、音、体特长生）给予奖励，对考入一本大学的每人奖3000元；二批A类每人奖2000元；二批B类每人奖1000元；考上北京大学、清华大学、中国人民大学每人奖10000元。

3. 应届本科生直考上硕士研究生、博士研究生给予奖励3000元。

4. 国家任务内委派出国留学奖 3000 元。

三、助学

（一）资助对象：

1. 遵纪守法、爱护公物、品学兼优、成绩拔尖的学生；

2. 家庭生活贫困，孤儿、单亲；

3. 获助学生必须由所在村委会与就读学校核实确认的。

（二）资助标准：

每人每年资助 200 元，名额为中学 3 名，小学 6 名。

四、其他奖励

1. 在学校范围，主动发现并及时排除重大事件发生，或防患于未然者，视具体情况，给予奖励；

2. 为维护学校利益，有效地制止违法犯罪行为的发生，保护师生生命和财产安全，视具体情况，给予有功人员奖励；

3. 为激励先进，设有特别奖：按当年学生（黄村辖区内）参加考试的人数，小学（黄中心小学、九东小学、华封小学）考上 5% 的；中学（黄中学、戊戌中学）中考考上 15% 的，给予特别奖。

以上三项由村理事会、教育基金会、辖区村委会研究决定。

第三条　不能参评的情况

一、有以下任何一种行为者，取消参评资格：

1. 违法乱纪、打架斗殴；

2. 破坏村庄、学校设备设施，恶意传播有损村庄、学校形象的；

3. 提供虚假材料的；

二、当年没有学生考上县、市公立重点中学（遂一中、湛一中、湛二中、岭南附中）的学校，教师、领导不能参评优秀奖。

第四条　评定流程

各项奖助措施均采取个人申报、基金会审核的方式进行，具体流程如下（获奖学生凭录取通知书、身份证、户口簿原件及复印件申报；教师获奖的凭获奖证书原件及复印件加盖学校公章）：

一、申报。所有申请均由本人或所在学校申报并提交相关佐证材料；

二、初审。由教育基金会秘书组依照条例进行审核；

三、终审。由教育基金会办公会议对获奖人员相关材料进行最终审核；

四、公示。终审后在各村委公示栏进行公示 5 个工作日。

第五条　颁奖时间、地点与形式：

每年定于公历八月底前在王氏宗祠前抗法纪念台上，由教育基金会向获奖者颁发证书与奖金。

第六条　基金筹集、管理与账户

一、基金筹集

基金会积极拓展筹措渠道，基金来源主要包括以下几个方面：

（一）企事业单位和其他组织、族贤、社会贤达的捐赠或资助（捐赠以十年为一周期。捐赠者向基金会登记承诺十年捐赠意向，确定每年捐赠数额，于每年七月底前将该年捐款汇入教育基金账户）；

（二）政府资助；

（三）基金母本的增值部分；

（四）本会的其他合法收入。

二、基金管理

基金采取专人管理、专款专户取于民用于民的原则，每次资助金额在颁奖大会上公布，打入专用账户，定期结算，向会长汇报并公示基金收支情况，接受村民监督。

三、基金账户

黄村教育基金专用账户由基金会出纳身份证代开，作为基金管理与捐款账户，由基金会统一保管。

户　　名：王丽君；

开户行：中国邮政储蓄银行；

账　　号：6217995910001191502。

第七条　组织机构设置与任期

一、教育基金会机构

名誉会长：（略）

会　　长：王光绍

副会长：王光和、王华昌、王悦祥、王江、王军、王广如、王平、王朋、彭国仁

委　　员：王田喜、王文平、王汉、王华强、王就、王庆、王汉洲、王

丽君、王朝婵

秘书组：王文平（秘书长）、王汉、王华强、王汉洲、王就

会　计：王朝禅（外聘会计师赖燕红）

出　纳：王丽君

二、成员任期

基金会成员每届任期五年，届满后由村务理事会主持选拔贤才组成新一届教育基金会，为便于协调，会长一般由村务理事会会长兼任。

第八条　其他

一、本条例最终解释权属黄村教育基金会，未尽事宜由教育基金会全体成员研究确定；

二、本条例自二〇一七年七月起执行。

黄村教育基金会

二〇一七年五月三十日

黄村历届村务理事会组成人员名单

第一届理事会成员名单

名誉会长：王志强、王桂、王秋文

会长：王景波

副会长：王华昌、王光和、王秋东、王和

成员：王伟华、王文、王和乐、王连、王和生、王霞进、王军

治安队长：王胜德

治安队员：王建华、王进和、王志阳、王景仁、王富权、王桶三

会计员：王培新

出纳员：王光和

第二届理事会成员名单

名誉会长：王军、王晓春、王德、王志强、王敬党、王志巧、王海仁、王侨、王景章、王伟华、王湛如、王光保、王桂、王和乐、王俊兴、王华引、王小波、王秋奇、王胜德、王景波、王和、王梓丞、彭国仁、黄金、罗军、陈恩玉、陈春雷、陈四、全健、吴参、容伟良

会长：王光绍

副会长：王朋、王广如、王军、王平

委员：王丽君、王连、王秋东、王朝婵、王理、王建民、王田辉、王华景、王子龙、王国成、王就

外事联系人：王汉洲（秘书长）

会计：王朝婵（外聘会计师：赖燕红）

出纳：王丽君

监账员：王小平、王景光、王秋木、王国琼

顾问：王仁豪

治安队长：王华新

治安队副队长：王国富、王朝富

治安队员：王景忠、王光展

王景波（黄村第一任村务理事会会长）1944年出生；1962年毕业之后回黄村教书，负责黄村扫盲工作；1964年起担任高碧大队干部，负责水利、民兵等事务；1971年起任黄镇农村信用社会计；1982年起任黄村农村信用社主任；1992年起任中国农业银行黄营业所主任；2001年退休，2005年12月至2016年7月任黄村第一届村务理事会会长。

王光绍（黄村第二任村务理事会会长）1954年出生；1974年入伍遂溪武装部；1979年参加越战；1986年底退伍转业；1987年1月起到黄镇政府工作；1996年起任黄镇镇长；1999年起任黄镇镇委书记；2003年起任遂溪县水利局局长；2015年退休；2016年7月当选黄村第二届村务理事会会长。

参考文献

（一）主要中文参考文献

1. 著作类：

［1］爱德华·希尔斯：《论传统》，傅铿、吕乐译，上海人民出版社2014年版；

［2］奥斯特罗姆等：《规则、博弈与公共池塘资源》，王巧玲、任睿译，陕西人民出版社2011年版；

［3］巴林顿·摩尔：《专制与民主的社会起源——现代世界形成过程中的地主和农民》，王茁、顾洁译，上海人民出版社2012年版；

［4］丹尼尔·哈里森·葛学溥：《华南的乡村生活——广东凤凰村的家族主义社会学研究》，周大鸣译，知识产权出版社2011年版；

［5］杜赞奇：《文化、权力与国家：1900—1942年的华北乡村》，王福明译，江苏人民出版社2003年版；

［6］费正清、赖肖尔：《中国：传统与变革》，江苏人民出版社1992年版；

［7］费正清：《美国与中国》，张理京译，世界知识出版社1999年版；

［8］詹姆斯·R.汤森、布兰特利·沃马克：《中国政治》，顾速、董方译，江苏人民出版社2003年版；

［9］滋贺秀三：《中国家族法原理》，张建国、李力译，商务印书馆2013年版；

［10］安东尼·吉登斯：《民族—国家与暴力》，胡宗泽等译，生活·读书·新知三联书店1998年版；

［11］《邓小平文选》（1—3卷），人民出版社1995年版；

［12］《毛泽东农村调查文集》，人民出版社 1982 年版；

［13］《毛泽东文集》，人民出版社 1993 年版；

［14］《毛泽东选集》（第 1—4 卷），人民出版社 1991 年版；

［15］《习近平谈治国理政》（第二卷），外文出版社 2017 年版；

［16］《习近平谈治国理政》（第三卷），外文出版社 2020 年版；

［17］《习近平谈治国理政》（第一卷），外文出版社 2014 年版；

［18］曹锦清：《当代浙北乡村的社会文化变迁》，上海远东出版社 1995 年版；《黄河边的中国》，上海文艺出版社 2000 年版；

［19］程同顺：《当代中国农村政治发展研究》，天津人民出版社 2000 年版；

［20］戴玉琴：《村民自治的政治文化基础》，社会科学文献出版社 2007 年版；

［21］杜润生：《杜润生自述：中国农村体制变革重大决策》，人民出版社 2005 年版；

［22］杜润生：《中国农村制度变迁》，四川人民出版社 2003 年版；

［23］费孝通：《乡土中国》，刘豪兴编，上海人民出版社 2006 年版；

［24］费孝通：《乡土中国》，人民出版社 2008 年版；

［25］费孝通：《乡土中国与乡土重建》，台北风云时代出版社 1993 年版；

［26］费孝通：《中国乡村社会结构与经济》，世界图书出版公司 2007 年版；

［27］冯尔康、阎爱民：《中国宗族》，华夏出版社 1996 年版；

［28］贺雪峰：《最后一公里村庄》，中信出版社 2017 年版；

［29］黄煌雄、郭石吉、林时机：《社区总体营造总体检调查报告书》，远流出版社 2001 年版；

［30］黄宗智：《华北的小农经济与社会变迁》，中华书局 2009 年版；

［31］江必新、鞠成伟：《国家治理现代化比较研究》，中国法制出版社 2016 年版；

［32］金太军、张劲松：《乡村改革与发展》，广东人民出版社 2008 年版；

［33］林耀华：《义序的宗族研究》，生活·读书·新知三联书店

2000年版；

［34］刘广明：《宗法中国：中国宗法社会形态的定型、完型和发展动力》，南京大学出版社2011年版；

［35］刘金海：《社会化小农：历史背景、演进逻辑及张力限度》，中国社会科学出版社2015年版；

［36］鲁西奇：《中国历史的空间结构》，广西师范大学出版社2014年版；

［37］马华：《南农实验：农民的民主能力建设》，中国社会科学出版社2011年版；

［38］马华：《中国乡村民主的样态与逻辑》，中国社会科学出版社2018年版；

［39］马克思·韦伯：《经济与社会》，林荣远译，商务印书馆1997年版；

［40］牛铭实：《中国历代乡规民约》，中国社会出版社2014年版；

［41］祁勇、赵德兴：《中国乡村治理模式研究》，山东人民出版社2014年版；

［42］钱杭：《血缘与地缘之间：中国历史上的联宗与联宗组织》，上海社会科学院出版社2001年版；

［43］秦晖：《传统十论》，复旦大学出版社2003年版；

［44］王名：《社会组织与社会治理》，社会科学文献出版社2014年版；

［45］王铭铭：《乡土社会的秩序、公正与权威》，中国政法大学出版社1997年版；

［46］王浦劬：《国家治理现代化：理论与对策》，人民出版社2016年版；

［47］温铁军：《中国农村基本经济制度研究》，中国经济出版社2000年版；

［48］吴象：《中国农村改革实录》，浙江人民出版社2001年版；

［49］吴毅：《村治变迁中的权威与秩序——20世纪川东双村的表达》，中国社会科学出版社2002年版；

［50］肖唐镖：《村治的宗族》，上海书店出版社2001年版；

[51] 徐勇、徐增阳：《流动中的乡村治理：对农民流动的政治社会学分析》，中国社会科学出版社 2003 年版；

[52] 徐勇、徐增阳：《乡土民主的成长》，华中师范大学出版社 2007 年版；

[53] 徐勇：《非均衡的中国政治：城市与乡村的比较》，中国广播电视出版社 1992 年版；

[54] 徐勇：《乡村治理与中国政治》，中国社会科学出版社 2003 年版；

[55] 徐勇：《中国农村村民自治》，华中师范大学出版社 1997 年版；

[56] 俞可平：《治理与善治》，社会科学文献出版社 2000 年版；

[57] 张厚安，徐勇：《中国农村政治稳定与发展》，武汉出版社 1995 年版；

[58] 张良：《乡村社会的个体化与公共性建构》，中国社会科学出版社 2017 年版；

[59] 张鸣：《乡村社会权力和文化结构的变迁》，陕西人民出版社 2008 年版；

[60] 张仲礼：《中国绅士研究》，上海人民出版社 2008 年版；

[61] 周大鸣等：《当代华南的宗族与社会》，黑龙江人民出版社 2003 年版。

2. 论文类

[1] 曹正汉：《郡县制国家的社会治理逻辑——清代基层社会的"控制与自治相结合模式"研究》，《学术界》2017 年第 10 期；

[2] 陈兵、云薇笑：《法治视阈下乡约价值的时代续新》，《兰州学刊》2019 年第 8 期；

[3] 陈成文、陈静、陈建平：《市域社会治理现代化：理论建构与实践路径》，《江苏社会科学》2020 年第 1 期；

[4] 陈成文、陈静：《论基层社会治理创新与推进乡村振兴战略》，《山东社会科学》2019 年第 7 期；

[5] 陈传伟、刘剑锋：《乡村振兴背景下行政下沉与村民自治的契合与优化》，《区域治理》2019 年第 44 期；

[6] 陈寒非：《从自治、法治、德治三个维度完善乡村治理体系》，

《人民法治》2018 年第 14 期；

[7] 陈亮：《分类引领与功能优化：新时期下党建引领社区自治、共治的逻辑与路径》，《天府新论》2018 年第 1 期；

[8] 陈鹏：《复杂社会的治理：从形式法治到实质法治——基于哈贝马斯商谈理论的分析视角》，《理论月刊》2019 年第 5 期；

[9] 陈秋芸：《乡村治理体系和治理能力现代化的路径选择》，《梧州学院学报》2020 年第 4 期；

[10] 陈荣卓、肖丹丹：《从网格化管理到网络化治理——城市社区网格化管理的实践、发展与走向》，《社会主义研究》2015 年第 4 期；

[11] 陈松友、卢亮亮：《自治、法治与德治：中国乡村治理体系的内在逻辑与实践指向》，《行政论坛》2020 年第 1 期；

[12] 陈涛、李华胤：《"箱式治理"：自治、法治与德治的作用边界与实践效应——以湖北省京山市乡村振兴探索为例》，《探索》2019 年第 5 期；

[13] 陈伟东、马涛：《居委会角色与功能再造：社区治理能力的生成路径与价值取向研究》，《吉首大学学报》（社会科学版）2017 年第 3 期；

[14] 程为敏：《关于村民自治主体性的若干思考》，《中国社会科学》2005 年；

[15] 池建华：《道德"红黑榜"与"三治结合"乡村治理体系的健全》，《农业经济问题》2019 年第 9 期；

[16] 褚松燕：《城市社区治理中的关系与逻辑及其整合》，《探索与争鸣》2017 年第 4 期；

[17] 党国英：《我国乡村治理改革回顾与展望》，《社会科学战线》2008 年；

[18] 邓大才：《走向善治之路：自治、法治与德治的选择与组合——以乡村治理体系为研究对象》，《社会科学研究》2018 年第 4 期；

[19] 邓建华：《构建自治法治德治"三治合一"的乡村治理体系》，《天津行政学院学报》2018 年第 6 期；

[20] 丁文、冯义强：《论"三治结合"乡村治理体系的构建——基于鄂西南 H 县的个案研究》，《社会主义研究》2019 年第 6 期；

［21］董建辉：《传统农村社区社会治理的历史思考》，《中国社会经济史研究》2002年第4期；

［22］方世荣：《论我国法治社会建设的整体布局及战略举措》，《法商研究》2017年第2期；

［23］费雪莱：《伦理视角下我国乡村德治的实践逻辑》，《青海社会科学》2018年第6期；

［24］葛天任、李强：《我国城市社区治理创新的四种模式》，《西北师大学报（社会科学版）》2016年第6期；

［25］龚松柏、罗贝：《新时代乡村治理中德治存在的问题及其完善路径探析》，《重庆工商大学学报（社会科学版）》2019年第4期；

［26］顾泽楠：《社区三治融合治理过程中自治、法治、德治的组合方式探究》，《法制与经济》2020年第6期；

［27］郭道晖：《公民权与全球公民社会的建构》，《社会科学》2006年第6期；

［28］贺雪峰：《乡村治理的制度选择》，《武汉大学学报（人文科学版）》2016年第2期；

［29］胡平江：《地域相近：村民自治有效实现形式的空间基础》，《华中师范大学学报（人文社会科学版）》2014年第4期；

［30］季丽新、陈冬生：《自治、法治、德治相结合的乡村治理体系生成逻辑及其探索》，《中国行政管理》2019年第12期；

［31］季丽新：《"三治合一"乡村治理体系下的"富人治村"现象分析》，《行政论坛》2020年第1期；

［32］姜晓萍、许丹：《新时代乡村治理的维度透视与融合路径》，《四川大学学报（哲学社会科学版）》2019年第4期；

［33］景跃进：《中国农村基层治理的逻辑转换——国家与乡村社会关系的再思考》，《治理研究》2018年第1期；

［34］孔繁金：《乡村治理体系中自治、法治、德治相结合的历史逻辑与现实必然》，《老区建设》2019年第22期；

［35］孔继海、刘学军：《新时代乡村"微腐败"及其治理路径研究》，《中共天津市委党校学报》2019年第3期；

［36］李博：《"一体两翼式"治理下的"三治"融合——以秦巴山

区汉阴县 T 村为例》,《西北农林科技大学学报》(社会科学版)2020 年第 1 期;

[37] 李华:《城乡社区治理中法治、德治、自治"三治"融合的制度分析》,《领导科学》2019 年第 8 期;

[38] 李里峰:《群众运动与乡村治理——1945－1976 年中国基层政治的一个解释框架》,《江苏社会科学》2014 年第 1 期;

[39] 李强:《"被动社会"如何变为"能动社会"》,《人民论坛》2011 年第 10 期;

[40] 李若兰:《完善三治融合的治理模式》,《中国领导科学》2019 年第 6 期;

[41] 李三辉:《自治、法治、德治:乡村治理体系构建的三重维度》,《中共郑州市委党校学报》2018 年第 4 期;

[42] 李小艺、金江峰:《差序协同:村庄地权纠纷处理的"三治"关系实践》,《云南民族大学学报(哲学社会科学版)》2020 年第 1 期;

[43] 李宜春:《多治融合:农村社会治理体制创新初探》,《长江大学学报(社会科学版)》2020 年第 4 期;

[44] 李营:《乡村治理法治化转型困境及破解之策》,《领导科学》2019 年第 22 期;

[45] 李长健、李曦:《乡村多元治理的规制困境与机制化弥合——基于软法治理方式》,《西北农林科技大学学报》(社会科学版)2019 年第 1 期;

[46] 林尚立:《国家的责任:现代化过程中的乡村建设》,《中共浙江省委党校学报》2009 年第 6 期;

[47] 刘金海:《"社会化小农":含义、特征及发展趋势》,《学术月刊》2013 年第 8 期;

[48] 刘守英、路乾:《产权安排与保护:现代秩序的基础》,《学术月刊》2017 年第 3 期;

[49] 刘婷婷、俞世伟:《乡村德治重构与归位:历史之根和现代之源的成功链接》,《行政论坛》2020 年第 1 期;

[50] 刘同君、王蕾:《论新乡贤在新时代乡村治理中的角色功能》,《学习与探索》2019 年第 11 期;

［51］刘义强、胡军：《村户制传统及其演化：中国农村治理基础性制度形式的再发现》，《学习与探索》2014 年第 1 期；

［52］刘义强、胡军：《社区联结：村庄民主治理的内生性机制分析》，《社会主义研究》2012 年第 6 期；

［53］刘中起：《基层社区动员的框架整合：凌云"绿主妇"个案研究》，《华东理工大学学报》（社会科学版）2015 年第 6 期；

［54］卢海燕：《论发展和完善地方治理体系——浙江省德清县"三治一体"的经验及其改进路径》，《中国行政管理》2017 年第 5 期；

［55］卢学晖：《中国城市社区自治：政府主导的基层社会整合模式——基于国家自主性理论的视角》，《社会主义研究》2015 年第 3 期；

［56］吕德文：《乡村治理 70 年：国家治理现代化的视角》，《南京农业大学学报》（社会科学版）2019 年第 4 期；

［57］马良灿：《实现乡村社会有效治理的路径探索》，《甘肃社会科学》2019 年第 4 期；

［58］钱继磊：《论法治与德治相结合：前提、限度及其路径》，《济南大学学报》（社会科学版）2019 年第 2 期；

［59］裘斌：《治村型乡贤主导下"三治融合"的拓展和创新——基于枫桥镇枫源村的探索》，《甘肃社会科学》2019 年第 4 期；

［60］裘有度：《"三治结合"乡村治理体系：内涵、意义与建设路径》，《西昌学院学报》（社会科学版）2019 年第 1 期；

［61］桑玉成：《从五里桥街道看城市社区管理的体制建设》，《政治学研究》1992 年第 2 期；

［62］侣咏梅：《"三治融合"唱响乡村基层治理的"协奏曲"》，《人民论坛》2020 年第 Z1 期；

［63］孙翱翔：《乡村基层社会自治、法治、德治的内在逻辑探析》，《特区经济》2020 年第 6 期；

［64］孙迪亮：《论乡村社会治理的系统性》，《齐鲁学刊》2019 年第 4 期；

［65］孙莉：《德治与法治正当性分析——兼及中国与东亚法文化传统之检省》，《中国社会科学》2002 年第 6 期；

［66］孙娜、曹卫、江玉媛：《自治、法治、德治相结合的两委选举

保障体系建设的对策研究》，《中国林业经济》2020年第2期；

［67］孙肖远：《城市社区治理的模式转型与机制构建》，《理论探讨》2016年第5期；

［68］汤金金、孙荣：《制度——结构——能力：我国社区自治的三维建设框架》，《湖北社会科学》2017年第9期；

［69］唐皇凤、汪燕：《新时代自治、法治、德治相结合的乡村治理模式：生成逻辑与优化路径》，《河南社会科学》2020年第6期；

［70］唐鸣、李梦兰：《城市社区治理社会化的要素嵌入与整体性建构——基于"第三批全国社区治理和服务创新实验区"的案例分析》，《社会主义研究》2019年第4期；

［71］唐鸣、朱军：《关于村规民约的几个问题》，《江汉论坛》2019年第7期；

［72］唐亚林：《使命——责任体制：中国共产党新型政治形态建构论纲》，《南京社会科学》2017年第7期；

［73］童海浩：《论乡村治理中法治与德治的对立统一关系》，《人民论坛·学术前沿》2019年第19期；

［74］汪洁：《善治视阈下城市社区复合治理机制的构建——基于网格化管理与居民自治的融合》，《中共天津市委党校学报》2019年第3期；

［75］王飞：《自治、德治、法治融合：国家治理能力现代化中的逻辑转变与协同完善》，《云南行政学院学报》2020年第4期；

［76］王锦东、门忠民：《新时代农村政治生态治理与建设的法治维度》，《政法学刊》2019年第6期；

［77］王军、吴海燕：《"互联网+"背景下精准扶贫新方式研究》，《改革与战略》2016年第12期；

［78］王丽敏：《河南省先进村镇乡村治理"三治融合"的实践与借鉴》，《农业经济》2019年第10期；

［79］王丽敏：《乡村振兴战略视域下乡村自治、法治、德治"三治融合"的实践探索——基于河南省先进村镇的实证分析》，《领导科学》2019年第14期；

［80］王谦、李天云、杜钰：《新时代乡村治理的多重转向与范式跃迁》，《成都行政学院学报》2019年第6期；

［81］王世奇：《新乡贤参与乡村治理的法治保障探讨》，《西昌学院学报（社会科学版）》2020年第1期；

［82］王微、韩忠亮：《信用视域下乡村治理中德治与法治的博弈研究》，《首都师范大学学报（社会科学版）》2020年第4期；

［83］王微：《乡村"三治"的切入点、着力点和落脚点》，《人民论坛》2020年第4期；

［84］王晓莉：《构筑社会善治的"三脚架"——破析桐乡"三治"融合的乡村治理机制》，《中国领导科学》2019年第3期；

［85］王晓莉：《新时期我国乡村治理机制创新——基于20个典型案例的比较分析》，《科学社会主义》2019年第6期；

［86］王彦英：《以枫桥经验为视角谈"三治结合"的乡村治理体系构建》，《华北理工大学学报（社会科学版）》2020年第2期；

［87］王姿雯、王影：《自治、法治、德治"三治合一"乡村治理体系的内涵探究与启示》，《佳木斯职业学院学报》2020年第5期；

［88］王祚远：《社区治理"三治"耦合路径——以破解高层住宅电梯更换困境为背景》，《安徽行政学院学报》2020年第5期；

［89］吴毅：《治道的变革——也谈中国乡村社会的政权建设》，《探索与争鸣》2008年第9期；

［90］武树臣：《从古典法治走向现代法治——段秋关新作读后》，《西北大学学报（哲学社会科学版）》2019年第6期；

［91］夏建中：《基于治理理论的超大城市社区治理的认识及建议》，《北京工业大学学报（社会科学版）》2017年第1期；

［92］熊万胜、方垚：《体系化：当代乡村治理的新方向》，《浙江社会科学》2019年第11期；

［93］徐勇：《历史延续性视角下的中国道路》，《中国社会科学》2016年第7期；

［94］徐勇：《两种依赖关系视角下中国的"以文治理"——"以文化人"的乡村治理的阶段性特征》，《学习与探索》2017年第6期；

［95］徐勇：《论城市社区建设中的社区居民自治》，《华中师范大学学报》2001年第3期；

［96］徐勇：《县政、乡派、村治：乡村治理的结构性转换》，《江苏

社会科学》2002年第2期；

[97] 徐勇：《找回自治：对村民自治有效实现形式的探索》，《华中师范大学学报（人文社会科学版）》2014年第4期；

[98] 徐勇：《中国家户制传统与农村发展道路——以俄国、印度的村社制传统为参照》，《中国社会科学》2013年第8期；

[99] 许耀桐：《法治、德治、共治、自治，"第五个现代化"独特内涵与历史轨迹》，《人民论坛》2014年第10期；

[100] 颜金、王颖：《新时代城乡社区治理体系建设研究》，《广西社会科学》2020年第1期；

[101] 叶敏：《政党组织社会：中国式社会治理创新之道》，《探索》2018年第4期；

[102] 叶兴庆：《面对三大巨变，乡村治理走向何方》，《农村.农业.农民（B版）》2019年第4期；

[103] 殷强、丁建军、李峰：《大数据时代精准扶贫公共服务平台构建研究——基于公共服务供给分析框架的视角》，《吉首大学学报》（社会科学版）2018年第3期；

[104] 尹浩、舒晓虎：《新时代城市社区治理中的居民主体性培育路径研究》，《求实》2018年第4期；

[105] 于语和、雷园园：《村民自治视域下的乡村德治论纲》，《山东大学学报（哲学社会科学版）》2020年第1期；

[106] 于语和、雷园园：《以法治、德治助力村民自治的路径探析》，《湖南警察学院学报》2019年第1期；

[107] 郁建兴、任杰：《中国基层社会治理中的自治、法治与德治》，《学术月刊》2018年第12期；

[108] 郁建兴：《"三治"结合提升基层治理水平》，《山东干部函授大学学报（理论学习）》2019年第12期；

[109] 袁方成、王泽：《中国城市社区治理现代化之路——一项历时性的多维度考察》，《探索》2019年第1期；

[110] 袁金辉、汤蕤蔓：《乡村振兴战略背景下的乡村治理改革展望》，《云南行政学院学报》2019年第3期；

[111] 袁玉念、贺芒、简娟凤：《乡村振兴战略下乡村德治的运行机

制及其优化路径——以四川省小田村"道德银行"实践为例》,《福建农林大学学报(哲学社会科学版)》2020年第1期;

[112] 张继钢:《"枫桥经验"的多维探究》,《山东警察学院学报》2019年第3期;

[113] 张继军:《技术治理:城市社区集体行动探寻》,《中共云南省委党校学报》2019年第3期;

[114] 张雷:《构建基于社区治理理念的居民自治新体系》,《政治学研究》2018年第1期;

[115] 张立鑫:《双重嵌入、关系联结与秩序融合——乡村治理中"三治融合"的逻辑框架》,《中南财经政法大学研究生学报》2020年第2期;

[116] 张明皓:《新时代"三治融合"乡村治理体系的理论逻辑与实践机制》,《西北农林科技大学学报(社会科学版)》2019年第5期;

[117] 张文显:《新时代中国社会治理的理论、制度和实践创新》,《法商研究》2020年第2期;

[118] 张晓雯、眭海霞、孙开庆、李玫瑾、丁弋元:《新时代自治法治德治相结合视阈下成都乡村治理的思考》,《电子科技大学学报(社科版)》2019年第4期;

[119] 张晓燕:《法治、德治和自治视野下的法律疆域》,《复旦学报(社会科学版)》2020年第1期;

[120] 张雪霖、王德福:《社区居委会去行政化改革的悖论及其原因探析》,《北京行政学院学报》2016年第1期;

[121] 赵媛:《"三治融合"助推乡村社会治理——以新疆阿图什市阿湖乡为例》,《中共伊犁州委党校学报》2020年第3期;

[122] 郑卫东:《"双轨政治"转型与村治结构创新》,《复旦学报(社会科学版)》2013年第1期;

[123] 郑晓华、沈旗峰:《德治、法治与自治:基于社会建设的地方治理创新》,《马克思主义与现实》2015年第4期;

[124] 周庆智:《基于公民权利的城市社区治理建构——对深圳市南山区"单位制式"治理的制度分析》,《学习与探索》2015年第3期;

[125] 周学馨、李龙亮:《以"三治"结合推动乡村治理体系整体性

变革》,《探索》2019年第4期;

[126] 朱丽荣:《新时代乡村治理面临的挑战及对策分析》,《农业经济》2019年第2期;

[127] 左停、李卓:《自治、法治和德治"三治融合":构建乡村有效治理的新格局》,《云南社会科学》2019年第3期。

(二) 主要外文参考文献

[1] Beibei Tang. "Not Rural but Not Urban": Community Governance in China's Urban Villages *. 2015, 223: 724 – 744.

[2] Daniel Harrision Kulp, Country Life in South China, The Sociology of Familism. Columbia University. 1925.

[3] Graeme Smith. The Hollow State: Rural Governance in China. 2010, 203: 601 – 618.

[4] Graig Arcuri, Chao liang Jing. The Paradigm Shifts of Community Governance in China. 2019, 7 (1): 30 – 59.

[5] Hiroshi, Feb. 28 – Satō. Public Goods Provision and Rural Governance in China. 2008, 6 (2): 281 – 298.

[6] Jieren Hu, Yue Tu, Tong Wu. Selective Intervention in Dispute Resolution: Local Government and Community Governance in China. 2018, 27 (111): 423 – 439.

[7] JUDE HOWELL. Adaptation under Scrutiny: Peering Through the Lens of Community Governance in China. 2016, 45 (3): 487 – 506.

[8] Ray Yep, Ying Wu. How "Peasant Apartments" Could Undermine Rural Governancein China: Spatial Realignment, Moral Reconfiguration and Local Authority. 2020, 242: 376 – 396.

[9] Watson, Andrew, 1984, Agriculture Looks for "Shoes That Fit": The Production Responsibility System and Its Implications [A]. Neville Marxwell, Bruce Mc Farlane, eds. 1984, China's Roadto Development. Oxford: Pregamon.

[10] Wen Chen. Carry Forward the Culture of Rural Sages to Strengthen Rural Endogenous Governance. 2020, 08 (4): 397 – 412.